AF358300

NOUVELLE DESCRIPTION

DES

CURIOSITÉS DE PARIS.

CONTENANT les détails Hiſtoriques de tous les Etabliſſemens, Monumens, Edifices anciens & nouveaux, les Anecdotes auxquelles ils ont donné lieu, & toutes les productions des Arts, dont Paris eſt orné ; enfin tous les objets d'utilité & d'agrémens qui peuvent intéreſſer les Etrangers & les Habitans de cette ville.

Par J. A. DULAURE.

TOME PREMIER.

SECONDE PARTIE.

A PARIS,

Chez LEJAY, Libraire, rue Neuve-des-Petits-Champs, près celle de Richelieu, au Grand Corneille.

M. DCC. LXXXV.

AVEC APPROBATION ET PRIVILÉGE DU ROI.

NOUVELLE DESCRIPTION

DES

CURIOSITÉS DE PARIS.

GERMAIN-L'AUXERROIS. (Saint)

C'EST une Eglise Royale & Paroissiale qui existoit au VIIe siècle, mais dont l'origine est fort incertaine.

Son grand Portail paroît être du regne de Philippe-le-Bel. Il est précédé d'un Vestibule ou Portique qui est décoré de six Statues de pierres, plus grandes que nature ; on croit qu'elles représentent St Vincent, Childebert, Ultrogotte, St Germain-l'Auxerrois, St Marcel & Ste Genevieve.

Cette Eglise étoit autrefois Collégiale & avoit un Chapitre composé d'un Doyen (1), d'un

____

(1) Gabrielle d'Estrées, maitresse d'Henri IV, demeuroit dans la maison du Doyen, apparemment pour être proche du Louvre & de la Marquise de Sourdis sa tante. Elle y mourut la veille de Pâques 1599.

M *

Chantre, de treize Chanoines, douze Chape-
lains &c. ; mais l'efprit de chicane qui régnoit
fcandaleufement entre le Chapitre & le Curé,
joint au mauvais état des affaires des Chanoines
de Notre-Dame, firent penfer à la réunion de
ces deux Chapitres : la premiere propofition en
fut faite en 1736.

Après bien des débats, des procédures, des
Arrêts du Parlement & du Confeil, après bien
des oppofitions, le 12 Août 1744, fut rendu
un Arrêt définitif du Parlement, qui ordonna
l'enregiftrement des Lettres-Patentes pour l'union
du Chapitre de Saint-Germain à celui de Notre-
Dame. Et le 15 Août, jour de l'Affomption, les
Chanoines de St-Germain fe rendirent à Notre-
Dame en robes violettes, & prirent leurs places
fuivant leur rang d'ancienneté, comme s'ils euf-
fent toujours été Chanoines de cette Cathédrale.

Le Curé de Saint-Germain prit poffeffion du
Chœur, & projetta tout à fon aife avec fes
Marguilliers, une quantité de réparations dans
cette Eglife (1).

Le Jubé étoit un morceau très-eftimé; pour
en perfuader nos Lecteurs, il fuffit de leur dire

---

(1) Le Curé de cette Paroiffe, le jour de Pâques 1245,
étant monté en Chaire, dit que le Pape Innocent IV
vouloit que dans toutes les Eglifes de la Chrétienté,
on dénonçât comme excommunié l'Empereur Frédéric II:
Je ne fais pas, ajouta-t-il, *quelle eft la caufe de cette
excommunication ; je fais feulement que le Pape & l'Empereur fe font une rude guerre ; j'ignore lequel des deux a
raifon ; mais autant que j'en ai le pouvoir, j'excommunie
celui qui a tort, & j'abfous l'autre.* Frédéric II, à qui
l'on raconta cette plaifanterie, envoya des préfens à
ce Curé. *Effais Hift. fur Paris.*

qu'il étoit l'ouvrage des deux mêmes Artistes à qui Paris doit la belle Fontaine des Innocens : l'Architecture étoit de *Pierre Lescot de Clagny*, & la Sculpture du célebre *Jean Goujeon*. On y remarquoit sur-tout un grand Bas-relief qui représentoit l'Ensevelissement de Jésus-Christ, admirable par son ordonnance & son exécution. Il a été détruit.

On répara entierement le Chœur ; M. *Bacary*, Architecte, fut chargé de cet ouvrage. En cannelant les piliers, en rehaussant les chapitaux de deux pieds, cet Architecte est parvenu à faire accorder d'une maniere assez heureuse les genres Grec & Gothique.

La table du Maître-Autel est soutenue par quatre consoles de marbres avec guirlandes & gaînes de bronze doré d'or moulu. Un Bas-relief de bronze doré, représentant Notre Seigneur mis au Tombeau, sert de devant d'Autel. Le Tabernacle est formé d'un fût de colonnes tronqué, couronné d'un globe doré surmonté d'une Croix aussi dorée ; les bras de cette Croix sont chargés d'une draperie qui descend jusqu'en bas, & dont les retroussis sont très - gracieux ; en général le Tabernacle est d'un très-bon effet. Quatre Anges de bronze ornent le milieu des arcades du Sanctuaire ; derriere l'Autel, à droite & à gauche, sont deux Statues de pierres, sculptées en 1783. La premiere représente St Vincent, un des Patrons de cette Eglise ; elle est de M. *Goys* ; la seconde St Germain, par M, *Mouchy*.

Les Grilles qui entourent le Chœur sont d'un fer poli orné de bronze, & toujours bien en-

M

tretenues. Elles méritent l'attention des curieux par le précieux de leur fini & la beauté de leur deſſin : c'eſt l'ouvrage de M. *Dumiez*, Serrurier célebre.

La Chapelle qui étoit celle de la Paroiſſe avant la réunion du Chapitre à celui de Notre-Dame, eſt à droite ; elle eſt décorée de trois Tableaux de *Philippe de Champagne* ; celui du milieu repréſente une Aſſomption, les deux autres, St Vincent & St Germain.

Près des Fonds eſt un petit Monument de marbre blanc, adoſſé contre un pilier de la Nef. C'eſt une draperie, au milieu de laquelle eſt placé un Médaillon, où l'on voit le portrait d'une femme mourante, nommée *Henriette Selincart*, épouſe d'*Iſraël Sylveſtre*, fameux Deſſinateur & Graveur : cette Peinture ſur marbre eſt de *le Brun*.

Sur l'Autel d'une Chapelle qui eſt auprès de celle de la Paroiſſe, on voit un Tableau de St Jacques auſſi de *le Brun*.

Dans la croiſée à droite eſt un excellent Tableau de *Jouvenet*, qui repréſente un miracle opéré par le Sacrement de l'Extrême-Onction.

De l'autre côté, au-deſſus de la porte latérale, eſt un grand Tableau repréſentant Jéſus prêchant, par *Bon Boullongne*.

Cette Egliſe renferme les cendres d'un ſi grand nombre de perſonnes illuſtres, que nous nous reſtraindrons à ne parler que de celles qui tiennent le premier rang, ou qui ont des Mauſolées & Epitaphes remarquables.

Pomponne Bellievre, Chancelier de France, ſurnommé le *Neſtor* de ſon ſiècle ; il mourut le 5 Septembre 1607, âgé de 78 ans.

Concino Concini, Marquis d'Ancre & Maré-chal de France, fut inhumé, la nuit du 24 au 25 Avril 1617, au-dessous de l'Orgue de cette Eglise ; mais dès qu'il fit jour, la populace en fureur le tira de la fosse, & finit par le mettre en pièces (1).

Dans la Chapelle de St-Laurent est la Sépul-ture de MM. *Phelipeaux de Pontchartrain.* On compte dans cette Maison jusqu'à dix Secré-taires d'Etat, depuis Paul Phelipeaux jusqu'au Comte de St-Florentin inclusivement.

François Malherbe, Poète François. Boileau en fait l'éloge dans son Art Poétique ; il disoit que par lui la Langue fut réparée, qu'il fixa les regles de la Poésie......

>   Et ce guide fidele
> Aux Auteurs de ce temps, sert encore de modele.

Dans une Chapelle qui est auprès de celle du St-Sacrement, est un Mausolée de marbre noir où l'on voit, l'une au-dessus de l'autre, deux Figures de marbre blanc ; l'inférieure qui est à genoux, est celle d'*Etienne d'Aligre*,

----

(1) Adroit Courtisan, par conséquent fourbe & ambitieux. Quand il sortoit, dit Amelot de la Houssaye, de la chambre de la Reine Marie de Médicis aux heures qu'elle étoit couchée, ou toute seule, il affectoit de renouer son aiguillette, pour faire croire qu'il revenoit de coucher avec elle ; après avoir fait à la Cour une fortune prodigieuse, Louis XIII ordonna à Vitri de l'arrêter ; Concini résista, & il fut tué sur le Pont-neuf. Sa femme, Eléonore Galigaï, accusée de magie & d'avoir ensorcelé la Reine sa maitresse, eut la tête tranchée, par Arrêt du Parlement ; elle répondit à ses Juges : *Je ne me suis jamais servi d'autre sortilége que de mon esprit. Est-il surprenans que j'aie gouverné la Reine qui n'en a point du tout.*

Chancelier de France, mort en 1677 ; la supérieure qui est à demi-couchée, représente *Etienne d'Aligre*, pere du précédent, aussi Chancelier de France, mort en 1635. Ces deux Figures sont l'ouvrage de *Laurent Magnier*, surnommé *le Romain*, Sculpteur de l'Académie des Maîtres.

Jacques Stella, Peintre célebre, émule du Poussin. Sa maniere de peindre étoit agréable & finie ; il a excellé dans les Jeux d'enfans, dans les Pastorales, la Perspective & l'Architecture. Ses ouvrages se sentent un peu de son caractere qui étoit froid & languissant. Il mourut en 1657, âgé de 61 ans, aux galleries du Louvre, où Louis XIII l'avoit logé avec distinction (1).

Jacques Sarrasin, habile Sculpteur, mort en 1666.

Jean Warrin, Gentilhomme Liégeois, Peintre, Sculpteur & Fondeur ; il mourut le 26 Août 1672, âgé de 68 ans Santeuil fit les deux vers suivans pour être mis sous le portrait de cet Artiste extraordinaire.

Infuso novus ære MIRON *, liquido que colore*
  ZEUXIS, *& inciso marmore* PRAXITELES.

Martin Vender Bogar, Sculpteur connu sous le nom de *Desjardins* ; c'est lui qui a fait le grand Groupe qui est à la Place des Victoires, & quelques autres ouvrages estimés.

---

(1) Pendant son séjour à Rome, *Stella*, sous de faux rapports, fut mis en prison ; il s'amusa à dessiner sur le mur, avec du charbon, une Vierge tenant l'Enfant Jésus ; on la trouva si belle, que le Cardinal Barberin vint exprès dans la prison pour la voir. Les Prisonniers tiennent toujours depuis, en cet endroit, une lampe allumée, & y font leurs prieres.

Guillaume Sanfon, Géographe ordinaire du Roi , fecond fils de Nicolas Sanfon, mort le 15 Mai 1703. Tout le monde fait combien la Géographie eft redevable à ceux de ce nom.

Noël Coypel, Peintre fameux, avoit un génie fécond; l'expreffion, la correction paroiffoient dans tous fes Tableaux, il s'étoit acquis un bon goût de couleur, & *le Sueur* lui revenoit dans toutes les idées de fes compofitions. Il mourut le 24 Décembre 1707, âgé de 79.

René Antoine Houaffé, Peintre, ancien Directeur de l'Académie Françoife de Peinture établie à Rome, éleve du fameux *le Brun*, mort le 7 Mai 1710, âgé de 65 ans.

Jean-Baptifte Santerre, Peintre très eftimé; il deffinoit correctement, avoit un beau pinceau; du féduifant dans l'expreffion, de belles formes & beaucoup de vérité dans les attitudes; auffi froid dans fa peinture que dans fes difcours, il s'eft peint lui-même.

Antoine Coyzevox, né à Lyon, un des plus fameux Sculpteurs du fiècle de Louis XIV, auffi diftingué par fes talens que par fa modeftie. Il mourut le 10 Octobre 1720, âgé de 81 ans.

Antoine Coypel, premier Peintre du Roi Louis XV, fils de *Noël Coypel*. Le Duc d'Orléans Régent fut fi content de fes travaux, qu'il lui fit préfent, en 1719, d'un carroffe & d'une penfion de 1500 liv. pour l'entretien de l'équipage (1). Son génie facile fourniffoit à tous fes

____

(1) Coypel ayant eu quelques fujets de mécontentement en France, étoit tenté d'accepter les offres avantageufes qu'on lui faifoit en Angleterre, lorfqu'une

M 3

ouvrages. Souvent trop outré dans ſes airs de têtes, on luï a reproché de donner des grimaces pour des graces. Il mourut le 7 Janvier 1722, âgé de 61 ans.

André Dacier, de l'Académie Françoiſe & de celle des Inſcriptions & Belles-Lettres, Littérateur fort connu, mort le 18 Septembre 1722.

Anne le Fevre, fille de Tanneguy le Fevre. Elle a égalé ſon pere, André Dacier, & ſon mari en érudition, & les a ſurpaſſé dans l'art de bien écrire notre langue. Elle mourut le 16 Août 1720.

François Waroquier, Gentilhomme d'une famille auſſi remarquable par la nobleſſe de ſes ayeux, que par la diſtinction de ceux qui en ſont iſſus : voici ſon Epitaphe :

Cy gîſt François WAROQUIER, *ſieur de Viel Dampierre, fils de Louis Waroquier, ſieur de Fremy...... Signemont, Bleſme, Viel Dampierre, le Freſne, Gentilhomme ordinaire de la Chambre du Roi, Gouverneur de la Ville & Citadelle de Vitry-le-François, qui trépaſſa le dernier jour de Décembre 1500, âgé de 15 ans.*

Le Cénotaphe de M. *le Comte de Caylus* que l'on voit dans une Chapelle ouverte très-bien

---

voiture entierement fermée s'étant arrêtée à ſa porte, on vint lui dire qu'un de ſes amis qui ne pouvoit deſcendre de cette voiture, demandoit à lui parler. Il y courut auſſi-tôt ; & quel fut ſon étonnement, en entrant dans ce carroſſe, de reconnoître la voix du Prince ſon bienfaiteur (M. le Duc d'Orléans Régent), qui, le menant dans une promenade ſolitaire, daigna employer les raiſonnemens & les repréſentations pour le perſuader de ne point quitter la France! (*Vies des Peintres du Roi, tom. II, pag. 11.*)

ornée & pavée en marbre, est d'un porphire très-précieux que cet Amateur des Arts avoit réservé pour son tombeau. Il est élevé sur un Piedestal de marbre veiné noir & blanc, & au-dessus du Tombeau est placée une lampe sépulchrale de bronze. Sur une grande table de marbre noir adossée au mur, on lit cette Inscription :

Hic jacet A. Cl. Ph. de Thubieres, Comes DE CAYLUS, *utriusque & Litterarum & Artium Academiæ Socius. Obiit die* VI *Septembris. A.* M. DCC. LXV., *ætatis suæ* LXXIII.

Près de cette Chapelle est celle de la famille de *Rostaing*, où sont plusieurs Mausolées. On en voit un sur lequel est une figure de femme à genoux en marbre blanc; on voit encore les Bustes de marbre blanc de la famille. Cette Chapelle est décorée de Sculpture si bizare & de si mauvais goût qu'elle en devient curieuse.

L'Œuvre de cette Eglise est du Dessin de *Perrault*, auquel *le Brun* a ajouté quelques ornemens. Le Manteau Royal qui en fait le couronnement, est admiré de tous les gens de goût.

La Salle d'assemblée des Marguilliers est ornée d'une belle copie de la Cène, peinte à Milan par *Léonard de Vinci*, dans le Réfectoire des Dominicains.

SAINT-GERMAIN-LE-VIEUX.

C'étoit anciennement une Chapelle bâtie par les soins de St Germain, sous l'invocation de St Jean-Baptiste. Dans la crainte des incursions des Normands, les Religieux de St-Germain-des-Prés apporterent, en 886, dans cette Chapelle de St-Jean, le corps de St Germain, pour le mettre à l'abri des insultes & déprédations de ces barbares. Ce précieux dépôt resta deux ans dans cette Eglise, & par reconnoissance les Religieux, en le retirant, y laisserent un os du bras de St Germain ; depuis ce temps elle prit le nom de ce Saint. On ignore le temps auquel cette Eglise fut érigée en Paroisse, mais elle l'étoit en 1368.

Quatre Colonnes Corinthiennes de marbre de Dinan & un Tableau représentant le Baptême de Jésus-Christ par *Stella*, décorent le Maître-Autel. On voit à une Chapelle près de la Sacristie, un Lavement de Pieds par *Vouët*, & à celle de la Vierge, une Assomption par *Stella*. Les jours de grandes Fêtes, on expose dans cette Eglise une Tapisserie faite du temps de Charles VI, où l'on voit l'histoire de la vie de St Germain ; les personnages correctement dessinés, nous font connoître le costume & le degré des arts de ce temps-là.

GERVAIS. (-Saint)

C'est la plus ancienne Eglise Paroissiale de la partie Septentrionale de cette ville ; elle est située dans la rue du Monceau, en face de celle du Martoir. Elle fut reconstruite au XVe siècle, & l'an 1616 Louis XIII posa la première pierre du fameux Portail élevé sur les Dessins de *Jacques Desbrosses*. Il passe pour un des plus beaux de l'Europe. Malgré l'harmonie de ses proportions, l'heureuse disposition des trois Ordres, les Architectes qui tiennent aux regles, lui reprochent des défauts dans la frise de l'Ordre Dorique ; les métopes qui doivent rigoureusement être par-tout carrés, ne le font pas audessus des entre-colonnes.

La Nef est ornée de six Tableaux. Le premier à droite représente St Gervais & St Protais qu'on veut obliger à sacrifier aux Idoles. Il est de la main du célebre *le Sueur*.

Le second est St Gervais sur le chevalet ; il fut esquissé par *le Sueur*, & peint par *Goulay* son beau-frere.

Le troisieme qui représente la Décolation de St Protais, fut peint par *Bourdon*.

Les trois autres à gauche qui représentent divers sujets de l'histoire de St Gervais & St Protais, sont dus au pinceau de *Philippe de Champagne*.

Ces six Tableaux furent faits pour des Tapisseries très-bien exécutées que l'on conserve dans cette Eglise.

Le Tableau du Maître-Autel représente les Noces de Cana. On ignore le nom du Peintre de ce morceau ancien, dont l'Architecture est fort bien peinte. Les Statues de St Gervais & St Protais sont de *Bourdin*, & les Anges de *Guérin*. Ce sont les mêmes Artistes qui ont sculpté le Portail.

Le Crucifix qui est sur la porte du Chœur est de *Sarrazin* ; les Figures de St Jean & de la Vierge sont de *Buirette*.

Les Peintures des vitres du Chœur représentent le martyre de St Laurent, la Samaritaine & le Paralytique ; celles des vitres de la Chapelle des trois Maries, offrent la vie de Ste Clotilde, dont les habits sont bleus & semés de fleurs de lys d'or gravées dans le verre. Ces Peintures furent faites en 1586, par *Jean Cousin*.

Dans la troisieme Chapelle à gauche, on

voit, sur les vitres, repréſenté le Mont St-Michel, avec un nombre de Pélerins qui y arrivent ; elles ſont de *Pinaigrier*.

Le Retable de la Chapelle de la Vierge eſt une copie réduite du magnifique Portail de cette Egliſe. Il eſt de bois, & a été fait par un nommé *Hanci*. La voûte de cette Chapelle eſt ornée d'une Couronne de pierre qui a ſix pieds de diametre & trois & demi de ſaillie, toute ſuſpendue en l'air, & qui eſt d'une hardieſſe ſurprenante. C'eſt un chef-d'œuvre des *Jacquets*, les plus fameux Maçons de leur temps.

Une Chapelle fermée qui eſt ſous la croiſée à main gauche, a ſon Autel décoré d'un Tableau de *le Sueur*, qui repréſente Jéſus-Chriſt porté au Tombeau par ſes Diſciples. Les Griſſailles des vitres ſont deux morceaux peints en 1651 ſur les Deſſins de *le Sueur*, par un nommé *Perrin*. Le premier eſt le Comte Aſtaſius qui fait décapiter St-Protais, le ſecond eſt le martyre de St-Gervais.

Dans la Chapelle de la Providence, eſt un grand Tableau repréſentant la Multiplication des Pains, par *Cazes*. C'eſt dans cette Chapelle qu'eſt le Mauſolée de Meſſire *François Feu*, qui a été pendant 62 ans Curé de cette Paroiſſe ; il eſt exécuté par M. *Feuillet*. Une choſe remarquable de ce grand Mauſolée, c'eſt la fumée qui ſort de deux caſſolettes & qui eſt repréſentée en marbre : c'eſt une fumée bien matérielle.

Dans la Chapelle de Fourcy, au côté droit du Chœur, eſt un *Ecce homo* très-eſtimé, que l'on croit être ſculpté par *Germain Pilon*.

(275)

Trois Chanceliers, un Garde des Sceaux de France, un Contrôleur-Général des Finances, & un Ministre d'Etat, ont été inhumés dans cette Eglise.

Dans la Chapelle qui est à côté du Chœur à main droite, est le Tombeau de *Michel le Tellier*, Chancelier de France. Ce Magistrat est représenté à demi-couché sur un sarcophage de marbre noir; à ses pieds est un génie en pleurs : les figures de la Prudence & de la Justice sont sur l'archivolte; & sur les bases des pilastres, on voit la Religion & la Force. Cet ouvrage, qui est tout de marbre orné de feuillages & de festons de bronze doré, a été conduit & exécuté par *Muzeline* & *Hurtrelle*, d'après le Dessin de *Philippe de Champagne*. Nous allons rapporter les expressions intéressantes & curieuses de son Epitaphe.

.... *Dans des temps si difficiles* (1), *il n'eut d'autre intérêt que son devoir, & fut regardé, de tous les partis, comme le plus habile & le plus zélé défenseur de l'autorité Royale...... Enfin, à l'âge de 83 ans, le 30 Octobre 1685, huit jours après qu'il eut scellé la révocation de l'Edit de Nantes, content d'avoir vu consommer ce grand ouvrage, & tout plein des pensées de l'éternité, il expira dans les bras de sa famille, pleuré des peuples & regretté de Louis-le-Grand.*

Mathieu de Longue-Joue, Evêque de Soissons & Garde des Sceaux de France, mort le 7 Décembre 1558.

Pierre du Ryer, de l'Académie Françoise,

____

(1) La première année de la Régence d'Anne d'Autriche.

M 6

connu par un grand nombre de Traductions, mort le 6 Novembre 1658, âgé de 58 ans.

Paul Scarron, fils d'un Conseiller au Parlement, plus fameux, quoique d'une ancienne famille, par le contraste de son corps perclus & souffrant avec son esprit joyeux & bouffon, par ses Poésies burlesques, ses Comédies dont quelques-unes ont resté au Théâtre & son Roman Comique, mais plus fameux encore parce qu'il épousa Mlle *d'Aubigné*, qui devint dans la suite l'épouse de Louis XIV. Il mourut le premier Octobre 1660, âgé de 59 ans. On attribue à Ménage les vers suivans mis sous le Portrait de Scarron, & qui expriment parfaitement son caractere.

Ille ego sum vates, rabido data præda dolori,
Qui supero sanos lusibus atque jocis.

A gauche en entrant, on voit, dans la premiere Chapelle, à côté de l'Autel, un petit Monument de marbre, exécuté en 1782 par *Pajou*, Sculpteur du Roi, en mémoire de *Marie-Gabriel le Subtil de Boisemont*. Il est composé d'une Urne funéraire de marbre noir veiné de blanc, laquelle est supportée sur un Socle de marbre blanc, où l'on voit le Médaillon de cette Demoiselle, accompagné de deux Génies en pleurs ; au-dessous, sur une grande table de marbre noir est, en lettres d'or & en latin, une Epitaphe dont voici quelques expressions qui donnent une idée de la défunte. *Venustate corporis, festivitate ingenii commendatissima. Très-recommandable par la beauté de son corps & l'enjouement de son esprit.* Elle est morte le 9 Novembre 1779, après avoir vécu 45 ans.

Philippe de Champagne, Peintre fameux, né à Bruxelles en 1602, & mort à Paris le 12 Août 1674. Un deſſin correct, un bon ton de couleur, peu de mouvement dans ſes Tableaux ; il faiſoit bien le Portrait, le Payſage & l'Architecture : voilà comme on l'a jugé (1).

Louis Boucherat, Chancelier de France. Il mourut à Paris le 2 Sept. 1699, âgé de 83 ans.

Abraham-Nicolas Amelot de la Houſſaye, mort à Paris le 8 Décembre 1706. Auteur diſtingué par ſon amour pour la vérité, ſon Hiſtoire du Gouvernement de Veniſe qui lui fit beaucoup d'honneur, le conduiſit à la Baſtille.

Antoine de la Foſſe, Auteur de pluſieurs Tragédies, neveu du fameux Peintre *la Foſſe* ; il mourut à Paris le 2 Novembre 1708, âgé de 55 ans.

Claude le Pelletier, Contrôleur-Général des Finances, mourut le 10 Août 1711.

Claude Voiſin, Chancelier de France, mort ſubitement à Paris le 2 Février 1717.

Tous les Vendredis, & le premier Septembre de chaque année, on célebre dans cette Egliſe l'Office du St-Sacrement, en mémoire d'un grand miracle qui y eſt arrivé.

En 1274, un voleur s'étant emparé du Ci-

______

(1) La Reine, mere de Louis XIII, avoit pour lui une eſtime particuliere. Le Cardinal de Richelieu, jaloux de groſſir le nombre de ſes partiſans, s'efforça d'enlever à la Reine un ſerviteur auſſi dévoué. Champagne fut inébranlable, & répondit, en refuſant les offres d'une grande fortune : *Je borne toute mon ambition à devenir le premier de mon art ; ainſi je n'ai rien à deſirer de ſon Eminence, puiſqu'il lui eſt impoſſible de me rendre le plus habile Peintre.*

boire de cette Eglise, prit la fuite & s'arrêta à St-Denis. Il n'eut pas plutôt ouvert ce Ciboire, que voilà l'Hostie qui s'envole & qui tourne autour de lui sans qu'il pût jamais la saisir. Ce voleur fut pris, & l'Abbé de St-Denis lui fit faire son procès.

Un autre évenement qui s'ensuivit, & qui n'est pas un miracle, c'est la querelle qui s'éleva entre l'Abbé de St-Denis & l'Evêque de Paris : tous deux vouloient avoir cette Hostie. La discussion fut vive. Pour les mettre d'accord, on ne donna cette Hostie ni à l'un ni à l'autre, ce fut au Curé de St-Gervais qu'elle fut rendue, à cause que c'étoit lui qui l'avoit consacrée.

G O B E L I N S.

Gilles-Gobelin de Reims, le plus fameux ouvrier pour la teinture de laine, qu'on ait vu jusqu'alors, vivoit sous le regne de François I. Il fit bâtir une maison sur la riviere de Bievre, qui fut d'abord appellée la *Folie Gobelin*, & qui reçut par la suite le nom d'Hôtel des Gobelins qu'elle a conservé.

C'est au zele du Ministre Colbert que la France doit l'établissement de cette célebre Manufacture. En 1667, le Roi lui donna, par un Edit, une forme constante, & en confia la direction au fameux *le Brun*, son premier Peintre. Rien n'est plus curieux que ce travail, rien n'est plus beau que les ouvrages qui sortent de cette Manufacture, soit en Haute & Basse-Lisse, & que les riches Tentures qui y sont fabriquées, qui par la correction du dessin, la richesse des matieres, la force & la vivacité des couleurs, peuvent le disputer, pour l'effet, aux Tableaux des grands maîtres.

Tout ce qui se fabrique dans cette Manufacture appartient au Roi, & sert à la décoration des Maisons Royales. Trois Peintres du Roi la dirigent ; M. *Pierre* en est le Directeur, M. *Taraval* le Sur-Inspecteur, & M. *Belle* l'Inspecteur.

GOUVERNEMENT.

C'est M. le Duc *de Cossé* qui est Gouverneur de cette ville, depuis le mois de Février 1775. Le Gouverneur de Paris ne reçoit des ordres que du Roi ; il a son entrée, séance délibérative en la Grand'Chambre du Parlement, en qualité de Conseiller-d'Honneur né. Lorsqu'il va au Parlement, son habit est de drap d'or, ou de velours, ou de drap noir, un manteau court, une toque ou bonnet de velours garni de plumes & l'épée au côté, comme les Princes du Sang & les Pairs Laïques.

Arsenal, M. le Marquis *de Paulmy.*
La Bastille, M. le Marquis *de Launay.*
Le Louvre, M. le Baron *de Champloss.*
Le Luxembourg, M. le Comte *de Modene.*
Tuileries, M. le Marquis *de Champcenets.*
L'Hôtel Royal des Invalides, M. *de Guibert.*
L'Ecole Royale Militaire, M. le Marquis *de Timbrune Valence.*

GRAND PRIEURÉ DE FRANCE.

Ce Grand Prieuré consiste dans l'Enclos de cette ville nommé le *Temple*, dans lequel est l'Hôtel Prieural, une Eglise conventuelle servant de Paroisse ; elle est desservie par six Religieux conventuels de l'Ordre. Cet Enclos a Haute, Moyenne & Basse-Justice. Ce Grand Prieuré, avec toutes dépendances, vaut 55 à

60 mille liv. de rente, fur quoi il y a pour 20 mille liv. ou environ de charges. Monfeigneur le Duc d'Angoulême, né le 6 Août 1775, & fils de Monfeigneur le Comte d'Artois, eft maintenant en poffeffion de ce Prieuré.

GRENIER A SEL. (*Voyez Juſtice.*)

GROS CAILLOU.

C'eft un Bourg fitué fur le bord de la Seine, qui n'eft féparé du fauxbourg St-Germain que par la place qui eft devant l'Hôtel des Invalides.

Le nom de ce Bourg tire, dit on, fon origine d'un caillou de groffeur énorme, qui fervoit d'enfeigne à une maifon publique de débauche, & qu'on ne détruifit qu'avec de la poudre. C'eft une Guinguette de Paris renommée pour fes bonnes Matelottes.

GUET DE PARIS.

C'eft une Milice que les Francs établirent à l'exemple des Romains. Une Ordonnance de Clotaire II, année 595, porte que *lorſqu'un vol ſera fait de nuit, ceux qui ſeront de garde dans le quartier, en répondront s'ils n'arrêtent pas le voleur; que ſi le voleur, en fuyant devant ces premiers, eſt vu dans un autre quartier, en étant auſſi-tôt avertis, négligent de l'arrêter, la perte cauſée par le vol tombera ſur eux, & qu'ils ſeront en outre condamnés en cinq ſols d'amende, & ainſi de quartier en quartier* (1).

La Garde de Paris eft compofée de Cavalerie & d'Infanterie. M. le Chevalier *Dubois* en eft le Commandant, ainfi que de la Compagnie

---

(1) Le Guet ou la Garde à Alger, eft refponfable des vols qui s'y commettent, & paye fur-le-champ, fi elle n'a pas arrêté les voleurs.

d'Infanterie pour la garde des ports, ponts &
quais. Le total de la Garde de Paris monte à
624 hommes (1).

G U I N G U E T T E S.

Ce font des lieux peuplés de Cabarets, fitués
au delà des différentes barrieres de cette ville,
où le peuple vient, les Fêtes & fouvent le lendemain, boire du vin à meilleur marché qu'à la
ville ; c'eft-là qu'il oublie, à fa maniere, les
travaux de fa femaine & la mifere de toute fa
vie ; tel amant y vient danfer avec fa maitreffe ;
telle famille eft defcendue de fon feptieme étage
pour y venir dîner à 10 fols par tête en partie
de plaifir. Dans chacun de ces Cabarets eft,
pour l'ordinaire, un vafte Sallon qui peut contenir cinq à fix cents perfonnes. Le bruit des
inftrumens, les clameurs & les chants des bu-
veurs, les pas peu mefurés des danfeurs, les
expreffions ridicules des ivrognes, les protefta-
tions énergiques, les galanteries foldatefques,
annoncent un délire univerfel, & l'empire de
la groffe gaîté. C'eft un fpectacle, non pas charmant, mais bon à voir une fois.

---

(1) » On roffoit autrefois le Guet, dit M. Mercier,
» & c'étoit même un amufement que fe procuroient
» les jeunes gens de famille & les Moufquetaires ; on
» caffoit les lanternes ; on frappoit aux portes ; on fai-
» foit tapage dans les mauvais lieux ; on enlevoit le
» fouper qui fortoit du four, & l'on claquoit la fer-
» vante ; en déchiroit enfuite la robe du Commiffaire.
» On a réprimé ces excès avec tant de févérité, qu'il
» n'eft plus queftion de pareils jeux. .... Ce n'eft pas là
» un des petits avantages de la Capitale. L'âge mûr n'a
» rien à craindre de l'âge bouillant. Un Magiftrat a
» dit qu'il vouloit que le pavé de Paris fût refpecté
» comme le Sanctuaire & le Tabernacle. Il a raifon, &
» il a bien dit «.

Les principales Guinguettes font les Porche-
rons, la Nouvelle-France, la Petite-Pologne,
le grand & le petit Gentilly, la Rapée, Vaugi-
rard, le Gros Caillou & la Courtille. (*Voyez*
Courtille, page 191.)

H A L L E S.

Le quartier des Halles eft fitué entre les rues
de la Ferronnerie, de St-Denis, Comteffe d'Artois & de la Tonnellerie. Louis VI, dit *le Gros*,
établit le premier dans ce terrein un Marché pour
les Merciers & les Changeurs. Philippe-Augufte
pour l'agrandir, acheta des Religieux de *Saint-*
Ladre ou de *St-Lazare*, une Foire qui leur appartenoit, & la transféra dans le même lieu où
Louis-le-Gros avoit établi fon Marché.

Les Halles fe multiplierent tellement, que
non-feulement tous les Marchands de Paris y
avoient chacun la leur, mais encore les Marchands de toutes les villes des provinces voifines.
Au milieu de la place des Halles, eft une Tour
octogone appellée *Pilori* (1). (*Voyez Pilori.*)

La *Halle à la Marée*, où fe vend le Poiffon
de mer, & la *Halle à la Saline*, où fe vend le
Poiffon falé, a fon entrée vis-à-vis le Pilori.

____

(1) Ce fut au milieu des Halles que *Jacques d'Arma-*
gnac, Duc de Nemours, eut la tête tranchée, le 4
Août 1477. On avoit tapiffé les chambres du Marché
au Poiffon où il devoit fe repofer ; on y avoit répandu
du vinaigre & brûlé du genievre pour diffiper l'odeur
de la Marée. Il fut enfuite, dit M. de Saint-Foix,
conduit à l'échafaud par une gallerie faite exprès ; on
avoit eu l'attention de rembourer le carreau où il fe
mit à genoux ; le Bourreau, après lui avoir tranché la
tête & l'avoir plongée dans un baril plein d'eau, la
montra au peuple. Cent cinquante Cordeliers, avec
des torches allumées, vinrent terminer ce trifte fpectacle ; on portoit devant eux un cercueil découvert ; on

Des Lettres Patentes du Roi, enregiſtrées au Parlement le 3 Septembre 1784, ordonnent la conſtruction d'une nouvelle Halle à la Marée de Paris, ſur le terrein appellé la Cour des Miracles aux Petits Carreaux, & deſtinent l'emplacement ſur lequel elles exiſtent préſentement, a ſervir de Halle à la vente en gros des marchandiſes d'œufs, beurre, fromage, légumes, herbages, &c., & au milieu dudit emplacement ſera conſtruit une fontaine.

La *Halle au Vin*, conſtruite au-delà de la Porte St-Bernard.

La *Halle aux Draps*, qui a ſon entrée par la rue de la Poterie, & celle de la *petite Friperie*. Celle *aux Toiles* lui eſt contigüe.

Halle aux Cuirs, conſtruite nouvellement dans l'emplacement du Théâtre Italien, rue Mauconſeil.

La *Halle au Poiſſon d'eau douce*, ſituée rue de la Coſſonerie.

Halle au Bled & à la Farine. Elle eſt ſituée ſur le terrein de l'ancien Hôtel de Soiſſons. M. *de Viarmes*, Prevôt des Marchands, conçut le projet d'élever une Halle aux Farines dans l'emplacement de cet Hôtel, dont la Ville venoit de faire l'acquiſition ; M. *le Camus de Meziere* en fut l'Architecte. Cet ouvrage a été commencé au mois de Mars 1762, & dans l'eſpace de trois ans, cette Halle & les bâtimens circonvoiſins ont été achevés.

La forme ronde de cette Halle, la ſolidité de

______

y mit la tête & le corps du malheureux Duc de Nemours ; on leur donna de l'argent pour l'inhumer, & ils s'en retournerent en chantant.

fa conftruction, fa commodité, joints à la noblff
fimplicité de fa décoration, conviennent parf
faitement au but & au caractere de l'objet proff
pofé ; au-deffus du Rez-de-chauffée, font df
vaftes greniers voûtés, auxquels on monte paf
deux efcaliers très-curieux ; celui qui eft df
côté de la rue de Grenelle eft en pierre de Liais ;
il eft fupérieurement appareillé. On monte à
celui qui lui eft oppofé par quatre côtés, jufqu'au premier pallier ; enfuite on reprend par
deux rampes de fer qui fe croifent parallelement,
& conduifent jufqu'au haut.

On vient d'élever au-deffus de cette Halle,
une vafte Coupole qui en couvre toute la cour.
Elle eft la plus grande qui foit en France (1) ;
elle a 120 pieds de diamètre, & forme un
demi-cercle parfait, dont le centre eft pris au
niveau de la corniche, à 40 pieds de terre : la
voûte de cette Coupole n'eft compofée que de
planches de fapin d'un pied de largeur, d'un
pouce d'épaiffeur, & d'environ quatre pieds de
longueur. Ce procédé ingénieux, nouvellement
mis en ufage, eft dû au génie de *Philibert de
Lorme*, célebre Architecte du Roi Henri II.

MM. *le Grand* & *Molina*, qui ont conftruit
cette Coupole, ont rendu à l'Auteur du procédé,
qu'ils ont employé, un hommage qui fait leur
éloge, en plaçant le Médaillon de Philibert
de Lorme dans la Coupole, parmi ceux de M.
Lenoir, Lieutenant de Police, de *Louis XV* &
de celui de *Louis XVI*. Ces Portraits, d'une
belle exécution, font dûs au cifeau de M. *Roland*.

____

(1) La voûte du Panthéon de Rome, qui eft la plus
grande connue, n'a que 13 pieds de plus que celle-ci.

La grande Colonne d'Ordre Dorique que l'on voit à l'extérieur de ce bâtiment, servoit d'Obfervatoire à Catherine de Médicis. Elle fut conftruite fur les Deffins de *Bullant*, par les ordres de cette Princeffe, qui y montoit fouvent accompagnée d'Aftrologues, & y faifoit plufieurs opérations afin de découvrir l'avenir dans les Aftres (1).

Cette Colonne cannelée, dans le fût de laquelle fe trouve un efcalier à vis, eft chargée, en quelques endroits, de couronnes, de trophées, de *C* & de *H* entrelaffés, de miroirs caffés & de lacs d'amour déchirés, figures allégoriques, pour fignifier le veuvage de cette Princeffe. On a pratiqué au bas de ce Monument unique à Paris, une belle Fontaine qui donne de l'eau de la Seine ; en haut eft un Méridien d'un genre fingulier, qui marque l'heure précife du foleil à chaque point de la journée, & dans chaque faifon : il eft de l'invention du Pere *Pingré*, Chanoine régulier de Ste - Genevieve, & de l'Académie des Sciences (2).

---

(1) Catherine de Médicis croyoit non-feulement à l'Aftrologie judiciaire, mais encore à la Magie. Elle portoit fur l'eftomach une peau de velin, d'autres difent d'un enfant écorché, femée de figures, de lettres & de caracteres de différentes couleurs ; elle étoit perfuadée que cette peau avoit la vertu de la garantir de toute entreprife contre fa perfonne. (*Effais Hift. fur Paris.*)

(2) Les Particuliers à qui appartenoit le terrein de l'Hôtel Soiffons, vouloient faire abattre cette Colonne, M. *Bachaumont*, pour conferver ce Monument curieux, fe préfenta pour l'acheter ; on la lui vendit 1800 liv. Il la recéda enfuite à la Ville, lorfqu'elle eut acheté l'Hôtel de Soiffons.

Halle aux Veaux, transférée du quai deb
Ormes fur le terrein des Bernardins, par Lettres
Patentes du mois d'Août 1772.

Cette Halle eft couverte, ifolée & environnée
de quatre rues ; elle fut achevée en 1774, d'a-
près les Deffins de M. *Lenoir*, Architecte ; elle
eft de la forme parallélograme. Aux quatre angles eft un pavillon pour monter à des greniers
qui renferment le fourrage ; elle a trois iffues,
deux fur le quai des Miramiones, & une rue
des Bernardins.

H I L A I R E. (*Saint*)

Eglife Paroiffiale qui exiftoit avant l'an 1300.
Elle eft fous l'invocation de St Hilaire, Evêque
de Poitiers ; elle a été réparée au commencement de ce fiècle, par les foins & les libéralités
de feu M. *Rollin*, qui en étoit le Curé.

Dans la Chapelle de la Vierge, eft un St Jean
& un St Jofeph peints par M. *Belle*, Peintre du
Roi, & Infpecteur des Gobelins.

Cette Eglife, en 1513, fut profanée & en-
fanglantée par deux Peintres qui s'y querellerent
& s'y battirent, à l'occafion d'un Tableau qui
repréfentoit Adam & Eve dans le Paradis Ter-
reftre : *L'enfant*, difoit l'un, *quand il eft forti
du corps de la mere, y refte encore attaché par
un affemblage de vaiffeaux que l'on coupe &
qu'on noue le plus près du ventre poffible, &
c'eft ce qui fait ce qu'on appelle le nombril ; or,
Adam & Eve n'ayant point eu de mere, il faut
être auffi fot que vous l'êtes, pour les avoir repréfentés avec un nombril.* Ce Peintre pouvoit
bien avoir un peu raifon, mais il ne falloit pas
fe battre pour cela.

HONORÉ. *(Saint)*

C'est une Eglise Collégiale, fondée en 1204 par *Renold Chereing*, & *Sybille* sa femme. Il n'y eut d'abord qu'un seul Prêtre desservant. Un an après il y en eut quatre ; en 1208, cette Chapelle fut érigée en Collégiale, & il y eut jusqu'à 21 prébendes ; mais Renaud, Evêque de Paris, les réduisit à 12.

En 1579, on augmenta le bâtiment de l'ancienne Chapelle, telle qu'on la voit aujourd'hui.

Un des plus beaux morceaux de *Philippe de Champagne* décore le Maître-Autel ; c'est une Présentation au Temple.

Dans la premiere Chapelle à droite est le Mausolée du *Cardinal Dubois*, du dessin & de l'exécution de *Couftou le jeune*, habile Sculpteur. Il est représenté à genoux ; il a derriere lui une pyramide, & devant lui un livre ouvert : sa téte est tournée sur l'épaule gauche, & du côté de l'Eglise. Cette figure devoit être placée sous une arcade à droite du Maître-Autel : ainsi il ne faut pas s'étonner si sa téte est tournée à gauche ; dans cette disposition, ses regards auroient été fixés sur l'Autel.

Un Recteur de l'Université, M. *Couture*, est l'Auteur de son Epitaphe. Ce sujet étoit délicat à traiter, & l'on voit qu'il l'a été d'une maniere qui ne compromet ni la franchise du Recteur, ni la réputation du Cardinal. Après avoir fait l'énumération de ses titres & dignités, l'Auteur s'écrie : *quid autem hi tituli ? nisi arcus coloratus, & fumus ad modicum parens. Viator stabiliora solidiora que bona mortuo apprecare. Obiit anno 1723. Heredes grati erga Regem, &*

summum Pontificem animi Monumentum po-
suère.

HOPITAUX DE PARIS.

HÔTEL-DIEU. St Landry fut, dit-on, le premier qui fonda cet Hopital ; St Louis & Henri IV furent ses premiers bienfaiteurs.

En 1725, les Administrateurs de l'Hôtel-Dieu demanderent au Roi Louis XIII & à la Ville, la permission de faire construire un pont de pierre sur la riviere, pour y établir une nouvelle salle, ce qui leur fut accordé. On laissa un petit passage pour les gens à pied, & le Roi ordonna que chaque personne payeroit un double à son passage, ce qui s'est toujours pratiqué depuis, & ce qui a donné à ce pont le nom de *Pont-au-Double* (1).

La nuit du premier au 2 d'Août 1737, le feu prit à l'Hôtel-Dieu, & causa un embrâsement considérable ; il ne fut entierement éteint que le 5 du même mois. Mais l'incendie arrivé la nuit du 29 au 30 Décembre 1772, fut encore plus désastreux, par le grand nombre de malades qui y ont péri sous les ruines de plusieurs Salles.

De quelque pays, de quelque Religion qu'il soit, un malade est reçu, pourvu qu'il n'ait aucune maladies scrophuleuses, épileptiques & vénériennes. Cent trente Religieuses de l'Ordre de St-Augustin font le service de cet Hopital ; 24 Ecclésiastiques, dont le premier a

---

(1) Le double vaut 2 deniers : comme il n'y a plus de monnoie de cette espece, on paye un liard ; cependant, quand on est trois personnes, on ne doit payer que 2 liards.

la qualité de Maître, deſſervent cette Maiſon ; deux de ces Prêtres doivent ſavoir les langues étrangeres.

On y compte 1400 lits, diſtribués dans 21 Salles. Le nombre des malades va quelquefois juſqu'a 2000, ce qui réduit à l'obligation fu-neſte de mettre quatre malades dans le même lit.

Huit Médecins penſionnés, un Expectant, un Chirurgien-Major & 99 Chirurgiens, ſont oc-cupés journellement auprès des malades de cet Hopital.

HOPITAL - GÉNÉRAL, dit *la Salpêtriere*, ainſi nommé de la préparation des Salpêtres qui s'y faiſoit. Il a été fondé en 1656, par Louis XIV.

M. *Pomponne de Bellievre*, premier Préſident, la Ducheſſe d'*Aiguillon*, & le Cardinal *Mazarin*, après ſa mort, furent les bienfaiteurs de cet Hopital.

Pluſieurs milliers de pauvres y ſont entrete-nus, logés & nourris. Preſque toutes les jeunes filles y ſont occupées à faire de la dentelle, de la tapiſſerie & autres ouvrages.

Il y a trois grands Dortoirs, compoſés de 250 Cellules pour les vieilles gens mariés, qui ne peuvent point gagner leur vie, & ce lieu eſt nommé *les Ménages*.

Dans une Cour ſéparée, eſt la Maiſon de Force, pour les filles & femmes débauchées, qu'on y met en correction. Il y a auſſi un em-placement où ſont logées les folles & imbécilles.

L'Egliſe eſt du Deſſin de M. *Libéral Bruant*, Architecte ; elle conſiſte en un Dôme octogone, de 10 toiſes de diametre, percé par huit arcades qui aboutiſſent à quatre Nefs de 12 toiſes de

N

long chacune, & qui forment une croix, avec quatre Chapelles à pan dans les angles. On y voit un Tableau repréſentant une Réſurrection par le *Frere André*, Religieux Dominicain. Le Maître-Autel eſt au centre du Dôme, & peut être vu de toutes les Nefs deſtinées pour ſéparer les deux ſexes.

Pour le ſpirituel, cet Hopital eſt ſous la direction d'un Recteur & de 22 Prêtres, & pour le temporel, les chefs ſont les mêmes que ceux de l'Hôtel-Dieu.

LE CHATEAU DE BICETRE. (Voyez *Bicêtre* au *vol. des Environs.*)

HOPITAL des Incurables, fondé en 1637 par le Cardinal *de la Rochefoucauld*, pour toutes les perſonnes attaquées de maux réputés ſans guériſon, excepté les humeurs froides & le mal caduc.

Le Tableau de l'Hôtel eſt une Annonciation peinte par *Perrier;* celui de la Chapelle à droite eſt une fuite en Egypte par *Philippe de Champagne*, de même que le Tableau de l'Ange Gardien qui eſt dans la Chapelle vis à-vis. Au bas de l'Autel eſt une Tombe, où furent dépoſées, en 1645, les entrailles du Cardinal *de la Rochefoucauld*, fondateur, & à côté ſont celles de *Pierre le Camus*, Evêque du Bellai, célebre par ſa piété, ſon eſprit, ſon intimité avec St François de Sales, & ſa haîne contre les Moines, dont il a, plus qu'aucun Ortodoxe, ſenti l'inutilité (1). Il fut enterré au mois de

---

(1) Son livre intitulé *Sainct-Auguſtin de l'ouvrage des Moines*, prouve l'arrogante fierté de ces Religieux & leur inutilité;il démontre encore qu'ils doivent travailler

Mai 1652 , & avoit été facré par St François de Sales , le 30 Décembre 1609. On voit quatre Buftes dans les angles , ceux de St-Charles Borromée & de St-François de Sales font par *Durand*, & ceux du Cardinal de la Rochefoucauld & de l'Evêque du Bellai par *Buyfter*.

Hopital des Petites-Maifons, fondé par la Ville de Paris, d'abord en 1597, fous le titre de *Maladrerie de St-Germain*, pour y traiter des malades attaqués du mal de Naples, jufqu'alors inconnu en France, ce qui dura jufqu'en 1544; enfin, en 1557, l'Hôtel-de-Ville y établit un Hopital pour les pauvres infirmes, pour les enfans malades de la teigne, pour les femmes fujettes au mal caduc, pour les foux & les infenfés. *Jean Luillier*, fieur *de Boullincourt*, eft un des principaux bienfaiteurs de cet établiffement. On nomme cet Hopital *Petites-Maifons*, parce que les cours qui le compofent font entourées de petites maifons fort baffes, qui fervent de logemens à plus de 400 vieilles gens qui font à l'aumône du grand Bureau des Pauvres, & qui y font nourris pour la plupart.

On y conferve un Crucifix d'ivoire par *Jaillot*.

Hopital de Santé ou de Ste-Anne, pour mettre, en temps de contagion, les malades de

---

pour vivre ; que par leurs regles même, ce travail leur eft ordonné, & qu'ils ne leur eft permis de mendier, que dans des cas urgens, où le fervice fpirituel fufpendroit le temporel. Alors c'eft une fimple permiffion & non pas une loi. Cet ouvrage eft à-la-fois un chef-d'œuvre de raifonnement & de circonfpection. Les Moines affurent que l'Auteur eft damné, parce qu'à fa mort il n'a pas voulu fe rétracter de ce qu'il avoit dit & écrit contre eux.

l'Hôtel-Dieu, dont il dépend. Il est situé sur le chemin de Gentilly.

Hopital de St-Louis. Henri IV, par un Edit du mois de Mars de l'an 1607, attribua à l'Hôtel - Dieu, 10 sols à prendre sur chaque minot de sel qui se vendroit dans tous les Greniers à sel de la Généralité de Paris, pendant 15 ans, & 5 sols à perpétuité, après les 15 années expirées ; à la charge & condition de faire bâtir un *Hopital de santé* hors de la ville, entre la porte du Temple & celle de St-Martin ; de payer les gages de tous les Officiers, & de fournir tous les meubles & ustensiles nécessaires, tant à cet Hopital, après qu'il seroit construit, qu'à celui de St-Marcel, que le Roi unit à l'Hôtel-Dieu pour le même usage.

En conséquence, la premiere pierre en fut posée le 13 Juillet 1607 ; on employa quatre ans & demi pour le bâtir, & il en coûta, tant pour sa construction que pour mettre en état celui du fauxbourg St-Marceau, & pour les meubler l'un & l'autre, la somme de 795,000 l. Il fut nommé l'*Hopital de St-Louis*, & celui du fauxbourg St-Marcel l'*Hopital St-Anne.*

Cet Hopital consiste en un grand bâtiment qui est bien situé. Comme il est uni à l'Hôtel-Dieu, on y envoie les convalescens de cet Hôtel pour s'y rétablir & prendre l'air. Il est aussi desservi par des Religieuses de l'Hôtel-Dieu.

Hopital du St-Nom de Jésus. Cet Hopital est situé du même côté que l'Eglise Paroissiale de St-Laurent. C'est au zele du plus bienfaisant de tous les Saints, à *Vincent de Paule*, qu'on est redevable de cet établissement. Les pauvres font dans deux corps-de-logis féparés ; mais tellement difpofés, qu'ils peuvent tous entendre une Meffe & la lecture de table , même prendre leurs repas en commun chaque jour, fans fe voir ni fe parler. Les Prêtres de St-Lazare en ont la direction fpirituelle.

HOSPICE de St-Jacques-du-haut-Pas , rue du fauxbourg St-Jacques , en face de l'Obfervatoire, conftruit fur les Deffins de M. *Vieilh*; il eft dirigé par les Sœurs de la Charité; il contient 18 lits pour les femmes , 16 pour les hommes. On y reçoit en outre des Penfionnaires infirmes qui peuvent y être au nombre de 20 à 25.

HOSPICE Médico-Electrique, dans la Maifon ci-devant occupée par les Céleftins , près l'Arfenal. MM. *le Dru , pere & fils* , y traitent les malades attaqués d'affections nerveufes, par le moyen de l'Electricité.

Il y a des falles où les traitemens font gratuits, d'autres où ils ne le font pas. Cet établiffement a commencé le 20 Novembre 1783.

HOPITAUX deftinés pour les Hommes feulement.

HOPITAL de la Charité des hommes. Son établiffement eft dû à *Marie de Médicis* , feconde femme d'Henri IV , en 1602.

Cette Maifon eft le chef-lieu de toutes celles de l'Ordre de *St-Jean-de-Dieu.* On y compte 205 Lits diftribués en fix Salles. On n'y reçoit que des hommes attaqués de maladies curables , mais non contagieufes , ni vénériennes. Depuis le Printemps jufqu'à l'Automne, on y reçoit les pauvres qui font attaqués de la pierre, & qui veulent fe la faire tailler.

Le Portail de l'Eglise a été construit en 1722, par *de Cotte*. Les Tableaux de la Nef font : le Martyre de St-Pierre & de St-Paul, par *Cazes* ; St-Jean prêchant dans le défert, par *Verdot* ; la Réfurrection de Lazare, par *Galloche* ; la Multiplication des Pains, par *Hallé*.

Les deux morceaux du Chœur ont été peints par d'*Ulin* ; l'un eft Jéfus-Chrift guériffant des malades , & l'autre la belle-mere de St-Pierre guérie de la fievre. Le Chrift eft de *Benoît*.

La Chapelle à droite eft celle de la Vierge, dont la figure en marbre eft fculptée par *le Pautre*. On y voit l'Annonciation & la Vifitation , par *Verdot*.

Au milieu eft le Tombeau de *Claude Bernard* , dit *le Pauvre Prêtre*, mort en 1631 en odeur de fainteté ; fa figure à genoux, en terre cuite, eft d'une grande vérité. Elle eft de la main de *Benoît*.

La Chapelle vis-à-vis offre, à l'Autel, l'Apothéofe de St-Jean-de-Dieu, beau morceau de *Jouvenet*. Aux deux côtés, *Reftout* a peint la Samaritaine & Abraham donnant l'hofpitalité aux Anges.

Dans l'intérieur de cette Maifon , fur l'Autel de la Salle de St-Louis, on voit ce Saint Roi qui panfe un malade ; Tableau fort eftimé, peint par *Teftelin*. On y remarque auffi Notre Seigneur chez le Pharifien, & les Noces de Cana ; deux moyens Tableaux de *Reftout*.

Dans la Salle de St-Michel eft une femme qui repréfente la Charité jettant de l'eau fur une flamme ; c'eft un des premiers ouvrages de *le Brun*.

*H*OPITAL *des* Convalefcens *de la Charité.*

Cette Maiſon, qui eſt ſituée rue du Bacq, fut fondée en 1642, par *Angélique Faure*, femme de *Claude Bullion*, Surintendant des Finances, en faveur des convaleſcens qui ſortent de l'Hopital de la Charité. Il y a 12 Lits. Par une excluſion bien ſinguliere, on ne reçoit point les convaleſcens qui ſont Prêtres, Soldats ou Laquais.

Hopital des Quinze-Vingts. Il fut fondé par St Louis, vers l'an 1260, pour 300 Aveugles mendians ; & il eſt abſolument faux que ce fut en faveur de 300 Chevaliers, à qui les Sarraſins avoient, dit-on, crevé les yeux, pendant leur captivité en Egypte. Cet Hopital, qui étoit ſitué rue St-Honoré, vis-à vis celle de Richelieu, a été tranſporté, en 1780, ſur la demande de M. le Cardinal de Rohan, Grand Aumônier de France, à l'Hôtel ci-devant occupé par les Mouſquetaires noirs, au fauxbourg St-Antoine. Au moyen du nouveau plan préſenté par cette Eminence, cette Maiſon, qui n'étoit fondée que pour 300 Aveugles, reçoit aujourd'hui 800 Pauvres qui, au lieu de 13 ſols 6 deniers par jour qu'ils avoient, ont chacun 20 ſols quand ils ſont veufs ou garçons, 26 ſols quand ils ont femme, & en outre 2 ſols pour chaque enfant, juſqu'à l'âge de 16 ans. Ils ont auſſi le ſel & ſont traités & médicamentés par un Médecin & un Chirurgien attachés à cette Maiſon.

On fait apprendre un métier aux enfans quand ils ſont en âge, & on oblige alors les garçons de ſortir de l'Hôtel.

On diſtribue deux fois par ſemaine le pain à 150 pauvres Aveugles aſpirans. On choiſit, entre les plus vieux, ceux qui font infirmes & de meilleures mœurs.

L'Arrêt du 14 Mars 1783, porte auſſi qu'il y aura un Hoſpice établi dans cette Maiſon pour 25 pauvres de Province, qui y feront reçus, nourris, habillés, & gratuitement traités des maladies des yeux. On traitera encore tous les pauvres de Paris affligés de la même maladie.

Hopital de St-Gervais, ou *de Ste-Anaſtaſie*, fondé en 1171, par *Guérin Maſſon* & *Harcher* ſon fils, qui conſacrerent leur propre maiſon à donner l'hoſpitalité aux pauvres paſſans. Cet Hopital étoit ſitué dans la rue de la Tixeranderie, près le Cimetiere St-Jean ; mais les Religieuſes qui le deſſervent ayant obtenu des Lettres-Patentes du Roi Louis XIV, de l'an 1656, il fut transféré à l'Hôtel d'O, dans la vieille rue du Temple, qu'elles acheterent 135,000 livres.

On y donne l'hoſpitalité pendant trois jours à tous les hommes qui ſe préſentent.

Hospice, *ou Maiſon Royale de Santé*, établie ſur le Boulevard neuf, près la barriere d'Enfer, par Sa Majeſté Louis XVI, en faveur des Eccléſiaſtiques & Militaires malades. Ce Monument, qui honorera à jamais la mémoire du Prince qui nous gouverne, a été conſtruit ſur les Deſſins de M. *Antoine*, Architecte du Roi. Il y a 16 Lits, dont 12 fondés par le Roi, 3 par la Ville de Paris, & le ſeizieme dont un Prélat doit faire les fonds.

M. le premier Préſident & M. le Procureur-Général, nomment aux ſix Lits deſtinés aux

Militaires , & MM. les Agens Généraux du Clergé nomment de préférence aux dix deftinés aux Eccléfiaftiques. On trouve encore dans cet Hofpice, des chambres particulieres , où des perfonnes étrangeres & non domiciliées de tous les pays , de toutes les Religions, feront indif- tinctement reçues , moyennant une fomme convenue.

INSTITUTION en faveur des pauvres Or- phelins Militaires , rue & barriere de Sevre. L'on y entretient 150 enfans , & on leur donne une éducation foignée. M. le Chevalier *de Paulet* eft le fondateur de cet Hofpice.

HOSPICE de Charité , rue de Sevre, paffé le Boulevard. Pendant que M. *Necker* , à la tête des Finances du Royaume , s'occupoit du foula- gement des peuples , fa vertueufe époufe foula- geoit les malheureux & les prifonniers & fon- doit cet Hofpice , dont elle a été nommée par le Roi l'Adminiftratrice, conjointement avec le Curé de St-Sulpice.

Il eft compofé de 120 lits , & l'on vient d'y ajouter une Salle de 8 lits. Cette Maifon étoit celle de Notre Dame de Lieffe ; elle eft deffervie par des Sœurs de la Charité.

HOPITAUX deftinés aux femmes & aux filles.

HOSPITALIERES de la Miféricorde de Jéfus, fous le nom de St-Julien & de Ste-Bafiliffe , Ordre de St-Auguftin , rue Mouffetard. Il y a dans de belles Salles 37 lits bien entretenus , dont une partie a été fondée par des particuliers , qui ont droit de les faire occuper *gratis ;* les malades des autres lits payent 30 livres par mois. Les femmes qui reftent à l'année dans

ces Salles, payent 400 liv. de penfion, & celles
qui font en chambre 500 liv.

*HOSPITALIERES de St-Thomas de Ville-
neuve*, rue de Sevre, fauxbourg St-Germain.
Elles tiennent des Ecoles gratuites de jeunes
filles. Tous les jours à dix heures, on panfe les
malades des deux fexes qui fe préfentent, auxquels on donne à dîner. On faigne ceux qui en
ont befoin, & on leur donne un bouillon.

*HOSPITALIERES près les Minimes de la
Place Royale*, ou *Hopital de Notre-Dame*. Cet
Hopital fut inftitué & fondé en 1624 par la
Mere *Françoife de la Croix*, fous la protection
de la Reine Anne d'Autriche, pour le fervice &
le foulagement des pauvres filles & femmes
malades.

Les Religieux de la Charité s'oppoferent
d'abord à l'enregiftrement des Lettres-Patentes,
à caufe que ces Filles avoient pris la dénomination de l'*Hopital de la Charité de Notre-Dame*.
Un Arrêt du Parlement du 14 Avril 1625, mit
les parties hors de Cour & de Procès, à condition que ces Filles prendroient feulement le nom
d'*Hofpitalieres de Notre-Dame*. Après un fecond Procès qui fut encore intenté par les Adminiftrateurs de l'Hôtel-Dieu, elles firent enfin
leurs vœux le 24 Juin 1629 ; Mme *Brulart* fut
déclarée leur fondatrice.

Il y a 20 lits pour les pauvres filles & femmes
malades, qui ne payent rien & qui font très-bien.

Cette Maifon fe glorifie d'avoir fervi de re-
traite à *Françoife d'Aubigné*, Marquife *de
Maintenon*, avant qu'elle allât à la Cour de
Louis XIV.

HOSPITALIERES de la Roquette. Sept à huit ans après que les Religieuses Hospitalieres de la Place Royale furent établies dans l'endroit où elles font, elles acheterent une autre maison située dans la rue de la Roquette, fauxbourg St-Antoine, & y établirent un autre Hopital, dont la Chapelle est fous l'invocation de *St-Joseph*. Les Lettres-Patentes pour ce fecond Hopital furent expédiées au mois d'Octobre 1639.

Il y a 17 lits dans une belle Salle. Les malades donnent 24 liv. par mois. Les perfonnes qui y reftent leur vie, payent 400 liv. de penfion.

HOPITAL ou Hofpice des huit femmes veuves. Il est fitué dans la rue St-Sauveur, & fut fondé par *Jean Chenart*, Garde de la Monnoie, qui laiffa à fes héritiers la difpofition de ces places.

HOPITAUX pour les garçons feulement.

LA PITIÉ, fauxbourg St-Marcel. C'est un Hopital qui est le refuge de tous les petits garçons, enfans trouvés ou autres. On les éleve avec foin, & on les occupe à des travaux utiles. On fabrique dans la maison des draps pour les Hopitaux & même pour les Troupes. Pour y être reçu, il faut avoir un certificat du Curé de la Paroiffe, avec l'extrait baptiftaire. Les peres & meres peuvent retirer leurs enfans au bout d'un temps, pourvu qu'ils foient en état de les nourrir ; c'est de quoi on s'informe exactement.

Dans le Sanctuaire de l'Eglife, est une defcente de Croix, peinte par *Daniel de Voltere* ; très-beau Tableau, mais un peu endommagé. A une Chapelle à côté, est un Tableau de *Louis de Boullongne*, où font de petites filles inftruites par la Charité perfonnifiée.

ENFANS ROUGES. Cet Hopital a été fup-primé par Lettres - Patentes du mois de Mai 1772. (Voyez *Chapelle des Enfans Rouges, page* 142.)

HOPITAUX pour les filles feulement.

L'ENFANT JÉSUS, près la barriere de Vau-girard. Cette Communauté fut fondée par *Marie Lezinska*, époufe de Louis XV, à la naiffance de Mgr le Duc de Bourgogne, pour 30 jeunes Demoifelles de condition. Les Dames ne font point cloîtrées.

MAISON des Orphelines, rue du Vieux-Colombier, près St-Sulpice, fondée en 1650, par les bienfaits de plufieurs Paroiffiens : elle eft dirigée par des Adminiftrateurs, dont le Curé de St-Sulpice eft Supérieur né. Ces Orphelines font au nombre de cent : on leur donne une bonne éducation.

HOPITAL de Notre-Dame de la Miféricorde, ou *les Cent-Filles,* rue Cenfier, fauxbourg-St-Marcel. Cet Hopital fut fondé en 1624, par *Antoine Seguier,* Préfident au Parlement de Paris, pour cent pauvres filles orphelines de pere & de mere, natives de la ville ou fauxbourgs de Paris, de légitime mariage, deftituées de moyens, & âgées de fix ou fept ans à leur entrée.

Cette Maifon eft adminiftrée fous les ordres de M. le premier Préfident, de M. le Procureur-Général, & du Chef mâle du nom & famille du fon-dateur, par une Gouvernante & quatre maitreffes.

Les filles reçues dans cet Hopital ne peuvent y demeurer que jufqu'à l'âge de 25 ans accomplis.

On remarque , dans la Chapelle de cette Maison, le Buste d'*Antoine Seguier*, son fondateur, avec son Epitaphe.

Louis XIV voulant favoriser cet établissement, ordonna, par Lettres-Patentes du mois d'Avril 1657, que les Compagnons de toutes sortes d'Arts & Métiers qui . après avoir fait leur apprentissage à Paris, épouseroient des filles orphelines de cet Hopital, seroient reçus Maîtres sans aucunes Lettres, que l'Extrait de la célébration de leur mariage, sans faire de chef-d'œuvre, & sans payer aucun droit de Banquet, de Confrérie, ou autres.

Il n'y a plus de fonds que pour 65 à 75 pauvres Orphelines. On travaille dans cette Maison pour le public, en linge, broderie, &c.

Hopital de Ste-Catherine, rue St-Denis. La foule de Pélerins que la célébrité des miracles de cette Sainte attiroit dans son Eglise, fut cause que l'on bâtit vis-à-vis un Hospice pour les recevoir.

Les Religieuses qui administrent cette Maison sous l'inspection d'un Supérieur Ecclésiastique, sont de l'Ordre de St-Augustin. Leurs principales fonctions sont de loger & de nourrir les femmes ou filles qui cherchent à entrer en condition, auxquelles elles donnent l'hospitalité pendant trois jours seulement. Leur nombre monte quelque fois jusqu'à 90. Elles reçoivent aussi les personnes qui viennent de province pour des procès ou affaires particulieres, & qui n'ont pas le moyen de se procurer un asyle coûteux.

La Statue de Ste-Catherine que l'on voit sur la porte extérieure, a été faite & donnée en 1704, par *Thomas Renaudin*, Sculpteur de l'Académie Royale.

Orphelines du Saint Nom de Jésus & de la Mere de Pureté. Cette Communauté, qui est située cul-de-sac des Vignes, rue des Postes, avoit autrefois pour but, de ne recevoir que des Orphelines, mais actuellement on n'en reçoit qu'autant que les fonds de la Maison le permettent. On y donne l'éducation à de jeunes Demoiselles. Les Pensions y font de 300 liv.

Hopitaux pour les enfans des deux sexes.

Hopital des Enfans-Trouvés du fauxbourg St-Antoine. Anciennement les Seigneurs Hauts-Justiciers de la ville & des fauxbourgs, contribuoient chacun d'une certaine somme, pour l'entretien, subsistance & éducation de ces enfans exposés dans l'étendue de leur Haute-Justice. Le nombre des Enfans-Trouvés augmentant tous les jours, Louis XIII leur donna la somme de 3000 liv., & celle de 1000 liv. aux Sœurs de la Charité qui les servoient, à prendre tous les ans par forme de fief & d'aumône, sur le Domaine de Geneffe. Le Roi Louis XIV, par ses Lettres-Patentes du mois de Juin, leur donna encore 8000 liv., à prendre tous les ans sur les cinq grosses Fermes. Mais le nombre des Enfans devint jusqu'à 40,000. Alors le Roi fit contribuer tous les Seigneurs Hauts-Justiciers de cette ville, qui font tous des Communautés de Prêtres séculiers ou de Moines ; il fixa la contribution que chacun devoit payer par an, pour l'entretien des Enfans-Trouvés de Paris (1).

____

(1) Ces Communautés de Prêtres & de Moines fournissent aux Enfans-Trouvés environ 16 mille livres par

(303)

La Confrérie de la Paſſion ayant été ſupprimée au mois de Décembre 1676, ſes revenus furent unis à l'Hôpital général, pour être employés à la nourriture & à l'entretien des Enfans-Trouvés.

Après avoir pluſieurs fois changé d'habitation, ils furent enfin fixés au fauxbourg Saint-Antoine, où, dans un très-vaſte emplacement, on leur bâtit leur Maiſon & une Egliſe, dont la Reine *Marie-Théreſe d'Autriche* poſa la premiere pierre.

Le Tableau du Maître-Autel repréſente Notre Seigneur qui appelle à lui les petits enfans & les bénit ; il eſt peint par *la Foſſe*.

Cette Maiſon eſt deſſervie par des Sœurs Griſes, ou Sœurs de la Charité de St-Vincent-de-Paule.

Hopital des Enfans - Trouvés, vis-à-vis l'Hôtel-Dieu. Cet Hopital eſt un aide de celui qui eſt dans le fauxbourg St-Antoine. En 1747, l'Egliſe de Ste-Genevieve-des-Ardens ayant été détruite, on reconſtruiſit à ſa place cet Hopital, ſur les Deſſins de M. *Boffrand*. L'Architecture eſt remarquable par ſa ſimplicité, ſa nobleſſe & ſa ſolidité ; les Pavillons ſont décorés de Pilaſtres Ioniques. L'entablement de la façade eſt orné de gros Modillons, entre leſquels ſont placées des fenêtres Mezanines, ce qui n'eſt pas le plus admiré de cette Architecture. Le projet eſt d'é-

-----

an. Rien n'eſt mieux ordonné, rien n'eſt plus équitable que cette taxe : il eſt raiſonnable qu'un ſi grand nombre de célibataires qui ne donnent aucun citoyen à l'Etat, comme nous en ſommes très-perſuadés, contribuent à la nourriture de ces enfans délaiſſés, & tiennent lieu de pere à ceux qui n'en connoiſſent pas.

lever un Pavillon semblable du côté de l'Hôtel-le
Dieu, pour former une décoration convenable le
à la place du Parvis de Notre-Dame. La distribution de l'intérieur fait beaucoup d'honneur à
l'Architecte. La Chapelle a été décorée par deux
Peintres, *Brunetti* & *Natoire* ; le premier pour
l'Architecture, le second pour l'Histoire. Celui-
ci a peint tout ce qui remplit les Arcades au
rez-de-chaussée, & toute la partie du fond jusqu'à la voûte, où il a représenté la Nativité de
N. S., l'Adoration des Mages & des Bergers,
& une Gloire d'Anges dans le haut. Les Peintures
du rez-de-chaussée ayant été faites trop tôt &
sans que le plâtre fût assez sec, sont déja presque effacées. C'est une perte pour le public,
qui les avoit admirées avec justice. Trois Portiques du côté de l'entrée, portent une Tribune
soutenue dans l'intérieur de la Chapelle par six
Colonnes cannelées d'Ordre Ionique. Depuis
cette Tribune jusqu'à la face de l'Autel, formé
de-quatre groupes de colonnes peints en marbre
de vert antique, la voûte paroît ruinée par le
temps : une grande partie laisse voir le ciel à
travers les ouvertures, & les ruines semblent
soutenues par des étais couverts de planches, à
moitié détruits par les injures de l'air. A droite
de l'Autel, paroissent les marches conduisant à
la Crêche ; le Roi Maure monte un de ces degrés, en prenant l'encensoir des mains d'un
jeune Page. De l'autre côté, on voit dans l'en-
foncement, des Bergers qui ne s'éloignent qu'à
regret, & sur le devant, deux femmes pénétrées
de ce qu'elles viennent de voir.

Dans cette Maison, on reçoit en tout temps,

à toutes les heures du jour & de la nuit, fans queftions & fans formalités, tous les enfans nouveaux-nés qu'on y préfente, dont le nombre va à plus de 8000 par an. On fe contente de faire faire un Procès-verbal par un Commiffaire du quartier, pour conftater le lieu, le jour & l'heure où l'enfant a été trouvé, & le nom de la perfonne qui le préfente, qui n'eft point obligé de rien dire fur aucunes circonftances; & le Commiffaire eft obligé de faire expédier ce Procès-verbal *gratis*. Les enfans y font élevés avec grand foin, jufqu'à ce qu'ils aient faits leur premiere Communion, & qu'ils foient en état d'apprendre un métier (1).

Hopital du St-Efprit, place de Grève. Il fut fondé, l'an 1362, par quelques Bourgeois charitables, en faveur des pauvres orphelins de Paris.

On y reçoit les orphelins jufqu'au nombre de 40 garçons & de 60 filles; mais à condition, 1°. qu'ils foient nés de légitime mariage: 2°. qu'ils foient nés & baptifés à Paris: 3°. que les

______

(1) Après avoir parlé des dépenfes puériles des riches, M. Mercier s'écrie: »Comment ne fe trouve-t-il point un amateur de l'enfance, de cet âge riant, aimable, qui faffe élever fous fes yeux des enfans abandonnés qu'il adopteroit? Tel homme a trente chevaux dans fon écurie, qui pourroit, s'il en retranchoit fix, voir croître autour de lui fix enfans dont il feroit le bienfaiteur. Quelle fête pour un cœur fenfible!

Quoi! parmi tant d'hommes opulens, aucun n'a dit: J'éleverai de ces enfans qui n'ont point de parens; je les adopterai. Vingt jolis garçons m'appelleront un jour leur pere: j'en ferai des citoyens; un feul qui parviendra à la perfection d'un art quelconque, me récompenfera de tous mes travaux «.

peres & meres foient morts à l'Hôtel-Dieu : 4°. que ces orphelins foient au-deffus de l'âge de 9 ans.

On leur apprend à lire, à écrire, & l'Arithmétique. Il faut donner en y entrant 200 liv., qui font rendues en fortant aux enfans, lorfqu'ils font en âge d'apprendre un métier, laquelle fomme on donne au Maître qui les reçoit en apprentiffage.

L'Eglife a été rebâtie en moitié, en 1746, par *Boffrand*, qui, gêné par l'ancien bâtiment, en a tiré parti d'une maniere qui lui fait honneur. On y voit quatre Tableaux : un St Sébaftien par M. *l'Epicier*, Peintre du Roi : une Ste Genevieve, un St Eloy & un St Nicolas, tous les trois peints par *Eifen*. La Claffe des garçons eft ornée d'une Vierge protectrice des Enfans bleus, par M. *Taraval*.

HOPITAL de la Trinité. La plupart des Hiftoriens fixent l'origine de cette Maifon en 1202. Des Lettres de Pierre de Nemours, Evêque de Paris, en 1210, nous apprennent que *Jehan Paàlée & Guillaume Efcuacol*, fon frere utérin, étoient fondateurs de cet Hopital. Les Religieux Prémontrés de l'Abbaye d'Hermieres le defcervirent jufqu'en 1545, que l'hofpitalité avoit ceffé d'y être obfervée. Alors les Confreres de la Paffion louerent une grande Salle de cet Hopital, pour y repréfenter leurs Myfteres. (Voyez *Comédie*, pag. 166.)

Cet Hopital eft aujourd'hui deftiné, par Arrêt du Parlement de 1545, pour 10 garçons & 36 filles, orphelins de pere ou de mere feulement valides, & du nombre des pauvres qui font à l'aumône du grand Bureau ; on leur apprend à lire & à écrire, on leur donne enfuite un métier. L'enclos de la Maifon eft privilégié. Les Artiftes qui s'y établiffent, gagnent la maîtrife, en inftruifant dans leur art un de ces enfans, qui acquiert la qualité de fils de maître.

Il y a en outre, dans cette ville, plufieurs Maifons de fanté, tenues par différens particuliers ; fur chaque Paroiffe, les Sœurs de la Charité vifitent les pauvres malades, leur portent des bouillons, des médicamens &c. Parmi les différentes Maifons de fanté, on diftingue celle tenue par M. *le Fevre*, Docteur en Médecine, qui eft fituée hors de la barriere du Roule, elle eft fous la protection du Gouvernement ; on y reçoit des Penfionnaires ; les moindres Penfions font de 150 liv. Cette Maifon eft ouverte à tout le monde, les Jeudis, Vendredis & Dimanches, matin & foir. On configne 12. liv. en y entrant pour tous les remedes. Les enfans qui n'ont point atteint l'âge de 14 ans, y font traités gratuitement.

H ô t e l s.

Nous n'allons parler que des Hôtels les plus confidérables.

Hôtel de la Monnoie, quai de Conti. C'eft à M. *Laverdy*, Miniftre d'Etat, que l'on doit ce nouvel Hôtel des Monnoies, & c'eft à M. *Antoine*, Architecte, que l'on doit l'heureufe difpofition & la beauté de ce bâtiment.

M. l'Abbé Terray, Contrôleur-Général des Finances, le 20 Avril 1771, en pofa la premiere pierre au nom du Roi.

Au-devant de l'avant-corps qui eft décoré de

six colonnes Ioniques, s'éleve un Attique qui
bien mieux que des fenêtres, offre des tabl[es]
renfoncées, ornées de festons. A l'à-plomb de[s]
colonnes, sont six Statues répréfentant la Paix,
le Commerce, la Prudence, la Loi, la Force &
l'Abondance. Les quatre du milieu sont de M[.]
le Comte, celle du côté des Quatre-Nations, d[e]
M. *Pigal* neveu, & celle qui lui eft oppofée
de M. *Mouchy*.

Cet avant-corps a trois Arcades, dont celle du
milieu eft la principale entrée de cet édifice. 24
colonnes Doriques cannelées, décorent le Veftibule qui fe diftribue en trois galeries. Sur la
droite eft un Efcalier qui conduit aux Salles
deftinées au fervice du Tribunal de la Cour des
Monnoies, & aux Affemblées des Officiers de
la Fabrication.

Du même Pallier partent deux Galeries qui
réuniffent la partie de ce bâtiment que la cage
de l'efcalier femble féparer.

Seize colonnes d'Ordre Ionique cannelées,
décorent cet Efcalier, & portent une Voûte percée dans fon milieu pour l'éclairer. La Cour
principale a 110 pieds de profondeur fur 92 de
largeur, une Galerie couverte regne au pourtour; elle eft terminée par une pièce circulaire,
percée alternativement d'arcades & de portes
carrées, au-deffus defquelles font placés les
Buftes de Henri IV, de Louis XIII & de
Louis XIV.

L'entrée de la Salle deftinée aux Balanciers eft
ornée de quatre colonnes Doriques. Cette Salle,
dont la voûte furbaiffée eft foutenue par des
colonnes d'Ordre Tofcan, a 62 pieds de long

sur 39 de large, & contient 9 Balanciers. Au fond est une Statue de la Fortune exécutée par M. *Mouchy*, Sculpteur du Roi.

Au-dessus de cette Salle est celle des Ajusteurs ; elle est de pareille étendue, & contient cent places.

Cet édifice renferme six Cours, que l'on a jugées nécessaires pour le service de la fabrication.

L'entrée des différens Atteliers par la rue Guénégaud, présente une étendue de bâtiment d'environ 58 toises. Le milieu de ce bâtiment est indiqué par un avant-corps qui, faisant retraite à la hauteur de l'Attique, est orné de quatre Statues représentant les quatre Elémens, par MM. *Caffieri* & *Duprez*. Trois Inscriptions latines, placées dans l'Attique entre les figures, indiquent l'usage du Monument, & l'année de son érection.

Hôtel-de-Ville.

Les Prevôt & Echevins des Marchands de la Ville de Paris acheterent, en 1357, la *Maison de Greve*, pour la somme de 2880 liv. Elle avoit appartenu aux derniers Dauphins du Viennois, & Charles V, n'étant que Dauphin, y avoit demeuré : c'est sur les ruines de cette Maison & de quelques autres qui l'environnoient, que l'on commença de bâtir l'Hôtel-de-Ville sur les Dessins de *Cortonne*, en 1533 ; il ne fut achevé qu'en 1605.

Au-dessus de la porte d'entrée est une Statue équestre de bronze en demi-bosse, sur un fond de marbre noir ; elle représente Henri IV : elle est l'ouvrage de *Pierre Biard*, Disciple de *Michel-Ange*. Au-dessus est cette Inscription

(310)

Sub Lvdovico Magno *, felicitas urbis.* Entre
deux Pavillons, on voit une Campanille où est
un Horloge décoré d'un nouveau Cadran d'é-
mail. Dans les réjouissances publiques, une
Cloche de cet Horloge, appellée *Tocsin*, donne
le signal, & sonne sans interruption pendant trois
jours.

L'Escalier qui conduit à la Cour, est formé
de degrés faits en ovale. Cette Cour est décorée
d'Arcades, au-dessus desquelles sont des Inscriptions relatives à l'histoire de Louis XIV,
composées par *André Felibien.* Au milieu d'une
de ces Arcades, dont la baye est incrustée de
marbre & ornée de colonnes Ioniques, dont les
bases & chapiteaux sont de bronze doré, est
une Statue pédestre en bronze de Louis XIV ;
c'est un chef-d'œuvre de *Coyzevox :* le Piedestal
est chargé de Bas-reliefs & d'Inscriptions. On
remarque autour de cette Cour les Portraits des
Prevôts des Marchands en médaillons.

Les Appartemens de l'Hôtel-de-Ville sont
grands, & ornés de Tableaux magnifiques &
d'un grand nombre de Portraits des Prevôts des
Marchands & des Echevins, dont plusieurs sont
de *Porbus* & de *le Brun.* On remarque, sur-
tout, le plus beau Tableau de *Largilliere*, où
est représenté le festin que le Corps de Ville
donna à Louis XIV, le 30 Janvier 1687, après
une maladie fort dangereuse.

Le premier des quatre Tableaux qui occupe
une des faces principale de la grande Salle, représente le mariage du Duc de Bourgogne avec
Marie-Adélaïde de Savoie, peint par *Largilliere.*

Le second est un Tableau allégorique, représentant la Publication de la Paix de 1749 : il a été peint par M. *Dumont*.

Le troisième représente Louis XV, reçu à l'Hôtel-de-Ville après sa maladie & son retour de Metz : il est de *Roslin*.

Sur une des cheminées est peint Louis XV, qui accorde à la Ville des Lettres de Noblesse; par *Louis Boullongne*.

L'antichambre de la salle des Gouverneurs offre un Tableau, peint par *de Troy le pere*, à l'occasion de la naissance du Duc de Bourgogne, pere de Louis XV.

A l'extrémité de la salle des Gouverneurs, est un Tableau, qui a seize pieds de large, sur onze de haut : la Publication de la Paix en 1739 en est le sujet; il est l'ouvrage de *Carle Vanloo*.

Le Prevôt des Marchands & les Echevins tiennent leur Jurisdiction les Mercredis & Samedis matin : elle s'étend sur les rentes de l'Hôtel-de-Ville, sur la Police des Quais & Ports de la rivière, &c.

Hôtel Royal de l'Arquebuse, situé rue de la Roquette. Louis XIV, par Lettres-Patentes de Décembre 1684, accorda aux *Chevaliers de l'Arquebuse* le terrein qu'ils occupent aujourd'hui, & confirma leur établissement, dont l'origine est très-ancienne : leurs Brevets sont signés par le Gouverneur de Paris, Colonel de cette Compagnie Royale, dont la Jurisdiction ordinaire est le Siége de la Connétablie & Maréchaussée de France.

Leur uniforme est écarlate, galons d'or, avec paremens & revers de velours bleu de ciel,

le bouton doré, avec arquebufe en fautoir, 1
couronnée.

Lors des heureux événemens, ils ont le droit ic
d'envoyer douze Députés pour complimenter 19
le Roi, & lui demander un prix en réjouiffance 2..
de l'événement; ce prix eft le même que celui 1
de la Ville, dont nous allons parler, & leur 5.
eft préfenté de même.

Leurs exercices commencent le premier Dimanche de Mai, & fe continuent jufqu'au jour
de St-Denis inclufivement. Tous les Dimanches
ils tirent des prix, compofés de jetons d'argent,
au coin de cette Compagnie, dont la devife eft:
Per tela per ignes.

Le Dimanche le plus près de la St-Laurent,
le Corps de Ville apporte à cette Compagnie
trois prix, qui fout tirés en fa préfence : le
premier eft une médaille d'argent, du poids
d'un marc, aux armes de la Ville d'un côté,
& de l'autre chargée de la devife fuivante,
entourée de branches de lauriers :

Equitum fclopetario victori
Primum præmium urbs præbet.

Les deux autres prix font de deux médailles
d'argent, pareilles ; mais de moitié moins de
valeur.

Hôtel d'Antin ; cette Hôtel fut d'abord
bâti par un Financier, nommé *la Cour des
Chiens,* dans l'emplacement d'un ancien Marché
aux Chevaux, & porte aujourd'hui le nom
d'*Hôtel de Richelieu,* depuis l'acquifition que
M. le Maréchal de ce nom en a faite en 1757.

L'Architecture de l'efcalier de cet Hôtel eft
peinte par *Brunetti,* & les figures font de *Soldini.*

Dans

(313)

Dans le Jardin font deux morceaux de fculpture, auffi recommandables par leur excellence
que par leur rareté. La premiere Figure repréfente un homme fort & vigoureux, dont les
mains font liées derriere le dos ; la feconde eft
celle d'un dormeur. Ces deux Figures ont été
fculptées par *Michel-Ange*, pour le Tombeau
de Jules II à Rome. Elles font dignes de ce
grand maître ; mais ni l'une ni l'autre ne font
achevées.

Au milieu du Jardin eft un Bacchus antique
dont on ignore l'auteur ; & fur les côtés, autour
du baffin, font huit autres Figures de marbre,
auffi antiques.

Hôtel d'Aumont ; rue de Joui. Il eft recommandable par le nom de fon Architecte,
François Manfard. On voit l'Apothéofe de Ro-
mulus fur un des plafonds des Appartemens,
par *le Brun* ; & dans le Jardin, une Figure antique & une Vénus à demi-couchée, par *Zirgaier*.

Hôtel d'Auvergne, rue de l'Univerfité. Il eft
du Deffin de *Laffurance*, Architecte. Son Efcalier, conftruit par *Servandoni*, eft d'autant plus
beau que fon emplacement eft très-refferré.

Hôtel de Beauvais, à l'entrée de la rue St-
Antoine. Il a été bâti par *le Pautre*. Les faces
de la Cour, enrichies d'une Architecture Dorique, préfentent, de l'entrée du porche, un
beau coup-d'œil.

Hôtel de Beauvilliers, bâti par *le Muet*,
eft un des plus réguliers de Paris. Il eft fitué
quartier Ste-Avoye.

Hôtel de Biron, rue de Varenne, fauxbourg
St-Germain. Cet Hôtel eft fuperbe, mais il eft

O

surpaſſé par la beauté des Jardins, bien dignes de déterminer la curioſité du public, à qui ils ſont ouverts depuis le premier Avril juſqu'au premier Octobre.

Hôtel de Bouillon, quai Malaquais. On y voit deux des plus grands Tableaux de *Claude le Lorain* ; un Berger avec des moutons par *Teniers*, & le Portrait du Cardinal de Bouillon, aſſis entre les Ducs d'Albret & de Bouillon, ſuperbe ouvrage de *Rigaud*.

Hôtel de Bretonvilliers, bâti par *du Cerceau*, & ſitué à l'extrémité de l'Iſle St-Louis. Cet Hôtel ſert aujourd'hui, aux Fermiers-Généraux, de Bureaux pour les entrées de la ville & du plat-pays.

Le Plafond de la galerie qui eſt à plein ceintre, eſt orné de peintures à l'huile par *Bourdon*. Dans une Salle d'appartement d'en-bas, on voit d'excellens Tableaux copiés par *Mignard*, d'après les plus beaux morceaux de *Raphaël*. Dans une autre pièce, quatre grands Tableaux du *Pouſſin*. Dans un Cabinet peint par *Vouët*, eſt ſur la cheminée un Tableau qui repréſente l'Eſpérance avec l'Amour & Vénus, qui veulent arracher les aîles de Saturne. Le Temps paroît au plafond, accompagné de pluſieurs Divinités & d'Enfans, dans des carrés en compartimens.

Hôtel Broglie. Il fut bâti en 1704 rue St-Dominique. On y admire un Périſtile qui porte le plancher du premier étage. *Boffrand* fit, en 1711, pluſieurs embelliſſemens dans cet Hôtel.

Hôtel de Bullion, quartier St-Euſtache, rue Plâtriere. Il fut bâti en 1630, par *Claude Bullion*,

(315)

Surintendant des Finances. Il y avoit autrefois
des Tableaux & des Plafonds peints par *Voüet*,
Blanchard & *Sarazin* &c. En 1780, un particulier qui l'acheta, le fit reconstruire conformément à ses intérêts. Il est occupé par différens
locataires.

Cet Hôtel intéresse aujourd'hui, par les ventes
qui s'y font presque journellement, de Meubles
précieux, de Bijoux, de Livres provenans de
quelques Bibliotheques particulieres, & de Tableaux rares, souvent du plus grand prix. Il y a
plusieurs Salles au rez-de-chaussée. Celle des
Tableaux se fait, pour l'ordinaire, dans la plus
grande, qui est éclairée par le plafond. On donne
aussi, dans cette même Salle, des Concerts d'A-
mateurs, des Bals & Fêtes Maçoniques.

Hôtel de Madame de Brunoi, rue du fauxbourg St-Honoré. La façade du Jardin donne
sur les Champs Elysées, & représente le Temple
de Flore.

Hôtel de Carnavalet, quartier St-Antoine,
rue de la Culture Ste-Catherine. Trois des plus
fameux Architectes ou Sculpteurs que la France
ait produit, ont contribué à l'embellissement
de cet Hôtel. La Porte, ornée de Refends vermiculés, de deux Bas-reliefs & d'un Ecusson,
est l'ouvrage de *Jean Gougeon*, ainsi que les
grandes Figures qui sont sur les trumeaux du
côté de la cour, & les Masques qui sont sur les
claveaux des croisées. *Androuet du Cerceau* a
continué le bâtiment, & *François Mansard* y
a mis la derniere main. Tous les ornemens qui
embellissent cet Hôtel, sont du meilleur goût.

Hôtel de Châtillon, quartier St-Germain-des Prés, rue St-Dominique. Il est nommé Châtillon, parce qu'il a appartenu au Duc de ce nom, Gouverneur du Dauphin, fils de Louis XV. *Laſſurance*, Eleve de *Jules Hardouin Manſard*, en a été l'Architecte.

Hôtel de la Compagnie des Indes, rue Neuve - des - Petits - Champs. C'étoit l'ancien Hôtel Mazarin.

Hôtel du Contrôle Général, rue Neuve-des-Petits-Champs, bâti ſur les Deſſins de *Levau*.

Hôtel du Chancelier de France, Place Vendôme.

Hôtel du Châtelet, rue de Grenelle, près la barriere. M. *Cherpitel*, Architecte du Roi, en a donné les Deſſins.

Hôtel de Clugny, rue des Mathurins. C'eſt un Monument de la magnificence Monacale, & de l'élégance du genre Gothique. Cet Hôtel, bâti en 1505 par *Jacques d'Amboiſe*, Abbé de Clugny & Evêque de Clermont, eſt très-bien conſervé. Au premier étage eſt une Chapelle reſtée entiere ; un ſeul pilier rond, élevé dans le milieu, en ſoutient toute la voûte ; c'eſt de ce pilier que naiſſent toutes les arêtes. Un ſemblable pilier au rez-de-chauſſée, correſpond au premier, & ſoutient une ſemblable voûte que celle de la Chapelle. On voit contre les murs, les Portraits de toute la famille d'Amboiſe, entr'autres celui du Cardinal : la plupart ſont à genoux, habillés ſuivant le coſtume de leur ſiècle. On remarque une Tourelle en ſaillie qui ſert d'eſcalier, couverte par une voûte ſinguliere, ſoutenue par un pilier qui s'éleve du noyau de l'eſcalier, & s'élargit en forme d'entonnoir en s'approchant de la voûte, qui a la forme d'une calotte ; au-dessus de cette voûte est un Observatoire qui sert aux observations Astronomiques de M. *Messier*, de l'Académie des Sciences. On montre sur la muraille de la cour de cet Hôtel, le diametre de la cloche appellée *George d'Amboise*, qui est dans une des tours de la Cathédrale de Rouen. On assure que c'est dans cette cour qu'elle a été jettée en fonte. On voit encore dans cet Hôtel un Jardin sur une terrasse fort élevée, & qui est un reste du Palais des Thermes, sur les ruines duquel cet Hôtel a été bâti. (Voyez *Palais des Thermes*.) Les Nonces du Pape ont souvent demeuré à l'Hôtel de Clugny. Il appartient à l'Abbaye de ce nom. Le sieur Moutard, Imprimeur-Libraire, en occupe les principaux appartemens.

Hôtel des Fermes générales, rue de Grenelle St-Honoré. Ce bâtiment, conduit par M. *Ledoux*, justifie la bonne opinion dont jouit cet Artiste estimé. Les plafonds, les vitres de cet Hôtel, étoient autrefois remplis d'ingénieux emblêmes, de galantes devises, que l'amoureux Comte de Soissons prodiguoit par-tout, ainsi que ses chiffres enlassés avec ceux de Catherine de Navarre, sœur de Henri IV sa maitresse. Cet Hôtel fut ensuite habité par ce Courtisan si poli, si aimable & si chéri, le Duc de Bellegarde. Enfin, après la mort du Cardinal de Richelieu, ce même Hôtel, long-temps habité par les Amours & les Graces, devint l'asyle des Muses. L'Académie Françoise y tint long-temps ses Séances. Aujourd'hui les Amours & les Muses ont fui bien loin ; un peuple de Commis les a remplacés ; c'eſt aujourd'hui l'*Hôtel des Fermes*.

Hôtel de Halwill, rue Michel-le-Comte, élevé ſur les Deſſins de M. *Ledoux*.

Hôtel de Hollande, vieille rue du Temple, près celle des Blancs-Manteaux. Il eſt bâti ſur les Deſſins de *Cottard*, & remarquable par la beauté de ſon intérieur.

Hôtel de Laval, quartier St-Euſtache, au bout de la rue Coquilliere. Cette Maiſon eſt du Deſſin de *François Manſard*. Elle fut bâtie au-près d'une tour de l'ancienne enceinte de la ville. Sur la fin du dernier ſiècle, on trouva, en fouil-lant la terre dans le Jardin, une tête de femme de bronze antique, qui avoit une tour ſur la tête, & dont les yeux avoient été arrachés ; cette tête avoit 22 pouces de hauteur. Le Pere *Molinet* a cru qu'elle pouvoit être celle d'une Statue d'*Iſis* ; d'autres ont prétendu que cet antique repréſentoit la Déeſſe *Lutece*.

Hôtel Lambert, rue & iſle St-Louis, bâti ſur les Deſſins de *Levau*. Cet Hôtel n'a point de Jardin ; mais une grande terraſſe ſur la riviere, lui fait jouir d'une vue très-agréable. Le Pla-fond de la Galerie repréſente les travaux d'Her-cule, peints par *le Brun*. Un Plafond d'un autre appartement, offre Phaëton priant le Soleil de lui laiſſer conduire ſon char : ce morceau eſt peint par *le Sueur*, qui a auſſi décoré le Cabinet des Bains.

Hôtel de Longueville, rue St-Thomas du Louvre. C'étoit l'ancien *Hôtel de Chevreuſe*, le berceau de la fronde & de la politique de ce

(319)

fameux Cardinal de Retz, qui eut, dit M. de
Saint-Foix, toutes les grandes qualités qu'il voulut
avoir, & qui ne voulut point avoir celles d'un
Evêque, d'un citoyen & d'un honnête homme.
On trouve au rez-de-chaussée, un Plafond où
Mignard a peint l'Aurore. Cet Hôtel, long-
temps habité par des Ducs & des Princes, l'est
aujourd'hui par des Commis; ce n'est plus le
foyer des cabales & des intrigues, c'est un Magasin de Tabac qui appartient aux Fermiers-
Généraux.

Hôtel de Luynes, rue St-Dominique, bâti
sur les Desseins de *le Muet*, Architecte, par
Marie de Rohan Montbazon, Duchesse de Che-
vreuse. *Brunetti* en a peint l'Escalier.

Hôtel de Luxembourg, rue St-Marc, bâti
par *Lassurance*. Dans un grand Sallon, dont
MM. *Natoire* & *Hallé* ont peint les dessus de
porte, sont plusieurs Tableaux & Sculptures. *Le
Carpentier* a augmenté cet Hôtel d'une salle à
manger, qui forme pavillon sur le Jardin; elle
est ornée de Sculptures, dues au célebre *Pineau*.
Le Plafond, peint par *Hallé*, offre les quatre
Saisons, sous des figures d'enfans.

Hôtel de Montesson, Chaussée d'Antin, par
M. *Brongniard*, Architecte du Roi.

Hôtel de Montesquiou, sur le Boulevard des
Invalides, bâti par le même.

Hôtel de Madame la Princesse de Monaco,
rue & barriere St-Dominique, bâti par le même.

Hôtel de Molé, quartier St-Germain-des-
Prés. Il est d'une belle Architecture, du Dessin
de *Lassurance*. Il a été continué & orné sur ceux
de *Leroux*.

Hôtel Mazarin, quai Malaquais. On y voit un Plafond peint par *Briart*.

Hôtel de Mazarin, rue Neuve-des-Petits-Champs, occupé par Mme la Duchesse de Bourbon. Tout l'intérieur a été décoré par M. *Rousset*.

Hôtel de Matignon, rue de Varenne. *Cortonne* en a été l'Architecte. Le Jardin, qui est très-vaste, répond à la beauté de l'Hôtel. On est agréablement surpris de trouver sur la gauche un petit Palais décoré avec goût.

Hôtel de Mesmes, rue Ste-Avoye, autrefois l'Hôtel d'Anne de Montmorenci, Connétable de France, où il mourut le 12 Novembre 1567, deux jours après la bataille de St-Denis, des blessures qu'il y avoit reçues (1). Le Roi Henri II y a demeuré quelquefois, & *Jean Law* y établit d'abord les Bureaux de la Banque générale.

Hôtel de Montmorenci, au coin de la Chaussée d'Antin, sur le Boulevard, bâti sur les Dessins de M. *Ledoux*, Architecte du Roi. Au-dessus de la corniche de cet Hôtel, sont les Statues des hommes illustres de cette famille. Cet usage de jucher, sur les toîts des maisons, les Statues des grands hommes, choque le goût & les bienséances.

---

(1) Ce respectable vieillard, âgé de 74 ans, couvert de sang, son épée rompue, donna un si furieux coup de pommeau dans le visage de Robert Stuart, qui lui disoit de se rendre, qu'il lui cassa deux dents & le renversa de cheval : dans l'instant, un des soldats de Stuart lui tira dans les reins un coup de pistolet chargé de trois balles. Il avoit servi sous cinq Rois, s'étoit trouvé à près de 200 combats, à 8 batailles rangées, & avoit été employé à 10 traités. (*Essais Hist. sur Paris*, par *M. de Saint-Foix*.)

Hôtel de *Montholon*, Boulevard Montmartre, construit sur les Desseins de M. *Soufflot le Romain*. Cet Hôtel est un des plus remarquable du Boulevard, par la beauté de la façade extérieure, qui réunit le charme des proportions au caractere noble & mâle qui lui convenoit.

Hôtel de *Noailles*, rue de l'Université.

Hôtel de *Noailles*, rue St-Honoré, vis-à-vis les Jacobins. Au fond de la cour est un beau Péristile, composé de six colonnes Doriques, & orné de quatre niches.

Hôtel de *Nivernois*, rue de Tournon, restauré extérieurement, & décoré dans l'intérieur par M. *de Peyre* l'aîné, Architecte du Roi. Il appartenoit autrefois à *Concino Concini*, célebre sous le nom de *Maréchal d'Ancre*. (Voyez, article St-Germain-l'Auxerrois, la note p. 267.) Il a aussi porté le nom d'Hôtel des Ambassadeurs extraordinaires. Méhémet Effendi, Ambassadeur de la Porte, y a logé en 1721.

Hôtel d'*Ormesson*, rue St-Antoine, ci-devant *Hôtel de Mayenne*, bâti par *du Cerceau*, pour *Charles de Lorraine*, Duc de Mayenne, Lieutenant-Général du Royaume pour la Ligue. Les réparations ont été faites en 1709, sur les Desseins de *Germain Boffrand*.

Hôtel d'*Orsay*, rue de Varenne, fauxbourg St-Germain. M. *Taraval* y a peint deux Plafonds, dont l'un représente l'Apothéose de Psyché, & l'autre des Amours dans les airs.

Hôtel de *Praslin*, rue de Bourbon, remarquable par sa magnificence & sa situation.

Hôtel de *Rochechouart*, rue de Grenelle, faubourg St-Germain, bâti par M. *Cherpitel*.

(322)

Hôtel de la Rochefoucault, rue de Seine, fauxbourg St-Germain, bâti par *le Mercier*. Il a appartenu au Vicomte de Turenne.

Hôtel de S. A. S. Mademoiselle de Condé, rue de Monsieur, & dont le jardin donne sur le Boulevard, bâti par M. *Brongniard*, Architecte du Roi.

Hôtel de Savoisi, aujourd'hui *Hôtel de Lorraine*, rue Pavée St-Antoine, fameux dans l'Histoire de l'Université de Paris, par les détails suivans rapportés par Piganiol. *Description de Paris, tom. IV.*

» L'an 1408, le 14 de Juillet, comme la Pro-
» cession des Ecoliers passoit le long de la rue
» du Roi-de-Sicile, allant à l'Eglise de *Ste-*
» *Catherine du Val des Ecoliers*, un des Valets
» de Charles Savoisi revenant d'abreuver un
» cheval, & le faisant galopper par la rue au
» travers des Ecoliers, fit rejaillir de la boue
» sur l'un d'eux. Cet Ecolier donna un coup de
» poing au Valet, qui appella à son secours les
» autres Domestiques de son maître, qui pour-
» suivirent en armes les Ecoliers jusqu'à la porte
» de l'Eglise de Ste-Catherine ; & un des Valets
» tirant plusieurs flèches, il y en eut une qui
» vola de la porte de l'Eglise jusqu'au Maître-
» Autel, où la Messe se célébroit. L'Université
» poursuivit si vivement cette insulte contre
» Savoisi, qui avoit avoué ses Domestiques,
» que par Arrêt du Conseil d'Etat, le Roi y
» séant avec tous les Princes du Sang, il fut or-
» donné que la maison seroit démolie, & il fut
» condamné à 1500 liv. d'amende envers les
» blessés, & à 1000 liv. envers l'Université.

» Trois de ses gens furent condamnés à faire
» amende-honorable, nuds en chemise, la tor-
» che en main, devant les Eglises de Ste-Gene-
» vieve, de Ste-Catherine & de St-Séverin, après
» quoi ils furent fouettés aux carrefours de la
» ville, & bannis pour trois ans (1) «.

Dans le mur du jardin de cet Hôtel, on lit
encore une inscription qui conserve la mémoire
de ce fait.

HÔTEL de Soubise. La principale entrée est
rue de Paradis, quartier Ste-Avoye. Les premieres constructions de cet Hôtel sont dues à
Olivier de Clisson, Connétable de France. Il a
appartenu à la Maison de Lorraine, & a porté
le nom de *Guise*, jusqu'en 1697, que *François
de Rohan*, Prince de Soubise, qui l'acheta des
héritiers de la Duchesse de Guise, le fit construire presqu'entier, tel que nous le voyons à
présent.

Sa construction fut commencée en 1706,
sous la conduite de *Lemaire*, Architecte. Le
Portail principal est orné de Colonnes Corinthiennes & de Trophées qui portent sur chaque
chaîne de refends ; son amortissement est formé
des Armes de la Maison de Soubise, & des
Figures d'Hercule & de Pallas, sculptées par
Coustou le jeune. Les Statues de la Prudence &
de la Renommée, assises sur les acroteres de la

---

(1) Deux ans après, Savoisi obtint du Roi la permission de faire rebâtir son Hôtel ; mais l'Université s'y
opposa avec acharnement. Ce ne fut que 112 ans
après, qu'elle souffrit sa reconstruction, avec la condition que l'Arrêt contre Savoisi seroit gravé sur une
pierre qu'on placeroit au-dessus de la porte.

baluſtrade du côté de la Cour , ſont de *le Lorrain.*

La Cour eſt entourée d'une Galerie couverte & ſoutenue par des colonnes groupées d'ordre Compoſite , dont le comble eſt bordé de baluſtrades qui ſont un très-bel effet.

La face du bâtiment eſt ornée des ordres Compoſite & Corinthien , d'un fronton où ſont les Armes de Rohan-Soubiſe , de groupe d'Enfans , & des Figures , grandes comme nature , des Saiſons , ſculptées par *le Lorrain* , & placées dans les arrieres-corps de cette façade , ſur des groupes de colonnes.

L'Eſcalier , peint par *Brunetti* , eſt d'un effet admirable.

La Chapelle eſt toute peinte par *Nicolo.* Une Salle d'aſſemblée a ſes deſſus de porte peints par *Reſtout.* Pluſieurs autres Salles ſont enrichies des Peintures de *Boucher* , de *Tremoliere* & de *Parocel* , &c.

Armand Gaſton de Rohan , Evêque de Strasbourg , Cardinal & Grand Aumônier de France , a fait bâtir un grand Hôtel ſur une portion du terrein de l'Hôtel Soubiſe , & que l'on nomme *Hôtel de Strasbourg* ; il a ſa principale entrée dans la Vieille rue du Temple. Le Jardin qui eſt entre ces deux Hôtels eſt public.

Hôtel de Teluſſon , Chauſſée d'Antin , en face de la rue d'Artois. Un Sallon circulaire , dont la moitié eſt en ſaillie au milieu de la façade de cet Hôtel , eſt orné d'un Périſtile Corinthien , & paroît aſſis ſur un rocher qui forme une grotte : c'eſt un Temple à Vénus , auquel on a adoſſé une maiſon par derriere. Malgré la bizarrerie de cette conftruction, l'intérieur eft recommandable par la beauté de fes Peintures ; celles du Sallon d'aſſemblée & du Plafond de la Salle de Concert, font de la plus grande beauté.

Hôtel de Touloufe, en face de la place des Victoires, bâti vers l'an 1620, fur les Deſſins de *François Manſard*, pour Raymond Phelipeaux. Il porta le nom d'*Hôtel de la Vrilliere* juſqu'en 1713, que M. le *Comte de Touloufe* en fit l'ac-quiſition. *Robert de Cotte*, Architecte du Roi, y fit pluſieurs changemens conſidérables.

La grande porte, d'Ordre Dorique, eft digne de la réputation de fon auteur, *François Man-ſard*. Au-deſſus de l'entablement font aſſiſes les Figures de Mars & de Vénus, par *Biard fils*. On prétend que cet Artifte les a copiées d'après deux Statues aſſez femblables qui font à Rome, dans la Chapelle de Médicis.

Dans l'intérieur eft la Salle des Rois de France, remplie de leurs Portraits, au nombre de 66. Cette décoration eft due à M. *Vaſſé*.

Au-deſſus de la porte des grands Apparte-mens, *Bourdon* a peint Salomon facrifiant à la Déeſſe des Sidoniens. Dans la Pièce fuivante, eft un Deſſus de Porte repréſentant Rébecca qui donne à boire au Serviteur d'Abraham, par *Alexandre Veroneſe*. Les deux autres Tableaux font de l'Ecole de *Vandyck*. La Tapiſſerie a été faite d'après les Deſſins de *Lucas de Leyde*.

Le grand Cabinet qui fait le centre de cet appartement, eft remarquable par deux mor-ceaux de *Guerchin*, & par la Sculpture qui eft de *Vaſſé*.

La Galerie eft enrichie des Tableaux des plus

grands maîtres, tels que *Pietre de Cortonne, le Valentin, le Guide, le Poussin*, &c.

Le Tableau de la Chapelle est de *le Brun*.

Hôtel d'Usez, rue & près la porte Montmartre. Il est remarquable par le Portail qui sert d'entrée, bâti par M. *Ledoux*.

Hôtel de Valentinois, rue de Varenne. C'est un des plus beaux Hôtels de Pâris, bâti sur les desseins de *Cortonne*.

Les Artistes doivent aller voir le Bâtiment élevé sur les desseins de M. *Ledoux*, situé Chaussée d'Antin. Ce petit Chef-d'œuvre d'Architecture est un Temple a Terpsichore; le Porche est décoré de quatre colonnes, au-dessus desquelles est un groupe isolé représentant cette Déesse de la Danse couronnée par Appollon. Ces Figures sont du ciseau de M. *Lecomte*, ainsi qu'un grand Bas-relief relatif au sujet. Tout est charmant, tout est gracieux dans ce Temple, tout y a pris le caractere de la Divinité qui l'habite. Cette Divinité est la Terpsichore Françoise, Mlle. *Guimard*, célebre par son talent, ses graces & ses actes d'humanité.

Hôtels les plus fameux où l'on loge & où l'on donne à manger.

Hôtel de Valois, rue de Richelieu, remarquable par le nombre de ses logemens.

Hôtel de Lancastre, rue de Richelieu, habité sur-tout par des Anglois.

Hôtel de la Chine, rue de Richelieu; il y a un Traiteur.

Grand & petit Hôtel du parlement d'Angleterre, rue Coqhéron; il y a un Traiteur.

Hôtel d'Espagne, rue de Richelieu; il y a un Traiteur.

Hôtel d'Yorck, rue Jacob ; l'Hôte parle Anglois.

Hôtel de Danemarck, même rue.

Hôtel du Prince de Wales, même rue. Proche de ces trois Hôtels se trouve, rue du Colombier, un Café où l'on est servi à l'Angloise

Madame Lafare, rue Caumartin, N°. 14, la deuxieme porte Cochere à droite en entrant par les Boulevards, tient de fort beaux Appartemens grands & petits, meublés dans le dernier goût, avec Remises & Ecuries, ainsi que toutes les commodités quelconques pour tous les besoins de la vie ; comestibles & tous autre objets utiles, que l'on trouvera sans sortir de chez soi, avec assurance d'être servi dans la derniere propreté. Cette Maison est d'autant plus riante, qu'elle est près des spectacles & de toutes les promenades en général ; on y est servi à l'Angloise & l'on y parle cette langue.

Hôtel de l'Empereur Joseph II, rue de Tournon, où cet Empereur a logé quelque tems en 1777, sous le nom du comte *Falkenstein*. Cet Hôtel est situé tout près le Luxembourg & de la Comédie Françoise. Les Etrangers y trouveront toutes les commodités convenables. On y parle Allemand, Anglois & Italien. Le Traiteur & le Café dépendent du même Hôtel, dans lequel ils ont une entrée. On peut s'y procurer les papiers Anglois.

M. Mercier, qui tient cet Hôtel, est le frere de M. Mercier, Auteur de plusieurs Ouvrages très-connus, tels que l'*An* 2440, *le Tableau de Paris*, *&c.* Il faut lui écrire pour retenir les Appartemens (1).

HÔTEL de Tours, rue du Paon, quartier St-André-des-Arcs. Il a appartenu à M. Boutilliers, Surintendant des Finances, & a été habité long-tems par M. l'Archevêque de Tours. On y trouve plusieurs Appartemens, un beau Jardin & généralement tout ce qui est nécessaire à la vie.

On trouve encore dans cette Ville plusieurs Restaurateurs où l'on est bien servi. Le sieur *Potté*, *derriere la Comédie Italienne*, sur le Boulevard; le même au Palais Royal, au-dessus du Café Italien. *L'Hôtel de Bourbon*, rue Croix des Petits-Champs. M. *Meunier*, rue des Petits-Peres. M. *Duthey*, même rue. M. *Berger*, rue St-Honoré, près le Palais Royal. M. *Masson*, rue Grenelle St-Honoré, &c.

HUISSIERS PRISEURS.

Ils sont au nombre de 120. Leur office consiste à priser & vendre publiquement les Meubles, soit après le décès, soit par autorité de justice.

HIPOLYTE. (*Saint*)

Petite Paroisse située rue Mouffetard, fort ancienne & très-bien ornée par treize grands Tableaux de *Boifot*, de *Martin*, de *Challe*, de *Briard* & *Le Brun*. Ce grand Peintre, qui a donné les Dessins de celui du Maître-Autel,

---

(1) Dans la même rue de Tournon, au coin de celle du Petit-Bourbon, est un des plus beaux Cafés de Paris, nommé le *Café des Arts*. Il est vaste & magnifiquement décoré; on y trouve les Papiers Anglois, & la plus grande partie des Papiers François.

a peint auſſi l'Apothéoſe de Ste-Hipolyte &
le Tableau de la Chapelle de la Communion.
On trouve encore deux autres petits Tableaux
du fameux le *Sueur*. Tous ces Tableaux ſont
autant de préſens des Paroiſſiens. La Chaire
eſt admirée par ſon Deſſin & ſa Sculpture ; elle
eſt l'ouvrage de *Challe*, Sculpteur, frere du
Peintre.

On voit dans cette Egliſe un Monument
élevé à la mémoire de M. le *Prêtre de Neu-
bourg*, exécuté par *Gauthier*. L'épitaphe, qui
eſt Françoiſe, eſt intéreſſante.

C'eſt dans cette Egliſe qu'ont été enterrés
pluſieurs particuliers de la famille des *Gobelins*.
On lit à gauche, contre le mur de la Nef,
une longue Epitaphe d'un Gobelin très-conſi-
déré en ſon tems ; une autre Epitaphe en lettres
gothiques s'exprime ainſi :

> Ici giſt Gobelin, ains ſon corps ſeulement,
> Car ſon eſprit heureux eſt ore au firmament ;
> Bien que la mort l'ait prins en la fleur de ſon âge,
> Si a-t-il accompli ce que Dieu veut de nous,
> L'aimant de tout ſon cœur, & bienfaiſant à tous.
> Peut-on, d'un plus long vivre, attendre davantage ?

JACOBINS.

En priant Dieu dans l'Egliſe de St-Jean de
Latran, St Dominique eut une viſion qui lui
annorça ſa miſſion apoſtolique ; le Pape Innocent III fit un rêve qui le détermina à con-
firmer cette miſſion. Ainſi une viſion & un rêve
furent les fondemens de l'Ordre des *Freres Prê-
cheurs* ou *Dominicains*.

Après avoir, par ſes exhortations, fait maſ-
ſacrer les Albigeois ; après avoir le premier

allumé les bûchers de l'Inquisition, St Dominique vint à Paris l'an 1219; il y trouva trente
Religieux de son institution qui occupoient
déja une maison où logeoient des Pélerins, ainsi
qu'une Chapelle de St Jacques, le tout appartenant à *Jean de Saint Quentin*, dévot & savant Personnage qui leur en fit présent (1). A
cause du nom de la rue & de cette Chapelle
de St Jacques, ils furent nommés *Jacobins*.
St Dominique prêcha à Notre-Dame (2),
partit au bout d'un mois pour l'Italie, où il
mourut deux ans après.

L'Université, comme à son ordinaire, se
déclara l'ennemie de ces nouveaux venus. Mais
St Louis, le plus zélé de tous les Protecteurs
des Moines, fut le médiateur de ces querelles.
L'Université, le Chapitre de Notre-Dame, le
Curé de St Benoît, renoncerent à leurs oppositions sous plusieurs conditions, entr'autres
que les Jacobins n'auront qu'une cloche & dont
le poids n'excédera pas 300 livres.

Il y a trois Couvents de Jacobins dans cette
Ville, les *Jacobins de la rue St-Jacques*, qui
sont les plus anciens; les *Jacobins du Noviciat*

---

(1) Un jour que ce bienfaiteur des Jacobins prêchoit
sur la pauvreté Evangélique, pour en donner lui-même
l'exemple, il descendit subitement de la Chaire, alla
se vêtir de la robe de St Dominique, & revint en ce
nouvel appareil, achever son Sermon. (*Essais Hist.
sur Paris, tom. VII.*)

(2) Il demeura une heure à faire sa priere; la Ste
Vierge lui apparut, brillante comme le soleil, & lui
mit entre les mains un livret qui contenoit le sujet sur
lequel il devoit prêcher. Ce sujet étoit le Salut que
l'Ange fit le jour de l'Incarnation.

général , rue St-Dominique , & les Jacobins Réformés de la rue St-Honoré.

JACOBINS de la rue St-Jacques. St Louis les combla de bienfaits ; il fit achever leur Eglise ; bâtir leur Dortoir & leurs Ecoles, & leur fit plusieurs autres dons ; & ce Saint Roi avoit tant d'amour pour cette Communauté qu'il voulut lui-même se faire *Jacobin* (1).

Le Cloître fût reconstruit en 1556 , par les libéralités d'un riche Bourgeois nommé *Nicolas Hennequin* ; & l'an 1560 ils firent rebâtir leurs Ecoles qui tomboient en ruine, au moyen des aumônes que leur procura un Jubilé que le Pape Pie IV leur avoit accordé pour cet objet.

Ces Moines ont abandonné leur Eglise depuis 1780 , ainsi que le Cloître & autre vieux bâti-mens qui menacent ruine. Ils ont transporté les Tableaux les plus précieux dans la Salle appellée l'*Ecole de St Thomas* , où se fait aujourd'hui l'Office Divin.

______

(1) Il proposa sérieusement ce dessein à la Reine, la conjurant de ne point s'y opposer. Cette Princesse appelle ses enfans, & le Comte d'Anjou, frere de St Louis Elle demande aux premiers s'ils aimoient mieux être fils de Prêtre que fils de Roi ; sans attendre leur réponse : *Apprenez*, dit-elle, *que les Jacobins ont tellement fasciné l'esprit de votre pere, qu'il veut abdiquer la Couronne pour se faire Prêcheur & Prêtre.* A ces mots le Comte d'Anjou s'emporte , & contre le Roi & contre les Religieux ; le fils ainé du Monarque jure par Saint Denis que, si jamais il parvient au trône , il fera chasser tous ces Mendians. Le Roi comprit qu'il devoit se sanctifier dans son état, & que sa véritable vocation étoit de régner avec sagesse. (*Elémens de l'Histoire de France , par M. l'Abbé Millot.*)

Cette Salle ou Chapelle eſt ornée de pluſieurs Statues de pierre des Grands Hommes de l'Ordre de St Dominique, les Tableaux qui la décorent ſont, une Naiſſance de la Vierge, Tableau dont les têtes ſont admirables. Il eſt dans le goût de *Sebaſtien del Piombo*, Diſciple de Michel-Ange. C'eſt un préſent du Cardinal Mazarin. Un St Thomas d'Aquin, prêchant; par *Eliſabeth-Sophie Chéron*, diſtinguée par ſon talent pour le Portrait & pour la Gravure; une Deſcente de Croix d'un bel effet, dont on ignore le nom du Peintre. La Chaire eſt ornée de Marbre & faite au dépens de M. *Zamet*, Abbé de Joigny.

L'ancienne Egliſe n'eſt point remarquable par ſon Architecture, mais par les Tombeaux des perſonnes Illuſtres qui y ſont enterrées, parmi leſquelles ſont les chefs des trois branches Royales de Valois, d'Evreux & de Bourbon. Voici leurs noms.

Charles de France, Comte de *Valois*, chef de la branche de ce nom, laquelle a regné 260 années. Il porta le titre d'*Empereur de Conſtantinople*, du chef de ſa ſeconde femme, *Catherine de Courtenay*, fille de *Philippe* & petite fille de *Baudouin*, Empereur de Conſtantinople; couronnée en 1300 Impératrice Titulaire de Conſtantinople.

Charles de Valois, Comte d'*Alençon*, ſecond fils de Charles de France; il fut la tige des Comtes d'Alençon.

Louis de France, Comte d'*Evreux*, chef de la branche de ce nom.

Robert de France, Comte de Clermont en

(313)

Beauvoisis, sixieme fils de St Louis, & chef
de la Branche de Bourbon par son mariage avec
Béatrix de Bourgogne. Son tombeau est placé
dans le Chœur au côté droit du Maître-Autel.
Sur un Marbre ajouté sont gravés quatre vers
Latins, composés par le Poëte *Santeuil*, ainsi
que quatre vers Français, qui en sont la tra-
duction par M. de la *Place*.

Le premier des Bourbons, source d'un nom auguste,
Repose en ce Tombeau, berceau des plus grands Rois,
Princes, venez lui rendre un hommage humble & juste,
Bourbon, malgré la mort, ici donne des loix.

Devant le Grand Autel est la Tombe de
Humbert de la Tour du Pin, II du nom,
Dauphin de Viennois. La mort de son fils, qui
s'étoit noyé dans l'Isere, le rendit inconsolable ;
de désespoir il se fit Jacobin. Il fut fait Prètre en
1350, ensuite Patriarche d'Alexandrie & Admi-
nistrateur perpétuel de l'Archevêché de Rheims.
Il mourut à Clermont en Auvergne en odeur de
sainteté le 22 Mai 1355, son corps fut transporté
dans cette Eglise, où il fut enterré auprès du
Tombeau de sa Tante *Clémence*, Reine de
France, sœur de sa Mere.

Cette Eglise renferme les Mausolées de plusieurs Princes & Princesses dont il seroit trop
long de faire la description.

Dans la Nef on voit deux Bustes, celui de
Jean Passerat, Professeur d'Eloquence au
Collége Royal, Précepteur de Jean-Jacques
de Mesmes, qui lui a fait ériger ce Monument ;
& le Buste de *George Critton*, Ecossois, savant Docteur en droit Civil & Canonique,
& Professeur Royal en langue Grecque & Latine.

Au-deſſus de la porte de la Chapelle de la famille de *Dormy*, eſt la figure d'un Evêque à genoux. C'eſt celle de *Claude Dormy*, Evêque de Boulogne-ſur-Mer, auparavant Moine de Clugny & Prieur de St-Martin-des-Champs. Dans l'intérieur de cette Chapelle, au bas de cette figure, on lit l'Inſcription ſuivante, remarquable par l'affectation de ſes jeux de mots :

In hoc gentilitio DORMIORUM DORMI-TORIO *quod olim parenti, nuper fratri, Carolus Franciſcus* DORMY, *Regi ab Epiſtolis inſtauravit,* OBDORMIRE *& ipſe conſtituit. Securus* DORMIES *& non erit qui te exterreat.*

A côté de la Chaire, on lit cette Epitaphe : *Cy giſt ſage & vertueuſe fille,* ADETTE LE DEAN, *native de Paris, Paroiſſe St-Benoît, laquelle, après avoir vécu pendant 72 ans en état de virginité & auſtérité de vie, faiſant litiere de toutes les choſes du monde..... décéda le 14 Avril 1611.*

Le galant Auteur du Roman de la Roſe, un des plus anciens monumens de la Poéſie Françoiſe, *Jean de Meung,* dit *Clopinel* à cauſe qu'il boitoit, fut enterré dans cette Egliſe. C'eſt lui qui oſa porter contre le beau ſexe cette téméraire accuſation.

Toutes vous êtes ou vous fûtes,
De fait ou de volonté putes (1).

---

(1) Les filles de la Reine voulurent ſe venger de l'audace de Jean de Meung ; elles le ſaiſirent à propos & ſe diſpoſoient à lui donner le fouet ; il ſe débattoit envain, & ne pouvant plus réſiſter à la multitude, demanda pardon : point de pardon ; le Poète alloit être fuſtigé : mais au défaut de ſes forces, il eut recours

L'Orgue est estimé ; on l'entretient en attendant que les réparations de l'Eglise soient faites.

Le Maître-Autel a été décoré aux frais du Cardinal Mazarin. On y remarque deux colonnes
Corinthiennes de marbre d'une grande proportion.

On voit dans l'enclos de cette Maison un
reste des murs de la ville.

La Confrérie du Rosaire attire dans cette
Eglise un grand concours de dévots tous les
premiers Dimanches du mois. La Reine
Anne d'Autriche engagea le Roi Louis XIII
a entrer dans cette Confrérie, & à y faire inf-
crire Louis XIV son fils, encore au berceau.
Depuis ce temps, la coutume s'est introduite d'y
inscrire les enfans de France, peu après leur
naissance. Un Religieux de St-Dominique va
les recevoir de la Confrérie, & s'oblige de ré-
citer pour eux le Rosaire.

Rien n'est plus miraculeux que l'origine du
Rosaire. Un jour St-Dominique transporté d'un
saint courage, s'étoit si vigoureusement fustigé,
qu'il tomba à demi-mort sous les coups de sa
discipline. Marie le voit, vole à son secours,
&, le pressant contre son sein, lui dit : *Mon
cher Dominique, sachez que la Sainte Trinité
n'a point choisi d'autres armes pour effacer tous
les péchés du monde, que la Salutation Angélique, qui est la base & le fondement de la Loi
Nouvelle* (1). Après cet avis, Dominique s'em-

____

son esprit *Eh bien j'y consens*, dit-il, *à condition Mes-
dames, que la plus grande puce de vous donnera le premier coup.*

(1) Voyez *Irenæus, l. 5 adversus hæreses, c. 3. p. 129,
prim. ed. Paris. 1710. Apud Coignard, per Renetum
Massuet Monachum Benedict.*

preſſe de prêcher & diſtribuer par-tout le Roſaire. Ce fut alors que l'Enfer irrité fit retentir
les airs d'un bruit affreux de démons qui hur-
loient & crioient : *Malheur à nous, parce que
par le Roſaire, nous ſommes liés & enchaînés
avec des chaînes de feu.* C'eſt une grande preuve
de la vertu du Roſaire, que le déſeſpoir de ces
Diables.

Edmont Bourgoing & *Jacques Clément*, l'un
Prieur & l'autre Frere des Jacobins de cette
Maiſon, ſans doute ne récitoient pas ſouvent
leur Roſaire, car *Bourgoing* étoit un ſcélérat
qui concerta, prêcha & voulut ſanctifier le
meurtre d'Henri III ; *Clément* étoit un fanatique
qui, ſuivant les ſermons & les conſeils de ſon
Prieur, fut à St-Cloud aſſaſſiner ſon Roi d'un
coup de poignard (1).

Jacobins du Noviciat général, rue Saint-
Dominique. Cette Maiſon a été fondée en
1631, par le Cardinal de Richelieu, pour y

___

(1) Ce n'eſt pas le ſeul Dominicain qui ſe ſoit diſtingué par ſon fanatiſme, *Jérôme Savonarole* jouoit le rôle
d'inſpiré à Florence ; il ſouleva le peuple contre les
Médicis & le Pape Alexandre VI. Ceux-ci ſe défendirent
avec les mêmes armes ; ils lui envoyerent un Cordelier,
autre fanatique, qui prêcha contre lui. Savonarole étoit
décrédité, lorſqu'un autre Dominicain s'offrit à paſſer
à travers un bûcher ardent, pour prouver la ſainteté
de ſon confrere l'inſpiré. Un Cordelier propoſa en
même-temps la même épreuve, pour prouver que Savonarole étoit un ſcélérat. Curieux ſpectacle pour le peuple !
Quand les deux champions virent de ſang froid le bûcher embrâſé, ils tremblerent. Le Dominicain ne voulut entrer dans le bûcher que l'Hoſtie à la main. Le Cordelier prétendit que cette clauſe n'étoit pas dans les
conventions. Cette diſcuſſion favorable aux deux Moines, priva le public d'une ſcène dont il étoit très-avide.

élever

élever les Novices de différentes provinces, dans l'obfervance étroite. Ils demeurerent 51 ans dans une maifon ifolée, au milieu de quelques jardins. En 1682, ils commencerent à faire élever le corps-de-logis qui eft du côté de la rue de l'Univerfité. En 1735, jufqu'en 1740, ils firent bâtir trois autres corps-de-logis & les quatre aîles voûtées du Cloître.

Hyacinte Serroni, premier Archevêque d'Albi, & *Anne de Rohan Montbazon*, Ducheffe de Luynes, poferent la premiere pierre de l'Eglife, le 5 Mars 1683, qui fut élevée fur les Deffins de *Pierre Bullet*. Cette Eglife a 22 toifes de longueur, depuis le Portail jufqu'au Sanctuaire.

Le *Frere André*, Jacobin, Peintre d'Hiftoire, a décoré cette Eglife de plufieurs de fes Tableaux.

Le Maître-Autel eft orné d'une Gloire d'où tombent des Rideaux feints de bronze doré d'or moulu, qui étant élevé par des Chérubins, forment un efpece de pavillon fur cet Autel. La Réfurrection de J. C. eft du Deffin de *le Brun*, exécuté par *Martin*.

Le Plafond, qui repréfente la Transfiguration de N. S., eft peint par *le Moine*. Cette compofition, digne de fon auteur, ne doit être vue qu'en dedans du Chœur.

Dans la croifée à droite, on voit un petit Tombeau en marbre noir, dont le Deffin eft d'*Oppenord*; il renferme les cendres de *Marguerite de Laigue*, veuve en feconde noces du Comte *Relingue*, Lieutenant-Général & premier Ecuyer du Comte de Touloufe.

Il y a dans cette Eglife les Tombeaux de plusieurs personnes distinguées, tels que ceux de *Hyacinte Serroni*, premier Archevêque d'Albi; de *Jacques de Fieux*, Evêque & Comte de Toul; de *Marie de Bellenave*, veuve du Marquis de *Clérembault*, & mere de la Duchesse de *Luxembourg*; d'*Amable Monestai*, Marquis de Chazeron; de l'Abbé *Artus Poussin*, qui donna sa Bibliotheque à cette Maison; de *Barthelemi Mascrani*, Maître des Requêtes, qui légua 10,000 liv. à cette Maison, à condition qu'on lui diroit tous les jours une Messe dans la Chapelle de St-Barthelemi, où l'on voit son Epitaphe, &c.

La Sacristie est belle & ornée de plusieurs Tableaux du Frere *André*.

Dans une Salle servant pour les récréations, on voit plusieurs Portraits, dont huit sont peints par *Rigaud*.

Jacobins Réformés de la rue St-Honoré. Le P. *Sébastien Michaëlis*, voyant avec douleur le relâchement & le désordre introduits chez la plupart des enfans de St-Dominique, s'imagina de faire revivre l'austérité de l'ancienne Regle, & la ferveur des premiers Dominiquains. Il vint en conséquence avec cinq Religieux de cette réforme, au Chapitre général qui se tint à Paris en 1611. Les Jacobins du Grand Couvent s'éleverent avec tant de force contre cette innovation, & y mirent tant d'oppositions, que le Chapitre général ne l'adopta point. Mais le Pere Sébastien n'étoit pas homme à plier devant ses confreres; le refus qu'il essuya redoubla sa persévérance. Il demanda & obtint du Roi & de la Régente, la permission de faire bâtir un Couvent de sa réforme; il obtint également le confentement de Henri de Gondi, Evêque de Paris, qui donna 50,000 liv. pour la conftruction du Couvent & de l'Eglife. Cette libéralité, jointe à celles de *du Tillet de la Buffiere* & de plufieurs autres particuliers, fuffirent à l'entreprife du *Pere Sébaftien*, qui eut la gloire du fuccès, en dépit de tous les Jacobins de cette ville.

Dans la feconde Chapelle à droite, eft un St François par *Porbus*. Le Tableau de la cinquieme Chapelle, de même côté, a pour fujet Saint Hyacinte qui fauve l'Image de la Vierge des mains des ennemis du nom Chrétien. *Colombel*, de qui eft ce Tableau, a peint les têtes des Religieux, d'après ceux qui vivoient en ce temps-là.

Au Maître-Autel eft une Annonciation de *Porbus*. A côté du Maître-Autel, à main gauche, eft une magnifique Chapelle, qui a été bâtie & décorée aux dépens de *Catherine de Rongé Dupleffis-Belliere*, veuve de *François de Blanchefort de Créqui*, Maréchal de France. Le Tableau de l'Autel eft une Copie de la defcente de Croix de *le Brun*, par *Houaffe*. Le Tombeau de ce Maréchal a été exécuté par *Couftou l'aîné* & *Joli*, d'après le Deffin de *le Brun*. La Statue qui repréfente la Valeur, ainfi qu'un Bas-relief de bronze repréfentant une Bataille, font de *Joli*, & la figure du Héros à genoux eft de *Coyzevox*. Dans la Chapelle fuivante, vous verrez un St Pierre & un St Paul, demi-figures peintes par *Rigaud*.

André Felibien, Hiftoriographe des bâtimens du Roi, qui a donné au public plufieurs ouvrages eftimés, entr'autres les *Entretiens fur les vies & les ouvrages des Peintres*, & son fils *Nicolas-André Felibien*, Prieur de St-Etienne de Virafel, ont leurs Sépultures dans cette Eglife.

En face de la Chaire du Prédicateur, est le Tombeau de *Pierre Mignard*, dit *le Romain*, né à Troyes en Champagne en 1610, de Pierre More, Officier dans nos armées, & mort le 30 Mai 1695, âgé de 85 ans. Grand coloriste, fes carnations étoient vraies, fes ordonnances riches & gracieufes ; une penfée élevée, une riche harmonie, un pinceau moëlleux & léger le diftingueront toujours parmi les connoiffeurs. Il lui manquoit un peu plus de feu ; à force de finir il devenoit froid, & quelquefois il a manqué dans la correction & l'expreffion des paffions (1). C'eft lui qui a peint le fameux Dôme du Val-de-Grace.

Le Monument élevé à la mémoire de ce célebre Artifte, eft dû à la tendreffe de Mme la Comteffe de Feuquiere, fa fille (2) ; le Deffin & l'exécution font de M. *le Moine*. Cette Comteffe eft repréfentée à genoux, priant Dieu pour fon pere. Elle avoit 82 ans lorfque cet Artifte fit fon bufte pour ce tombeau ; elle confervoit encore les charmes & la fraîcheur d'une belle femme de 40 ans. Cette figure eft généralement

---

(1) Il peignoit Louis XIV pour la dixieme fois. *Vous me trouvez vieilli*, dit le Monarque à Mignard, qui le regardoit avec attention. *Sire il eft vrai*, répondit ce Peintre, *que je vois quelques campagnes de plus tracées fur le front de votre Majefté.*

(2) Le Comte de Feuquieres l'époufa à caufe de fa grande beauté. *Il ne lui manque rien*, difoit fon pere à la célebre Ninon de l'Enclos, *que la mémoire. Vous êtes heureux*, répondit-elle, *votre fille ne citera point.*

admirée, le Buste de Mignard, qui est placé entre deux Génies, fut fait de son vivant par *Desjardins ;* derriere s'éleve une Pyramide que le Temps découvre, en levant une grande draperie qui la cache.

JACQUES-DE-LA-BOUCHERIE. *(Saint)*

C'est une Eglise Paroissiale située rue des Arcis, dont l'antiquité en cache l'origine. On pense qu'elle fut érigée en Paroisse dans le XIIe siècle. L'Eglise, telle que nous la voyons, & la Tour, qui est la plus haute de Paris, ont été achevées sous le regne de François I. Cette Eglise, devenue trop petite par le nombre des Paroissiens, a été augmentée à diverses reprises ; c'est ce qui la rend tant irréguliere.

Au-dessus de la grille de fer qui entoure le Chœur, est un Christ de bois, sculpté par le célebre *Sarazin.*

La Chapelle de St-Fiacre qui termine le bas-côté droit, est digne de l'attention des connoisseurs, par sa sculpture & ses dorures.

Dans la Chapelle à main droite est une Ste Catherine par *Cazes,* & dans la suivante une Ste Anne de *Claude Hallé,* & un St Jacques que *Cazes* a fait pour la banniere. Sur l'Autel de la Chapelle, est un St Charles distribuant ses aumônes, par *Quintin Varin,* Peintre d'Histoire.

Jean Fernel, premier Médecin du Roi Henri, mort en 1558, est enterré dans cette Eglise, où son Epitaphe, gravée sur une table de cuivre, vient d'être restaurée. On lui trouva, après sa mort, trente mille écus argent comptant, cachés dans ses livres. Catherine de Médicis étoit fi contente de fes foins, qu'elle lui donnoit dix mille écus à chaque couche.

C'eft auffi dans cette Eglife que fut enterré l'énigmatique *Nicolas Flamel*, avec *Pernelle* fa femme. Ils étoit repréfentés tous les deux fur la petite porte de cette Eglife, du côté de la rue des Ecrivains ; mais la porte de l'Eglife qui donne dans cette rue ayant été bouchée en 1781, ce Monument a été fupprimé, & fon Epitaphe qui étoit dans la grande Nef, a été tranfportée, à caufe des nouvelles réparations, fur un pilier des bas - côtés, à droite proche l'entrée du Chœur. Le Voyageur *Paul Lucas* affure avoir trouvé en Afie un Dervis qui connoiffoit particulierement *Nicolas Flamel*, qui étoit encore vivant, ainfi que fa femme ; ils avoient feint tous les deux d'être malades, & on enterra à leurs places deux morceaux de bois, pendant qu'ils fuyoient la France avec leurs richeffes. Enfin, *Nicolas Flamel* a toujours été accufé d'avoir trouvé la pierre philofophale. De pauvre Ecrivain qu'il étoit, il devint prodigieufement riche ; on a trouvé dans les caves de fa maifon des urnes, des phioles, des matras, du charbon, & dans des pots de grès une certaine matiere minérale, calcinée & groffe comme des pois. Ce qu'il y a de certain, c'eft que *Flamel* faifoit le meilleur emploi de fes richeffes ; il foulageoit les familles indigentes, il fit réparer plufieurs Eglifes, & fonda des Hopitaux (1).

---

(1) Son Epitaphe eft très fimple ; on y lit deux vers dont voici 'e premier :

De terre fuis venu, & de terre retourne.

Je laiffe aux Alchymiftes à déchiffrer le fecond ; il ren-

Jacques-de-l'Hopital. (*Saint*) On lifoit fur deux tables de marbre noir deux Infcriptions, une Latine, l'autre Françoife ; voici cette derniere : *Hopital fondé en l'an de grace 1319, par les Pélerins de St-Jacques, pour recevoir leurs confreres ; réparé & augmenté en l'année 1652.* C'eft aujourd'hui un Chapitre dont le Tréforier exerce les fonctions de Curé dans l'étendue du Cloître feulement. Dans la Chapelle de Notre-Dame des Anges, eft une Sainte Famille par M. *Belle*, Peintre du Roi.

Jacques-du-haut-Pas. (*Saint*) Cette Eglife Paroiffiale, fituée rue & fauxbourg St-Jacques, fut bâtie telle qu'elle eft aujourd'hui en 1630 ; la premiere pierre en fut pofée par *Monfieur*, frere de Louis XIII. Mais on ne conftruifit que le Chœur de cette Eglife ; elle refta dans cet état jufqu'en 1675, que Mme *Anne-Genevieve de Bourbon*, Princeffe du Sang, Ducheffe Douairiere de Longueville, qui pofa la premiere pierre de la Tour & du Portail, & qui contribua à une partie de la dépenfe ; les Paroiffiens firent le furplus : & par un exemple rare de piété & de zele, les *Carriers* fournirent gratuitement toute la pierre dont cette Eglife eft pavée, & les Ouvriers employés à la conftruction, donnerent chacun libéralement un jour de leur travail par femaine. En 1688, on commença la Chapelle de la Vierge, dans le fond du Chœur. L'Architecture de cette Eglife eft de *Gittard*.

---

ferme peut-être quelques figures emblématiques qu'il n'eft pas permis à tout le monde de deviner.

Au-deſſus de la porte de la croiſée, eſt un Tableau repréſentant le martyre de St Barthelemy; il eſt de *la Hyre*. Ce Tableau, qui eſt d'une grande force de couleur, fut le premier qui mit ce Peintre en réputation.

Cette Egliſe renferme les cendres de *Jean-Dominique Caſſini*, le plus grand Aſtronome de ſon temps; de *Philippe de la Hyre*, grand Géometre & fils du Peintre de ce nom; & de *Jean Deſmoulins*, Curé, dont la mémoire eſt encore chere aux pauvres de cette Paroiſſe : on lit ſon Epitaphe ſur ſon Tombeau, élevé dans le Cimetiere de cette Egliſe.

JACQUES ET S. PHILIPPE du Roule. (St) C'étoit autrefois une Chapelle, qui fut érigée en Paroiſſe le premier Mai 1699. La petiteſſe de cette Egliſe, & la néceſſité d'en conſtruire une nouvelle, ainſi que des bâtimens pour le Curé, le Vicaire & les petites Ecoles, déterminerent Louis XV a permettre la conſtruction de cette nouvelle Egliſe, qui vient d'être achevée en 1784, ſous les Deſſins de M. *Chalgrin*, Architecte du Roi.

Cette Egliſe a 26 toiſes de longueur ſur 14 de large. Le Portail, ainſi que l'Egliſe, eſt décoré d'ordre Ionique. M. Chalgrin a été obligé de ſupprimer les ornemens qui entroient dans ſon plan; mais il a laiſſé ſubſiſter les moyens de pouvoir les ajuſter.

Le ſieur *Duret*, Sculpteur, a exécuté le fronton du Portail avec un talent qui a mérité l'applaudiſſement de tous les Artiſtes.

JARDINS PUBLICS.

JARDIN des Tuileries (1). Ce magnifique

(1) M. de Saint-Foix a remarqué que, par un

Jardin, qui eſt jugé par les connoiſſeurs un des plus beaux de l'univers, eſt l'ouvrage du célebre *le Noſtre*. De chaque côté, il eſt bordé, dans toute ſa longueur, de deux Terraſſes qui ſauvent, avec un art admirable, l'irrégularité du terrein, & qui ſe rejoignent en fer-a cheval au *Pont-Tournant*.

L'extrémité orientale de ce Jardin eſt bornée par le ſuperbe Château des Tuileries, & l'extrémité occidentale, par la place de Louis XV. La Statue équeſtre de ce Roi répond au milieu de la grande Allée, de ſorte que du Veſtibule du Château, la perſpective eſt du plus magnifique effet ; l'œil découvre d'abord le vaſte Parterre, décoré de Baſſins, de Vaſes & de Groupes de marbre, le maſſif du Boſquet, paſſe enſuite à travers la grande Allée, rencontre la Statue équeſtre, & toujours dans la même ligne, découvre le ſuperbe chemin planté d'arbres, qui conduit au pont de Neuilly.

La grande Terraſſe eſt ornée de ſix Statues & de deux Vaſes de marbre, ſculptés par l'*Eſpingola* & *Montean*. Les trois Statues du côté du Manege ſont de *Coyzevox*, & repréſentent un Faune aſſis, jouant de la flûte traverſiere, une Hamadriade qui l'écoute avec admiration, & une Flore. Les trois Figures qui ſont du côté de la riviere, offrent deux Nymphes & un Chaſſeur : elles ſont de *Couſtou l'aîné*.

Auprès du baſſin ſont quatre Groupes de

---

haſard aſſez ſingulier, le plus beau Jardin public d'Athènes s'appelloit le Tuleries ou le Céramique, parce qu'il avoit été planté, comme le nôtre, dans un endroit où l'on faiſoit de la tuile.

marbre. Deux du côté du Manege repréfentent,
l'un l'Enlevement de Cybele par Saturne ; Cérès
eft à fes pieds, appuyée fur un Lion, fymbole
de la terre ; il eft fculpté par *Regnaudin*. L'autre,
qui eft Lucrèce qui fe poignarde, commencé à
Rome par *Théodon*, a été fini à Paris par *le
Pautre*.

Vis-à-vis, les deux autres Groupes offrent,
l'un, Enée portant fon pere Anchife qui tient
par la main fon petit-fils Afcagne : il eft le chef-
d'œuvre de *le Pautre*. L'autre, l'Enlevement
d'Orithie par le vent Borée, commencé par *Gafpard Marfy*, a été achevé par *Flamen*.

La grande Allée eft terminée par un grand
Baffin octogone. Huit Figures fe préfentent,
adoffées au treillage du Bofquet. La premiere,
à droite, eft Annibal comptant les anneaux des
Chevaliers Romains tués à la bataille de Cannes :
elle eft de *Sébaftien Slodtz*. Viennent enfuite
l'Hiver, le Printemps & une Veftale, par *le
Gros*. Cette derniere, imitée de l'Antique, eft
un chef-d'œuvre accompli (1).

A gauche, la premiere eft une fuperbe figure
de Jules-Céfar, par *Couftou l'aîné*. Celles qui
fuivent font l'Eté, l'Automne & Agripine,
d'après l'Antique.

Du côté du Pont-Tournant, à l'entour du
Baffin, font quatre Piedeftaux, où font pofées

---

(1) M. Grofley, de l'Académie Royale des Infcriptions & Belles-Lettres de Paris, vient de faire une
longue differtation fur cette admirable Statue, dans le
n°. 39 du Mercure de 1784. Il prétend que, comme
imitée de l'Antique, elle eft la *Vénus du Mont-Liban*,
ou *Vénus à la trifte penfée*.

des Figures qui repréſentent des Fleuves & Rivieres. Deux ſont chargées de chacun une Figure qui repréſentent le Tibre & le Nil ; elles ont été faites à Rome d'après l'Antique , par les Penſionnaires du Roi.

Les deux autres Piedeſtaux offrent deux groupes. Le premier eſt la Seine & la Marne , par *Couſtou l'aîné ;* le ſecond, la Loire & le Loiret , par *Vancleve.* Ces deux groupes ſont accompagnés d'Enfans , qui tiennent les attributs de ces rivieres.

Au haut du fer à cheval s'élevent , ſur des jambages ruſtiques , deux Chevaux aîlés de marbre , dont l'un porte une Renommé qui embouche ſa trompette , l'autre un Mercure. Ces deux excellens morceaux ſont de *Coyzevox ;* ils étoient à Marly , ainſi que les deux Groupes précédens.

L'invention du Pont-Tournant , qui termine & ferme ce Jardin , eſt due au Frere *Bourgeois,* Auguſtin , qui a également inventé le Pont de bateaux qui eſt à Rouen.

On entre dans ce Jardin par ſix portes qui ſont gardées par des Suiſſes ou des Invalides ; la populace n'y entre jamais que le jour de la St-Louis, & la veille au ſoir , pour le bouquet du Roi (1).

______

(1) On conſtruit un vaſte Amphithéâtre adoſſé à la façade du Château , qui eſt, à neuf heures du ſoir, garni de lampions & de Muſiciens. On voit mieux les uns que l'on n'entend les autres. Le peuple vient en foule au Concert, parce qu'il ne coûte rien. Des Amateurs prêtent l'oreille attentivement aux vieux airs de Rameau , & s'impatientent bien ſérieuſement contre des curieux bruyans qui, *aſſurément , n'aiment pas la Muſique.*

On trouve chez les Suisses & Portiers, & sur la Terrasse des Capucins, des Cafés & des Traiteurs.

Jardin du Luxembourg. Moins magnifique, moins fréquenté, par ce qu'on appelle les gens du bon ton, que le Jardin des Tuileries, celui-ci a des avantages que ce dernier n'a pas. Le dessin du Parterre en est plus simple & plus beau, l'air y est pur, la disposition en est champêtre. C'est la promenade des gens de Lettres, de quelques Nouvellistes & des Bourgeois des environs. On vient, depuis deux ans, de retrancher la moitié de ce Jardin; ces Allées, sombres & solitaires, si propres à la méditation, & si cheres au Littérateur tranquille, sont tombées sous le fer de l'intérêt, & ont été victimes de l'inconstance humaine; un lieu charmant est changé en un vaste désert.

C'est au milieu de ce terrein de réprobation, que M. l'*Abbé Miolan* a fait, au mois de Juillet dernier, l'expérience publique & mémorable de son inexpérience, aux yeux d'un public privé d'un spectacle qu'il attend & qu'il a payé (1).

____

(1) Depuis 11 heures du matin jusqu'à 5 heures du soir, une prodigieuse foule de curieux de tous les états attendoient, pour leur argent, l'enlevement du malheureux Ballon qui ne s'enleva pas. Tout Paris s'étoit porté dans ce quartier, & en avoit absorbé les vivres. La faim, la chaleur, l'impatience & le dépit de se voir abusé, éclaterent en fureur. On se jetta sur le Ballon indocile; on déchira, on brisa tout ce qui se présentoit. Les auteurs de cette désolation échapperent aux flammes, mais non pas à la vengeance des Parisiens. Comme ces Physiciens ne firent, pour se concilier le public, aucune espece de restitution, le public s'est amplement dédommagé aux dépens de la gloire de

(349)

Jardin de l'Infante. C'est une Terrasse qui dépend du Château du Louvre, & qui regne sur le quai. Elle n'est ouverte que pendant l'été : on y entre par le Pavillon de l'Infante, place du Vieux Louvre.

On y voit une Lentille qui a quatre pieds de diametre ; elle est composée de deux glaces ; l'espace qui est entre ces deux glaces est rempli par 160 pintes d'esprit-de-vin. Cette Lentille fond, à son foyer, un écu de 3 livres en 5 secondes, & un de 6 en 15. M. Macquer a rapporté, dans son Dictionnaire de Chymie, un grand nombre d'expériences intéressantes faites au foyer de cette Lentille. M. *Bernieres*, Contrôleur-Général des Ponts & Chaussées, en est l'Auteur.

Jardin du Roi. Ce Jardin réunit l'avantage de l'agrément à l'utilité des Sciences. Jean de la Brosse, Médecin de Louis XIII, engagea ce Monarque à fonder un Jardin pour la culture des Plantes étrangeres ; protégé par plusieurs Ministres, cet établissement acquit une faveur qu'il perdit bientôt, & qu'il reprit par le zele de MM. *Valot* & *Fagon*, qui repeuplerent ce Jardin d'un grand nombre de Plantes ; le Catalogue qu'ils firent en 1665, sous le titre d'*Hortus Regius*, se monta à plus de 4000. La Surintendance passa en différentes mains jusqu'en 1718, que Louis XV y nomma le sieur *le Clerc, Comte de Buffon*, de l'Académie

---

l'Abbé Miolan & de son confrere ; les chansons & les caricatures de toutes espèces ont acquitté la dette des *Aéroflaticiens par souscription.* Dans l'anagrame d'*Abbé Miolan*, les plaisans ont trouvé *Balon abimé.*

des Sciences, qui l'a porté au degré de splendeur & d'utilité où on le voit aujourd'hui.

Ce Jardin, qui vient d'être prodigieusement augmenté, & qui s'étend jusqu'aux bords de la Seine, est aujourd'hui une promenade, sinon des plus fréquentées, au moins une dès plus vastes, des plus agréables, des plus variées & des plus salubres de la Capitale. On y trouve des Arbres, des Arbustes & chaque espèces de Végétaux de tous les pays de la terre. Le Cabinet & le Jardin offrent le tableau, en raccourci, des productions de la nature entiere.

Une petite éminence que l'on monte par des Allées en spirale, du haut de laquelle on découvre une superbe vue, des collines irrégulieres, toujours ombragées, toujours couvertes de verdure, des points de vues, tantôt magnifiques, tantôt agrestes, délassent de la majesté symétrique du Jardin. On s'y promene longtemps sans desirer d'en sortir.

Un Bassin carré, nouvellement creusé, dont le fond est au niveau du lit de la riviere, & dont les talus en gradins, forment des plates-bandes où sont cultivées toutes les espèces de Plantes aquatiques, ajoutent à l'utilité & à la variété de ce Jardin. Une grille de fer, accompagnée de deux Pavillons du meilleur goût, forme l'entrée du côté de la riviere.

La police est la même que dans les autres Jardins publics, & on trouve dans son enceinte des Cafés pour s'y rafraîchir.

Jardin du Palais Royal. Détruit, replanté & nouvellement décoré de bâtimens uniformes dans son pourtour. Une Galerie percée de portiques, sous laquelle on peut se promener à couvert autour du Jardin, est garnie de Boutiques, de Cafés &c., où l'on trouve tout ce que le luxe de cette Capitale peut rassembler de plus exquis & de plus rare.

Curtius y a son Sallon des Figures. On y voit de magnifiques collections de Tableaux & de Gravures Angloises & Françoises, des Cafés curieux par la beauté de leur décoration, parmi lesquels on distingue le *Café Italien*, à cause des belles Peintures Arabesques dont il est orné; elles sont l'ouvrage de **M.** *Maderna*, Peintre Italien.

On y peut voir encore, à cause de sa singularité, le *Café Méchanique*, où l'on est servi par une main invisible. Il s'agit de dire des paroles par un des trous pratiqués à chaque table, un instant après, & comme par enchantement, s'élève ce que vous avez besoin & s'engloutit de même a votre volonté. Les Amateurs des singularités ont eu beaucoup de plaisir a voir les effets de ce Méchanisme.

A la façade du Jardin opposé au Palais Royal, est un Méridien d'une espèce particuliere. Lorsqu'il est midi au soleil, cette heure est annoncée par un coup de canon. Cet effet est produit par le foyer d'une loupe qui enflamme au point fixé la poudre qui est placée à la lumiere d'un canon.

On voit encore dans les bâtimens de ce Jardin, un Spectacle des Ombres Chinoises, un autre Spectacle de *Fantoccini* d'un genre très-distingué; le Théâtre est charmant, & les Acteurs de bois, jouent toutes sortes de pieces, & pourroient, au besoin, donner la Tragédie. (Voyez *Théâtres*.)

On y trouve des Bains de toutes les espèces, des Restaurateurs, &c. Il s'y est établi deux Sociétés fameuses ; la premiere, sous le nom de *Club François*, est composée de 350 personnes d'un rang distingué ; la seconde, connue sous le nom de *Club Militaire*, est composée de Chevaliers de St-Louis.

Au milieu de ce Jardin naissant est une Esplanade de 22 toises de large sur 39 de long, où l'on doit, dit-on, placer les Statues en marbre de plusieurs Grands Hommes. A l'extrémité de cette Esplanade est un bassin entouré de quatre Pavillons ornés de treillages, qui sont habités par des Marchands ou Limonadiers.

Ce nouveau & joli Jardin, dont les bâtimens qui l'entourent ne sont pas entierement achevés, a fait oublier la beauté de l'ancien, dont la destruction avoit causé tant de regrets.

Jardin de l'Arsenal. On y voit le seul reste des fossés & anciennes fortifications de Paris. On vient d'y planter un quinquonce à la place de l'ancien parterre, qui promet une jolie promenade. La vue du côté de la riviere est superbe. On y trouve un Café. C'est dans ce Jardin qu'on vend en détail la poudre à tirer. (Voyez *Arsenal pag.* 38 *& suivantes*).

Jardin de Soubise, est situé dans l'Hôtel qui en porte le nom ; il est petit & n'est fréquenté que par les Habitans du quartier.

Jardin du Temple, dépend de l'Hôtel du grand Prieuré. On y entre par l'enclos du Temple. Moins orné que le précédent ; il est plus grand & plus solitaire.

Jardin des Apothicaires, rue de l'Arbalêtre

fauxbourg St-Marcel. L'utilité bien plus que l'agrément est le but de cet établissement. On y fait dans une Salle des Cours de Chymie & d'Histoire Naturelle, & dans le Jardin des cours de Botanique.

JARDIN des Chevaliers de l'Arc. Il est situé près le marché aux Chevaux. Ces Chevaliers portent un uniforme bleu de roi, avec revers & paremens cramoisi. Dans les grandes cérémonies, ils portent une croix attachée à leur boutonniere avec un ruban.

JEAN-DE-LATRAN. (Saint)

C'est une Commanderie qui appartient à l'Ordre de Malte, située quartier St-Benoît, proche la place Cambrai. On y voit une Tour de la plus haute antiquité, destinée autrefois aux Pélerins de Jérusalem.

Dans le Chœur de l'Eglise est le tombeau de *Jacques Souvie*, pourvu de cette Commanderie, ensuite Grand-Prieur de France. C'est lui qui a fait bâtir la nouvelle maison du Temple. Il avoit fait construire ce Tombeau long-tems avant sa mort dans l'espérance d'y être enseveli ; mais les circonstances ne l'ont point permis : son cœur seul y repose.

Deux colonnes hermétiques soutiennent un grand entablement avec un fronton, sous lequel on voit ce Commandeur à demi couché sur un sarcophage de marbre noir ; à ses pieds est une Cuirasse surmontée d'un Casque, son bras droit est soutenu par un Ange en pleurs. Les deux corps qui portent l'entablement sont de brèche antique. Cet ouvrage est de l'invention & du ciseau de François d'*Anguier l'aîné.*

C'est un des plus beaux morceaux de cet Artiste.

On voit aussi dans cette Eglise les Epitaphes de plusieurs Chevaliers Commandeurs de cette Commanderie.

J E A N - E N - G R È V E. (Saint)

Cette Eglise Paroissiale, située quartier de la Grève, rue du Martroi, est un démembrement de la Paroisse de St-Gervais, dont elle étoit jadis une Chapelle où l'on donnoit le baptême.

C'est dans cette Eglise que fut déposée l'Hostie miraculeuse profanée par un Juif (voy. *Carmes Billettes*, p. 110); elle est enchâssée dans un petit Soleil de Vermeil d'un travail précieux.

Cette Eglise fut bâtie sous le regne de Charles IV en 1322, telle qu'elle est aujourd'hui. La façade est entierement masquée par l'Hôtel-de-Ville ; la Voûte qui porte l'Orgue est admirable par sa construction hardie; elle forme une arriere-voussure de quatre toises de long qui ne paroit point soutenue. *Pasquier de Lisle* en fut l'Architecte.

Le Maître Autel est d'un bel effet. Il est orné d'une demi - Coupole soutenue par huit colonnes Corinthiennes de marbre de Rance. Ce morceau a été exécuté sur les Dessins de *Blondel*. La suspension a été sculptée par *Dumont*. Sous cette Coupole est un Groupe de marbre blanc, composé de deux Figures grandes comme nature, qui représentent le Baptême de Jésus-Christ par St Jean-Baptiste. C'est l'ouvrage de M. *le Moyne*. Le Sanctuaire est orné de 8 petits Tableaux. *Noël-Nicolas Coypel* a peint la Danse d'Hérodiade ; *Lucas*, la Prédication de St Jean dans le Désert ; *Dumesnil*, la Visitation, & les cinq autres sont de *Vermont*.

La Chapelle de la Communion, éxécutée sur les Desseins de M. *Blondel*, est ornée de Pilastres Corinthiens accouplés, dont la frise est enrichie de Trophées allégoriques à l'Ancien & au Nouveau Testament. Les deux Tableaux placés dans cette Chapelle sont la Manne, par *Vermont*, & la Piscine, par *Lamy*.

Plusieurs personnes illustres on été inhumées dans cette Eglise : *Michel-Antoine Baudrin*, connu par son Dictionnaire *Géographique*.

Claude de Lorraine, Chevalier de Malte, Général des Galères de la Religion, Abbé du Bec, & connu dans l'Histoire sous le nom de *Chevalier d'Aumale*. A la tête d'un parti de Ligueurs pendant la nuit, il entra par adresse dans St-Denis, qu'il vouloit surprendre ; Dominique de Vic, Gouverneur de cette Ville, assisté de 12 chevaux seulement, tua ce Chevalier avec deux cens hommes de sa troupe, & mit le reste en fuite ; ce qui fit dire que *le Chevalier avoit eu une courte joie, & le Roi une courte peur.*

Simon Vouët, Peintre célebre, fut le Maître de le Sueur & de Le Brun, & eut l'honneur d'enseigner le Dessin a Louis XIII ; c'est lui qui a fait revivre le bon goût de la Peinture en France. La quantité d'ouvrages dont ce Peintre étoit chargé, a nui à sa réputation : il travailloit trop vite. On reconnoît l'excel-

lence de fon génie dans les grands morceaux qui font fortis de fa main. Il inventoit
facilement ; étoit correct, naturel & cherchoit
Paul Veronèfe ; fes difpofitions étoient fort
agréables fans être magnifiques ; fon premier
goût avoit beaucoup de force : il tomba enfuite
dans le gris.

Jean-Pierre Camus, Evêque du Belley. Son
efprit, fon éloquence, fa piété, fes ouvrages
l'ont mis au rang des Grands Hommes de fon
tems (1). Conftant ennemi des Ordres Monaf-
tiques, il ne voulut pas, même à la mort, fe
rétracter de ce qu'il avoit écrit contre eux ;
proteftant devant Dieu qu'il n'avoit rien fait
qu'il ne dût faire en confcience (2).

J O S E P H. (*Saint*)

C'eft une Surcurfale de la Paroiffe de Saint
Euftache, conftruite en 1640, aux frais du
Chancelier Seguier. Elle eft illuftrée parce
qu'elle renferme les cendres de deux Grands
Hommes ; les deux plus rares génies que l'Eu-

---

(1) Prêchant un Vendredi Saint dans un Hopital
devant M. le Duc d'Orléans, Gafton, fils de France,
il apoftropha un Crucifix : *Ah !* dit-il, *Monfeigneur,
je vous vois entre deux larrons.* Auffi-tôt M. le Duc
d'Orléans, qui avoit à fes côtés un Surintendant des
Finances & le partifan Monnerot, leva fon chapeau,
& falua comme fi le Prédicateur parloit à lui & de fes
voifins.

(2) C'eft, fur-tout, les Ordres Mendians que ce
favant Evêque combat avec plus de vigueur, dans fon
Livre intitulé *St-Auguftin de l'ouvrage des Moines.* Il
prouve leur arrogance, leur inutilité ; il avance qu'aucune loi, aucune conftitution Eccléfiaftique, n'a ordonné l'ufage de mendier ; il démontre les dangers de
l'oifiveté, & les vices de fes partifans, & il veut abfo-
lument que les Moines travaillent pour vivre.

rope ait produits & qui aient honoré le siécle de Louis XIV : *MOLIERE* (1) & *LA FONTAINE*.

JOSSE. (*Saint*)

Cette Eglise Paroissiale est située rue Aubri-Boucher, quartier St-Jacques de la Boucherie. C'étoit autrefois une Chapelle, érigée en Paroisse en 1260.

L'Eglise d'aujourd'hui fut commencée en 1679, sur les Desseins de *Gabriel le Duc*, qui éleva le portail jusqu'à la premiere corniche seulement.

On voit dans cette Eglise un St Sébastien peint par *Fréminet*, Tableau estimé des connoisseurs.

JOURNAUX. (Voyez *Bureaux*, pages 80 & 81.)

JULIEN DES MÉNESTRIERS. (*Saint*)

Deux Ménestriers, *Jacques Grare* & *Hugues le Lorrain*, établirent en 1330, dans l'emplacement de cette Eglise, un petit Hopital en faveur d'une femme pauvre & paralytique, qui jour & nuit étoit exposée aux injures de l'air. La Confrérie des Ménestriers & l'Abbesse de Montmartre contribuerent à la consistance de cet établissement. On parvint à y bâtir une Chapelle sous l'invocation de St Julien & St Genest, & cette Chapelle fut érigée en Bénéfice, à la nomination des Ménestriers.

La maison du Chapelain est aujourd'hui occupée, & l'Eglise est desservie par les Peres de la Doctrine Chrétienne.

---

(1) L'Archevêque de Paris refusant de lui accorder la *sépulture, on refuse, dit sa veuve, un tombeau à celui à qui la Grèce auroit dressé des autels.*

Les Joueurs d'Instrumens ont conservé le droit de visiter si la Maison & l'Eglise sont bien entretenues par ces Religieux, & celui d'y nommer un Chapelain.

Sur l'Autel est un Christ de *le Brun*.

Parmi les Figures de Saint dont le Portail est décoré, on en distingue un qui joueroit fort bien du violon si son archet n'étoit pas rompu.

Julien-le-Pauvre. (Saint)

On lit dans un Titre du XIIe. siécle, que cette Eglise étoit alors sous l'invocation de *St Julien de Brioude* & de *St Julien,* Evêque du Mans, homme très-charitable envers les pauvres.

Cette Eglise, qui appartient à l'Hôtel Dieu, sert à plusieurs Confrairies d'Ouvriers & de Marchands, & pour faire les Retraites & Catéchisme des Savoyards, fondés par l'Abbé de *Pont-Briand* (1).

JUSTICES DE PARIS.

Justices Ecclésiastiques.

Officialité Métropolitaine ; les Audiences se tiennent les Vendredis, Mardis, à dix heures du matin.

Officialité Diocésaine ; les jours d'Audiences sont les Mercredis & Samedis à dix heures du matin.

---

(1) Au chevet de cette Eglise est un puits, dont l'eau étoit jadis très-renommée par les guérisons qu'elle opéroit. Cette eau fit toujours des merveilles tant qu'elle fut distribuée pour de l'argent ; & dès qu'il fut permis de la puiser *gratis,* elle perdit entierement son crédit.

(359)

Bailliage de la Duché-Pairie de l'Archevê-que de Paris. M. le Bailli tient ſes Audiences le Lundi à midi dans l'Auditoire de l'Offi-cialité.

Bailliage de 'la Barre du Chapitre de l'E-gliſe de Paris. Le Bailli tient ſes Audiences le Lundi à trois heures de relevée en l'Auditoire, Cloître, près le puits Notre-Dame.

Juriſdiction de M. le Chantre. Ce Juge con-noît de tout ce qui concerne les petites Ecoles de la ville & banlieue de Paris. Les Audiences ſe tiennent le Jeudi à trois heures après-midi.

Chambre Eccléſiaſtique du Diocèſe de Paris. On y impoſe toutes les taxes du Diocèſe. Il ſe tient dans la Salle de l'Archevêché. Monſeigneur l'Archevêque y préſide comme chef.

Bailliage de Ste Geneviève. Les Audiences ſe tiennent les Lundis à trois heures de relevée dans une Maiſon proche l'Abbaye.

Bailliage de l'Abbaye de St-Germain-des-Prés. Les Audiences ſe tiennent dans l'enclos de l'Abbaye.

Bailliage de 'St-Jean-de-Latran. Les Au-diences ſe tiennent dans l'enclos de la Comman-derie, le Lundi à trois heures de relevée.

Bailliage de St-Marcel. L'Audience ſe tient dans une maiſon du Cloître ſeulement quand le cas le requiert.

Bailliage de St-Martin-des-Champs. Le Siége eſt dans l'enclos du Prieuré & les Au-diences ſe tiennent les Lundis & Jeudis à midi.

Bailliage du Temple. Le Siége eſt dans l'en-clos du Temple ; les Audiences ſe tiennent le Lundi à trois heures de relevée.

JUSTICE SECULIERE.

ADMINISTRATION DE LA JUSTICE.

M. le Chancelier.

M. le Garde des Sceaux, tient le Sceau le jour qu'il indique, soit à Paris, soit à la Cour.

MM. les Maîtres des Requêtes, ont droit d'assister au Sceau.

Les Lettres à faire sceller se portent par quartier chez MM. les Audienciers de quartier, & les Provisions d'Office, chez le Garde des Rôles de quartier : c'est aussi lui qui délivre les extraits d'oppositions survenues au Sceau des provisions, &c.

Les Lettres de Ratification se portent au Bureau des Conservateurs des Hypotheques, rue St-Martin, vis-à-vis la rue Grenier-St-Lazare, où l'on délivre les extraits & radiations des oppositions survenues au sceau des Lettres. C'est dans le Bureau du Trésorier-Général du Sceau que se retirent les Lettres quant elles sont scellées. On les retire tous les jours excepté les Mercredis & Samedis. On paie le Mardi & le Vendredi, à l'exception du Mardi quand il est la veille du Sceau.

Grand-Conseil. Il tient ses séances au Louvre : on y donnne audience les Mercredis, Vendredis & Samedis depuis huit heures jusqu'à onze heures & demie, & on y juge les Procès de rapport à l'ordinaire, les Lundis, Mardis & Jeudis (1).

______

(1) A la fin de la derniere Audience avant les jours Gras, celui qui préside se leve, & va à la table du
Prevôté

Prévoté de l'Hôtel du Roi. Le Siége se tient alternativement à Versailles & à Paris, d'année en année.

Les Audiences se tiennent à Paris le Mercredi au Louvre, & à Versailles le Samedi au Siége de la Jurisdiction, enclos de la Géole.

PARLEMENT. La Grand'Chambre est composée de M. le Président, de neuf Présidents à Mortier, de vingt-cinq Conseillers Laïques & douze Conseillers Clercs.

Le service d'hiver à la Grand'Chambre commence à la St-Martin & finit à Pâques ; le service d'été commence à Pâques & finit au 7 Septembre.

Premiere Chambre des Enquêtes. Elle est composée de deux Présidens & de vingt-trois Conseillers.

Seconde Chambre des Enquêtes. Elle est composée comme la précédente.

Troisieme Chambre des Enquêtes. Idem.

Les Audiences se tiennent les Lundis & Jeudis.

Chambre des Requêtes. Elle est composée de deux Présidens & de quatorze Conseillers.

Chambre de la Marée, composée d'un Président & de deux Conseillers à la Police générale sur le fait de la vente de la Marée.

Greffier, y trouve un cornet & des dez, commence le jeu, & le cornet passe ensuite successivement aux Conseillers, aux Avocats, aux Procureurs, aux Huissiers & même aux Laquais, qui continuent à jouer jusqu'à la nuit. On a essayé d'expliquer cet usage, mais il vaut mieux dire avec Sganarelle : *Il y a bien des choses à dire là-dessus.*

Q

La rentrée du Parlement se fait tous les ans le lendemain de la St-Martin. Ce jour là on célebre la Messe du St Esprit dans la grande Salle du Palais, & MM. les Gens du Roi reçoivent les sermens de MM. les Avocats & Procureurs (1).

Le Mercredi ou le Vendredi suivant se font les Mercuriales ou Harangues prononcées par le Premier Président & par l'Ancien de MM. les Avocats-Généraux.

Pendant les vacances, qui commencent le 7 Septembre & qui finissent le lendemain de la St-Martin, il y a une Chambre de Vacation, où l'on juge principalement les matieres Provisoires & qui demandent célérité.

Chambre des Comptes. Cette Cour est établie pour juger en dernier ressort ce qui concerne la manutention des Finances & la conservation du Domaine de la Couronne (2).

Cour des Aides. Cette Cour a trois Chambres qui ont chacune leurs Présidens & Conseillers : les Gens du Roi servent aux trois Chambres. Les Présidens portent la robe de velours, & les Conseillers la robe rouge.

Les veilles & surveilles des cinq Fêtes annuelles, MM. de la Cour des Aides descendent au Préau de la Conciergerie du Palais pour y donner Audience de grace aux prisonniers.

---

(1) Ce jour les Conseillers du Parlement se saluent suivant l'ancien usage, de la même maniere que les femmes font leur révérence.

(2) Les Officiers de cette Chambre portoient anciennement de grands ciseaux à leur ceinture, pour marquer le pouvoir qu'ils ont de rogner & de retrancher les mauvais emplois dans les comptes qu'on leur présente.

Cour des Monnoies. Elle repréfente les Généraux des Monnoies, dont l'origine remonte au commencement de la Monarchie. Elle a pour reffort tout le Royaume. Les appels des Sentences de tous les Siéges des Monnoies s'y relevent.

Cette Cour eft compofée d'un Premier Préfident, cinq autres Préfidens, vingt-neuf Confeillers, deux Avocats-Généraux & un Procureur-Général.

Bailliage du Palais. Les Audiences fe tiennent les Mardis, Jeudis & Samedis : fon reffort comprend l'enceinte du Palais.

Chancellerie du Palais. Elle eft tenue par MM. les Maîtres des Requêtes chacun à leur tour pendant un mois, fuivant l'ordre de réception en chaque quartier, excepté les premiers mois de chaque quartier, qui font exercés par le Doyen des Doyens des Maîtres des Requêtes.

Le Sceau de ladite Chancellerie fe tient les Mercredis & Samedis de chaque femaine.

Bureau des Finances. Le Tribunal de la *Chambre du Domaine & Tréfor* tient fes Audiences ; favoir, pour le Bureau des Finances, les Mardis & Vendredis de chaque femaine à dix heures du matin, & pour la Chambre du Domaine, tous les Mercredis & Samedis à onze heures.

Siége Général de la Table de Marbre. Il comprend trois Jurifdictions, la Connétablie & Maréchauffée de France ; l'Amirauté & les Eaux & Forêts de France.

La Connétablie & Maréchauffée de France eft

préfidée par MM. les Maréchaux de France, quand la charge de Connétable n'eſt point remplie ; & les Commiſſaires & Contrôleurs des Guerres y ont ſéance , ſuivant la Déclaration du Roi de l'année 1574.

Les Audiences ſe tiennent les Mardis & Vendredis.

Cette Juriſdiction connoît les actions perſonnelles entre les gens de Guerre ; des contrats & cédules faits entre eux ; des différends entre officiers , &c.

Amirauté de France. M. le Grand-Amiral de France en eſt le chef. Les Audiences ſont les Lundis , Mercredis & Vendredis. Ce Tribunal connoît des actions naiſſantes du Commerce Maritime , des Armemens, des Compagnies d'Aſſurances , &c.

Eaux & Forêts de France. Ce Tribunal eſt compoſé de Juges à l'ordinaire & de Juges en dernier reſſort. Les Audiences des premiers ſe tiennent les Mercredis & Vendredis matin ; celles des ſeconds , le Samedi ou un autre jour au choix du Préſident.

Les Audiences de la Maîtriſe-Particulire ſe tiennent les Lundis & Vendredis.

Election de Paris. Les Audiences ſe tiennent depuis neuf heures juſqu'à midi ; ſavoir, les Mercredis & Samedis pour les Tailles ; les Lundis & les Jeudis pour les Fermes ; les Mardis & Vendredis on y travaille de rapport.

Chambre des Bâtimens. Cette Juriſdiction connoît de toutes les conteſtations entre les Entrepreneurs de Bâtimens , leurs fourniſſeurs , les Compagnons & les Ouvriers, &c. Elle confirme la nomination de leurs Syndics.

La Police des Bâtimens & ouvrages de Maçonnerie se fait toutes les semaines ; celle des Plâtres tous les mois, par des Commissaires nommés par le Président parmi les Jurés & Entrepreneurs, dont les Procès-verbaux sont rapportés à l'Audience qui se tient tous les Vendredis. Il y a aussi Audience tous les Lundis pour les causes particulieres.

Conseil Souverain de Bouillon. Il se tient à l'Hôtel de Bouillon, quai des Théatins. Il connoît de l'admission des Requêtes en révision & cassation des Arrêts de la Cour Souveraine de Bouillon. Si les Requêtes sont admises, le Conseil procede aux révisions & cassations.

Le Châtelet. C'est le lieu où la Prévôté & Vicomté de Paris tient ses Séances. Il renferme plusieurs Siéges de Justice où l'on plaide ordinairement en premiere instance, à l'exception du Lundi.

M. le Prévôt de la Ville, Prévôté & Vicomté de Paris, M. le Lieutenant Civil, M. le Lieutenant-Général de Police, M. le Lieutenant Criminel & deux Lieutenans Particuliers sont à la tête de cette Jurisdiction. Les Conseillers sont au nombre de soixante.

M. le Prévôt de Paris vient, quant il le juge à propos, aux Audiences, & y prend la premiere place : il a le droit aussi d'aller dans toutes les Chambres quand il lui plaît.

M. le Lieutenant Civil tient seul les Audiences de la Chambre Civile les Mercredis & Samedis à l'issue de celle du Parc Civil.

M. le Lieutenant de Police tient seul l'Audience de Police les Vendredis & même quelquefois les Mardis de relevée.

M. le Lieutenant Criminel tient seul l'Audience du Criminel les Mardis & Vendredis.

MM. les Gens du Roi sont de service à toutes ces Chambres.

JURISDICTION des Auditeurs. Le Juge tient son Siége dans une des Salles du Châtelet, & connoît des causes de 50 livres & au-dessous.

JURISDICTION & Bureau de l'Hôtel-de-Ville. L'origine de cette Jurisdiction remonte à la plus haute antiquité : les Romains, avant la conquête des Gaulois, la trouverent établie chez ces Peuples : ils la conserverent. Nos Rois firent plus , ils la confirmerent : elle étoit originairement divisée en deux administrations différentes & également anciennes; l'une la Prévoté de la marchandise de l'eau ; l'autre, l'Echevinage ou Corps Municipal de Paris.

Cette Jurisdiction est aujourd'hui composée du Prévôt des Marchands, de quatre Echevins, d'un Procureur du Roi, d'un Avocat du Roi, d'un Substitut & un Greffier.

M. le Prévôt des Marchands est nommé par le Roi ; sa Commission est pour deux ans ; mais ordinairement il est renouvellé suivant la volonté du Roi, tous les ans le jour de St Roch.

La Caisse est ouverte à l'Hôtel-de-Ville les Vendredis & Samedis matin.

C'est au Bureau des Rentes du Domaine à l'Hôtel-de-Ville, que doivent être remis les faisies-arrêt , oppositions, &c., pour y être visées, à peine de nullité.

JURISDICTION du Grenier à Sel, établie rue des Orfévres, entre la Chapelle des Orfévres & le Grenier à Sel.

Les Audiences se donnent tous les Lundis, Mercredis & Samedis de l'année, jusqu'au premier Octobre, & encore tous les Jeudis depuis le premier Octobre jusqu'au premier Février.

Les mêmes jours on fait la distribution du Sel au Public de la maniere suivante.

Les Mercredis & Samedis , les quarts de minots ; les autres jours d'ouvertures, les minots & demi-minots.

JURISDICTION Consulaire. L'élection annuelle des Juges & Consuls se fait le 28 Janvier. Les Audiences se donnent les Lundis , Mercredis & Vendredis du matin & de relevée. Elle est érigée par Edit du Roi Charles IX, donné à Paris au mois de Novembre 1503 (1) Le Juge est choisi dans le Collége des anciens Consuls ; & MM. les Consuls sont tirés de six Corps des Marchands de Paris.

La Maison *des Consuls* est située Cloîte St-Mery. On a placé au-dessus de la porte une Figure en Marbre de Louis XIII , par *Simon Guillain.* Dans la Salle d'Audience on voit le Jugement de Salomon ; Charles IX remettant aux Juges & Consuls leur Edit de création, par *Porbus ;* le Portrait de Louis XV, en pied, dont ce Prince leur a fait présent en 1758. La

____

(1) On assure que ce fut après avoir vu renvoyer hors de Cour deux Marchands qui plaidoient depuis dix ans au Parlement.

Salle du Conseil est décorée du Buste de Louis XVI, soutenu par la Justice ; Tableau de la *Grenée le jeune*, Peintre du Roi.

Bailliage de l'Artillerie de France. Il se tient dans l'Arsenal, Cour de la Fonderie : les Audiences s'y tiennent le Lundi de relevée.

Bailliage & Capitainerie de Vincennes. Monseigneur le Duc d'Orléans en est le premier Capitaine.

Bailliage & Capitainerie Royale des Chasses de la Varenne des Tuileries. Les audiences se tiennent aux Tuileries les Lundis à dix heures du matin.

Bailliage & Capitainerie Royale des Chasses de la Varenne du Louvre, grande Venerie & Fauconnerie de France. Les Audiences se tiennent au Louvre de quinzaine en quinzaine.

La compétence de ces Bailliages & Capitaineries, s'étend tant au Civil qu'au Criminel, contre les coupables & délinquants, dans l'étendue de leur Jurisdiction.

IMPRIMERIE ROYALE.

Elle est plus ancienne que celle du Vatican ; c'est à Louis XIII qu'on doit l'état de splendeur où elle est aujourd'hui. Elle est située dans les galeries du Louvre. On y imprime tous les ouvrages que le Gouvernement protege. Elle est dirigée par M. Anisson du Perron.

INCENDIES.

Les Pompiers, répartis dans 18 Corps-de-Gardes placés dans différens quartiers de cette Ville, portent, jour & nuit & au premier avis, les secours nécessaires. On trouve encore 14 dépôts de Pompes où logent au moins deux gardes pompes ; plus, 11 dépôts de voitures d'eau toujours pleines & prêtes à être attelées.

Le dépôt général est rue de la Juslienne, chez M. *Morat*, Chevalier de l'Ordre du Roi.

INGÉNIEURS-GÉOGRAPHES.

Nous avons indiqué à son article les Cours de Géographie, & nous ne faisons celui-ci que pour relever une faute un peu grossiere qu'a commis l'Auteur *du Voyageur à Paris* : il assure qu'il y a dans cette Ville un grand nombre d'habiles Professeurs de Géographie ; je ne veux pas le contredire en cela. Pour le prouver il cite M. *Delisle*, qui est mort il y a plus de quarante ans ; M. *Sanson*, qui est du siécle dernier. Mais ce n'est là qu'un anachronisme ; il donne avec complaisance le titre d'*habiles Professeurs* à des Marchands qui vendent indifféremment les Images de St Labre, les Atlas de Danville, & des Cartes enluminées. Ces Marchands prennent à la vérité le titre d'Ingénieurs-Géographes par un abus aussi ridicule qu'un Libraite qui prendroit le titre d'auteur des ouvrages qu'il vend ; c'est tout comme si l'on disoit *Marc-Michel-Rei* est un grand Philosophe, *Jombert* un habile Mathématicien, & *Mequignon* un grand Médecin, parce qu'ils vendent des livres de Philosophie, de Mathématique & de Médecine.

INNOCENTS (*Eglise des SS.*)

Cette Eglise, très-ancienne, subsistoit sous le regne de Louis le jeune. Elle fut bâtie à neuf en 1445 par *Denis Dumoulin*, Patriarche d'An

Q 5

tioche & Evêque de Paris. Louis XI y fonda quelque tems après six enfans de chœur pour y faire le service en musique ; ce qui s'exécute encore aujourd'hui.

Une Figure de Bronze, grande comme Nature, adossée à un des piliers de la Chapelle de la Vierge, représente *Aliz Burgotte, Recluse* (1), décédée en 1466 & inhumée dans cette Eglise. Cette Figure étoit placée horisontalement, comme elle doit être, sur un marbre noir, soutenu par quatre lions : ce Tombeau lui avoit été dressé par Louis XI.

Sur le Maître-Autel est le Massacre des Innocens, par *Michel Corneille.*

Le Cimetiere, qui étoit celui de plusieurs Paroisses voisines, renferme différens objets de curiosité. Dans une petite armoire à l'entrée est un chef-d'œuvre de *Germain Pilon* : c'est un Squelette humain d'albâtre : le bras gauche est cassé, il ne reste que la main, qui contient un rouleau où sont écrits quelques caractères gothiques indéchiffrables.

On y voit une Croix de pierre sur laquelle *Jean Gougeon* a exprimé le triomphe du St Sacrement en quatre bas-reliefs, & au-dessus les Peres de l'Eglise.

______

(1) On appelloit *Recluses*, des filles ou des veuves qui se faisoient bâtir une petite chambre joignant le mur de quelqu'Eglise. La cérémonie de leur *Reclusion* se faisoit avec grand appareil ; l'Eglise étoit tapissée ; l'Evêque célébroit la Messe Pontificalement, prêchoit & alloit ensuite lui même sceller la porte de la petite chambre, après l'avoir bien aspergée d'eau bénite ; on n'y laissoit qu'une petite fenêtre par où la *pieuse Solitaire* entendoit l'Office divin, & recevoit les choses nécessaires à la vie. (*Essais Hist. sur Paris, &c.*)

Ce Cimetiere eſt entouré des quatre côtés d'autant de corridors voûtés groſſierement. Au milieu eſt une Tour qui a fort exercé l'imagination des Antiquaires : on eſt fort incertain ſur ſa deſtination : ce ne peut être qu'un fanal pour éclairer les caravanes de Marchands. J'en ai vu de ſemblables en différents endroits du Royaume , également placés au milieu des cimetieres , ſans doute afin d'être protégés par leur clôture.

C'eſt dans ce Cimetiere qu'eſt enterré un jeune enfant nommé *Richard* , qui fut , en 1179 , crucifié par les Juifs à Pontoiſe.

Sous le corridor du côté droit en entrant par la porte qui donne dans la rue St-Denis , eſt , ſelon quelques Auteurs , le Tombeau de *Nicolas Flamel ;* mais il eſt prouvé que cet Alchimiſte eſt enterré dans l'Egliſe de St-Jacques-de-la-Boucherie. *Voyez cet article page 342.*

Suivant Gilles Corozet on liſoit de ſon temps dans ce Cimetiere cette Epitaphe gravée ſur une plaque de Cuivre.

*Cy giſt Iollande Bailly qui trépaſſa l'an 1514 la 88*ᵉ*. année de ſon âge , la 42*ᶜ*. de ſon veuvage , laquelle a vu ou pu voir , devant ſon trépas deux cents quatre-vingt-treize enfans iſſus d'elle.*

Parmi la multitude de perſonnes enterrées dans ce Cimetiere nous citerons. *Jean Boulanger* , premier Préſident du Parlement de Paris , mort le 21 Février 1482.

Nicolas le Fevre ; il fut Précepteur de Henri de Bourbon, Prince de Condé , puis de Louis XIII. Il cultiva paiſiblement les Lettres au milieu des troubles du fanatisme, & mourut l'an 1612.

François-Eudes de Mezerai, un de nos plus célebres Historiographes, mort le 10 Juillet 1683, âgé de 73 ans ; son cœur est dans l'Eglise des Carmes de la rue des Billettes.

Les Evêques & les Curés de Paris prenoient des droits considérables pour enterrer dans ce Cimetiere, & ils excommunioient le mort, que sa famille, faute d'argent, étoit obligée d'enterrer dans les champs. On lit dans le Journal sous le règne de Charles VI & de Charles VII, année 1440, *que pendant quatre mois dans le Cimetiere des Innocents, on n'enterra ni petits ni grands, & qu'on n'y fit recommandation pour personne, parce que Maître des Moulins, Evêque de Paris, en vouloit avoir trop grande somme d'argent.*

Par Arrêt du Parlement du 7 Juin 1765, il est défendu d'enterrer dans ce Cimetiere. Cet usage, si nuisible à la santé des Citoyens, est enfin détruit malgré les représentations de MM. les Curés de Paris.

INSTITUTION DE L'ORATOIRE.

Cette Maison, située rue & hors la barriere d'Enfer, a été fondée en 1650, par *Nicolas Pinette*, Trésorier de Gaston de France, Duc d'Orléans, frere de Louis XIII. Elle sert de Noviciat à la Congrégation des Prêtres de l'Oratoire. Au-dessus de la porte de l'Eglise, est le grand Tableau de l'*Ecce Homo* que *Charles Coypel* avoit fait pour l'Oratoire de la rue St-Honoré. L'ordonnance & l'exécution de ce grand morceau de peinture est digne de la curiosité des connoisseurs.

Le Tableau du Maître-Autel eft une Préfentation, par *Simon François de Tours*.

Dans la Chapelle de la Vierge, eft un Monument de marbre, érigé en 1661, à la mémoire du *Cardinal Bérule*, dont la figure eft repréfentée à genoux, & au-deffous de laquelle eft une Urne qui renferme fon bras droit. Ce Maufolée eft de *Jacques Sarrafin*. Sur l'Autel eft un Tableau de *le Brun* très-eftimé.

INVALIDES. (*Hôtel Royal des*)

Ce fut dans un temps de guerre, l'an 1671, que Louis XIV, jaloux d'une gloire plus folide que celle des conquêtes, entreprit de fonder ce magnifique & vafte Monument, pour fervir de retraite à fes braves ferviteurs. On devoit cet afyle à la veilleffe de ces Guerriers, dont le fang avoit coulé pour le falut & l'honneur de l'Etat. Ce grand Roi, preffé par fon cœur & fa juftice, en fentit toute la néceffité. Huit années fuffirent à la perfection de cet immenfe édifice, qui réunit le caractere mâle de fon fujet, à celui de la magnificence de fon fondateur.

Libéral Bruant, le 30 Novembre 1671, jetta les premiers fondemens de cet Hôtel, qui eft compofé de cinq Cours d'une même forme, environnées de bâtimens. Celle du milieu, auffi grande que toutes les autres enfemble, eft appellée la *Cour Royale*.

Une vafte Efplanade plantée d'arbres, une Cour extérieure, entourée de foffés revêtus de maçonnerie où l'on voit des mortiers à bombes & plufieurs canons de différens calibres, montés fur leurs affuts, forment la perfpective du côté de la riviere, & conduifent à la principale façade qui présente un grand corps de 200 toises d'étendue, au milieu duquel est une porte Royale, accompagnée des figures colossales de Mars & de Minerve, par *Coustou le jeune*, qui a sculpté aussi la tête d'Hercule à la clef du ceintre.

Au-dessus, dans une portion ceintrée, Louis XIV est représenté à cheval, accompagné des figures en demi-relief, de la Justice & de la Prudence, assises aux angles du Piedestal.

Cette porte mene à la Cour Royale, dont les bâtimens qui la forment sont décorés d'arcades l'une sur l'autre, qui éclairent des galeries régnantes tout autour.

De cette Cour on entre dans l'Eglise : elle est décorée d'ordre Corinthien, & son plan a la forme d'une croix Grecque. La Chaire du Prédicateur, sculptée par *Vassé*, est d'une menuiserie dorée sur un fond blanc. L'abat-voix, supporté par deux palmiers, a pour comble une couronne de France, que soutiennent des Chérubins.

L'Autel est magnifiquement décoré de six colonnes torses, groupées trois à trois, & entourées d'épis de bled, de pampre & de feuillage, qui portent quatre faisceaux de palmes qui se réunissant, soutiennent un Baldaquin terminé par un Globe surmonté d'une Croix. Les Figures d'amortissement & les autres ornemens sont de *Vancleve* & de *Coustou l'aîné*.

Dans les embrasures des fenêtres, *Louis de Boullongne*, à gauche en entrant par la campagne, & *Bon Boullongne* à droite, ont peints plusieurs groupes d'Anges qui font des Concerts.

(375)

Le Dôme forme une Eglife nouvelle, où les Soldats n'entrent point ordinairement. Autour de fon plan circulaire, font fix Chapelles, dont la premiere du côté de l'Evangile, eft celle de *St-Grégoire*. Au-deffus de la porte eft un Bas-relief de *le Gros*, repréfentant St Louis qui donne à manger aux pauvres. Sur l'Autel eft la figure de St Grégoire en marbre, par M. *le Moine*. Sur les côtés, font Ste Emilienne fa tante, par M. *d'Huez*, & Ste Silvie fa mere, par M. *Caffiery*. Les Peintures de cette Chapelle, relatives à la vie de St Grégoire, faites par *Michel Corneille*, avoient été entierement dégradées par l'humidité ou par quelqu'autres caufes; elles ont été repeintes par M. *Doyen*, après la mort de Carle Vanloo, qui s'en étoit chargé. Au-deffous des fenêtres, on a placé des groupes d'Anges dorés, de *Couftou l'aîné*.

Dans la *Chapelle de la Vierge*, eft fa Statue en marbre, par M. *Pigal. Couftou* & *Poirier* ont fculpté les deux Anges qui font en adoration. Le Bas-relief qui eft fur la porte, eft de *Vancleve*.

La *Chapelle de St-Jérôme* eft peinte par *Boullongne l'aîné*. Les peintures repréfentent les différens traits de la vie de ce Saint. Les deux Bas-reliefs dorés, fous les fenêtres de cette Chapelle, font de *Couftou l'aîné*. La Figure en marbre de St Jérôme eft d'*Adam l'aîné*, celle de Ste Paule eft de *Granier*, & celle de Ste Euftochée, fa fille, a été faite par *de Dieu*. Ces figures, qui ne font que des modeles, doivent être exécutées en marbre. Le Bas-relief, placé fur la porte du dehors de cette Chapelle, eft de *l'Espingola*. Les Anges au-deffus de la porte du côté de la campagne, tant en dedans qu'en dehors, font de *Vancleve*.

Dans la *Chapelle de St-Auguftin*, eft un St-Louis, fur la porte en dehors, qui reçoit l'Extrême-Onction, par *Vancleve*. Les peintures font de *Boullongne le jeune*. La Statue de St Auguftin, placée fur l'Autel, eft de marbre, & a été fculptée par *Pajou*; St Alipe eft de *Maziere*, & Ste Monique de *François*.

Dans la *Chapelle de Ste-Thérefe*, on voit la figure en marbre de cette Sainte, par *le Moyne*. Les deux Anges font, l'un de *le Moyne*, & l'autre de *la Pierre*.

La *Chapelle de St-Ambroife* eft peinte par *Boullongne l'aîné*. Le Bas-relief qui eft fur la porte eft de *Slodtz*, ainfi que la figure de St-Ambroife. *Bertrand* a fculpté celle de St Satyre, & *le Pautre*, celle de Ste Marcelline.

Le Dôme a 50 pieds de diamètre; le pavé eft en compartiment de différens marbres très-précieux : en fe plaçant au centre, on jouit d'un fuperbe fpectacle; on voit parfaitement les peintures de la Coupole, qui repréfentent la gloire des Bienheureux dans le Ciel; elles font l'ouvrage de *Charles de la Foffe*. Cette Coupole eft éclairée par des fenêtres que l'obfervateur ne peut appercevoir.

Les grands Tableaux, peints à frefque par *Jouvenet*, repréfentent les Apôtres accompagnés de groupes d'Anges.

Autour du Dôme font douze grands Médaillons qui offrent les portraits de douze Rois de France.

Dans les pendentifs du Dôme, on voit quatre grands Tableaux où *la Fosse* a peint à fresque les Evangélistes.

Toute l'Architecture du Dôme qu'on appelle la nouvelle Eglise, est du Dessin de *Jules-Hardouin Mansard*. Le Portail qui est du côté de la campagne, a 30 toises d'étendue ; l'élévation du Dôme, depuis le rez-de-chaussée jusqu'à sa plus grande hauteur, est de 300 pieds : cette façade est composée des ordres Dorique & Corinthien, & d'un Attique au-dessus, qui est décoré de plusieurs figures : les deux principales, qui ont près de 11 pieds de haut, sont, l'une, St Louis, modelée par *Girardon*, & sculptée par *Coustou l'aîné* ; l'autre St Charlemagne, par *Coyzevox*, qui a fait aussi les quatre Vertus couchées, savoir la Justice, la Tempérance, la Prudence & la Force.

Les groupes posés sur la balustrade, sont les huit Peres des Eglises Grecque & Latine.

L'extérieur du Dôme est décoré de quarante colonnes Composites ; il a le caractere de l'élégance. La beauté de son ordonnance, sa décoration, & sur-tout les parties de l'ensemble qui concourent à la forme pyramidale, en font un chef-d'œuvre d'Architecture.

Les quatre Réfectoires, ornés de grands Tableaux à fresque par *Martin*, qui représentent différentes villes & places fortifiées, méritent l'observation des curieux. Un de ces Réfectoires renferme six grands Tableaux de *Parrocel le pere*.

Rien n'est plus intéressant, rien n'inspire davantage des sentimens de vénération, que la vue de ces antiques défenseurs de la patrie ;

ſoit qu'on les trouve au pied des Autels, ſoit qu'à l'ombre des arbres qui entourent leur aſyle, ils ſe plaiſent, au ſein du repos, à faire les récits des combats, des ſiéges où ils ont reçu telle bleſſure, couru tels dangers, & laiſſés tels membres : leur mémoire eſt leur plus douce jouiſſance.

» Ce qu'il y a de touchant, dit M. Mer- » cier, c'eſt de voir ceux qui ne peuvent plus » porter des alimens à leur bouche, être ſervis » par des mains officieuſes & journalieres. Ces » triſtes reſtes de la fureur inſenſée des batailles; » ces corps, ſelon l'expreſſion d'un Poète, *dont* » *le tombeau poſſede la moitié*, ne peuvent plus » accuſer la Patrie d'une criminelle indifférence«.

Lorſque le Roi entre aux Invalides, ſa garde eſt ſans fonction. Louis XIV alloit viſiter cet Hôtel; les vieux Militaires s'empreſſoient au-tour du Monarque leur bienfaiteur, & pour qui ils avoient tant de fois expoſé leurs vies dans les combats. Les Gardes du Roi les re-pouſſerent un peu bruſquement; le Roi les reprit, & déclara qu'il étoit en ſûreté au mi-lieu de ſes anciens ſerviteurs (1).

Isles.

Isle St-Louis. On ne commença qu'en 1614 à y bâtir des maiſons, & à la joindre à une Iſle appellée *la petite Iſle aux Vaches*, dont elle avoit été juſqu'alors ſéparée par un

______

(1) Pierre le-Grand étant à Paris, alla voir dîner les Invalides. Il prit lui-même ſur une table un demi-ſeptier de vin, qu'il but militairement à la ſanté de ſes camarades.

canal de la riviere, à l'endroit où eſt aujour-
d'hui l'Egliſe St-Louis ; les Ponts Marie & de
la Tournelle ne furent achevés qu'en 1635.
(*Eſſais Hiſt. ſur Paris.*)

Isle Louvier. Cette Iſle eſt un vaſte chantier
couvert de bois. En 1549, les Prevôts & Echevins de Paris y firent conſtruire un fort, pour
donner à Henri II le ſpectacle d'un combat
naval & d'un ſiége.

Isle des Cignes, & par corruption *Iſle Ma-
querelle,* ſituée au bout de la Grenouilliere &
au bout du Gros Caillou : elle ſert de chantier.

Isle du Palais, ou *la Cité.* Elle comprend
l'ancienne Cité de Paris, & de plus deux Iſles
qui y ont été réunies, lors de la conſtruction
du Pont-Neuf. La plus grande de ces Iſles s'appelloit l'*Iſle aux Treilles,* & l'autre l'*Iſle de
Buci,* ou *du Paſteur aux Vaches.*

LANDIT. (le)

C'eſt une fête très-ancienne, que célebrent
encore aujourd'hui les Ecoliers de l'Univerſité.
On diſoit autrefois *Indictum,* puis *l'Indict,*
l'Endict, enfin *Landit.* Ce mot, *indictum,*
ſignifioit un lieu où l'on s'aſſembloit, par ordre
ou par permiſſion du Prince. Le bois de la vraie
Croix étant nouvellement arrivé en France,
excitoit ſingulierement la curioſité des fidelles ;
l'Evêque de Paris établit en conſéquence un
Indict annuel dans la plaine de St-Denis, où les
Chrétiens pourroient, à leur aiſe, ſatisfaire leur
dévotion & leur curioſité. Le peuple y alloit en
foule. L'Univerſité s'y tranſporta ; le beſoin de
manger & de s'y rafraîchir, y attira des
Marchands ; leur nombre s'accrut inſenſiblement.

Enfin il s'y forma une Foire qui dura plusieurs jours & devint très-fameuse. Le Recteur de l'Université y venoit faire sa provision de parchemin, fort en usage dans ce temps, & fort commun à cette Foire ; les Etudians voulurent escorter leur Recteur ; ce fut pour eux une fête, une partie de plaisir, qui causa souvent à cette jeunesse impétueuse, des évenemens & des désordres que le Ministere public fut obligé de prévenir plusieurs fois. La liberté, le vin, la jeunesse, introduisoient, non pas seulement les querelles & l'indocilité, mais encore le libertinage ; on vit souvent des filles & des femmes en habit de garçons se mêler parmi la troupe des Ecoliers, & participer à leurs plaisirs. On transféra la Foire à la ville de St-Denis, & la foule fut moins grande. Les Ecoliers ont encore un jour de congé le Lundi après la St-Barnabé, sous le nom du *Landit*. Ils passent ce jour en courses & en plaisirs qui se rapprochent peut-être un peu trop de l'ancienne licence.

LANDRY, en la Cité. (*Saint*)

Cette Eglise Paroissiale est du nombre de celles dont l'origine se perd dans l'obscurité des temps. On sait seulement qu'il y avoit une petite Chapelle où St Landry, Evêque de Paris, alloit souvent faire ses prieres. Ce Saint Evêque mourut l'an 660, & l'on conserve avec beaucoup de respect, un os de son doigt & de son cou.

Dans le bas-côté de l'Epître, est un Monument où le Chancelier *Boucherat*, mort en 1686, ne fut pas enterré, quoiqu'il l'eût fait élever exprès cinq ans avant de mourir.

Du même côté, on voit le Tombeau que *Girardon* fit sculpter, d'après ses Desseins, par *Nourisson* & *le Lorrain*, ses éleves, pour y renfermer les cendres de son épouse & les siennes. Ce Monument, composé de plusieurs figures, ne répond pas aux grands talens de celui qui l'a dessiné & qui y repose. Ce célebre Sculpteur, *François Girardon*, étoit né à Troyes en Champagne. Il n'enfantoit que des chef-d'œuvres. La Statue équestre de Louis-le-Grand & le Tombeau du Cardinal de Richelieu (1), sont des productions de ses talens. Il mourut en 1715.

A côté de la grande porte de l'Eglise est une Chapelle où l'on voit les plus beaux Fonds-Baptismaux qu'il y ait à Paris. C'est un grand bloc de Porphire parfaitement bien mis en œuvre, & dont les charnieres & autres ornemens, sont de bronze doré d'or moulu C'est l'ouvrage de M. *la Pierre*, & c'est un don fait en 1705 par M. *Garçon*, Curé de cette Eglise.

LANTERNES ou REVERBERES.

Paris & ses Fauxbourgs, ainsi que le chemin de cette Ville à Versailles, sont tous illuminés pendant la nuit par les Reverbères, que l'on a substitués aux Lanternes.

LAURENT. (Saint)

En 543 c'étoit un Monastere dont St Dom-

---

(1) Un Anglois, le Lord Sranhope, ravi d'admiration à la vue de ce chef-d'œuvre, court chez Girardon, & jette sur sa table une bourse de cent louis, qu'il le prie d'accepter, comme une foible marque de sa satisfaction & de son estime,

nole, Evêque du Mans étoit Abbé. Cette Eglise fut érigée en Paroiſſe ſous le regne de Philippe Auguſte l'an 1220. Elle fut enſuite rebâtie en 1429 par *Jacques du Chaſtelier*, Evêque de Paris : on la rebâtit preſque entietement en 1595 : la grande porte n'a été élevée qu'en 1622.

Le Maître-Autel eſt du Deſſin de *le Pautre.* Tous les ornemens de Sculpture, le Chriſt qui ſort du Tombeau, les deux Anges qui l'accompagnent, & les deux autres placés ſur le fronton, ſont de *Guerin*, ainſi que le Crucifix qui eſt au-deſſus de la porte du Chœur, & la Statue de Ste Appoline dans la Chapelle de ce nom qui eſt la ſeconde à droite dans la Nef.

La décoration du Chœur & la Chapelle de la Vierge, ont été faits d'après les Deſſins de *François Blondel.*

La Chapelle des Fonds, élevée depuis peu d'année, eſt ornée de Tableaux modernes, de Pilaſtres & Sculptures.

L A Z A R E. (*Saint*)

L'origine de cette Maiſon eſt très-douteuſe ; ce fut un Hopital de lépreux juſqu'à la fin du XVIe. ſiècle. Pour en bannir le déſordre qui s'y étoit établi, ainſi que dans preſque toutes les Communautés Religieuſes, on réſolut de donner au reſpectable *Vincent de Paule*, & à la Congrégation qu'il avoit inſtituée en 1625, la Maiſon & l'Hopital de St-Lazare, dont Adrien *le Bon*, Chanoine régulier de St Auguſtin, étoit pour lors Prieur. Le Concordat entre M. *le Bon* & ſes Religieux, d'une part ; M. *Vincent* & ſes Prêtres de la Miſſion, de l'autre part, fut ſigné le 7 Janvier 1632.

Cette Maison prit une nouvelle forme, la vertu, le zèle charitable du sage Vincent de Paule régénéra cette Communauté, qui devint enfin le chef-lieu de la Congrégation de la Mission, & la résidence du Supérieur-Général.

L'enclos de cette Maison est immense ; c'est le plus grand qu'il y ait Paris & dans les Faux-bourgs. L'Eglise gothique, seul reste de l'ancienne Communauté, est trop petite. Aussi-tôt que M. Vincent de Paule fut béatifié, elle fut décorée de plusieurs Tableaux qui représentent les principales actions de sa vie. Le *Frere André*, Jacobin de la Maison du Noviciat, a peint celui où St Vincent de Paule prêche les Pauvres de l'Hopital du Nom de Jésus qu'il avoit établi, ainsi que le plus grand de ces Tableaux qui est dans la Nef, & qui représente l'apothéose de ce Saint donnant sa bénédiction aux Supérieurs-Généraux qui lui ont succédé dans cette Congrégation : dans le fond du Tableau on voit les Sœurs de la Charité dont ce Saint Grand Homme a été aussi l'instituteur ; elles ont à leur tête Madame *le Gras*, qui coopéra à l'établissement de ces filles, & qui en fut la premiere Supérieure. Les Tableaux qui représentent une Prédication, la Mort de Louis XIII, le Conseil de Conscience d'Anne d'Autriche & l'Assemblée du Clergé sont par *de Troy fils. Galloche* a peint l'Institution des Enfans trouvés, *Feret* la Présentation que fait St Vincent à Dieu des Prêtres de sa Congrégation, & *Restout* celui qui représente le B. H. Vincent de Paule, donné pour Supérieur aux Dames de la Visitation par St François-de-Sales. Le Corps de

Vincent de Paule fut mis après fa béatification, dans une Châffe d'argent qui eft placée fur l'Autel de la Chapelle St-Lazare.

L E U   E T   St   G I L L E S. *(Saint)*

Cette Eglife Paroiffiale, fituée rue St-Denis, ne fut dans fon principe qu'une Chapelle fuccurfale, que l'Abbé & les Moines de St-Magloire permirent de bâtir en 1215 ; en 1617 elle fut érigée en Paroiffe & fut réparée à différentes époques, notamment en 1727, que l'intérieur fut prefqu'entierement changé.

Les 8 & 10 Octobre de cette même année, la Charpente du Clocher de l'Horloge fut tranfportée en entier d'une tour, qui menaçoit ruine, à une autre tour nouvellement bâtie. L'efpace qui féparoit ces deux Tours étoit de 24 pieds. Cette opération fut exécutée avec le plus grand fuccès par *Guillaume Guerin l'aîné*, habile Charpentier.

Au-deffus du Maître-Autel de cette Eglife eft un Tableau d'onze pieds de hauteur qui repréfente la Cène. C'eft le chef-d'œuvre de *François Porbus*. Pour en faire l'éloge en peu de mots il fuffit de rapporter que *le Pouffin* le trouvoit un des plus beaux Tableaux qu'il eût vu.

Le chœur offre deux ouvrages d'*Oudry*, une Nativité & un St Gilles en habit de Bénédictin. On voit auffi une Réfurrection de *Berlin*, & le Vœu de Louis XV, qui y eft repréfenté dans fon enfance au milieu de toute fa Cour entre le Régent d'un côté & Madame de Ventadour, fa Gouvernante, de l'autre. Il eft peint par *Juftinar.*

Aux

(385)

Aux deux petits Autels près de la grille du Chœur sont une Annonciation & une Samaritaine par *Reſtout*.

Dans une Chapelle au côté droit du Chœur est un Tombeau de marbre blanc derriere lequel s'éleve une Pyramide de marbre jaſpé, terminée par une Urne de Marbre blanc ; il est compoſé de deux Génies, dont l'un tient le portrait de la perſonne enſevelie, l'autre montre l'Eternité avec le doigt. Au-deſſus est un très-beau Bas relief (1) : c'eſt le Mauſolée de *Marie Deſlandes*, femme du Préſident *Chrétien de Lamoignon*. Il a été ſculpté par le célebre *Girardon*, & l'Epitaphe compoſée par ſon fils, *Guillaume de Lamoignon*, Premier Préſident du Parlement de Paris.

Sur l'Autel d'une Chapelle derriere l'Œuvre, est une Fraction de Pain dans le Repas des Pélerins d'Emmaüs, dont on ignore le Peintre. On a voulu voler ce Tableau, depuis ce temps il est enfermé ſous des volets.

L I B R A I R E S.

Les Libraires & Imprimeurs font partie du Corps de l'Univerſité, & jouiſſent de leurs anciens priviléges.

Pour être admis à faire apprentiſſage afin de parvenir à la Maîtriſe, il faut être *congru en*

______

(1) Le ſujet de ce Bas relief eſt intéreſſant, il repréſente l'action des pauvres de la Paroiſſe, qui voyant le corps de cette Dame expoſé dans cette Egliſe pour être enſuite tranſporté dans celle des Récollets, ne voulurent pas que des reſtes auſſi précieux leur fuſſent enlevés ; ils creuſerent eux-mêmes la foſſe & l'enterrerent pendant que le Clergé & les parens étoient allés dîner.

langue Latine & favoir lire le Grec, & en
préfenter un certificat de l'Univerfité.

LOTERIES.

La Loterie Royale de France, celle des Enfans trouvés & celle de Piété, font les trois
feules Loteries que le Roi ait confervées par fon
Edit du 30 Juin 1776. Le tirage de ces Loteries
eft un objet de curiofité : la Loterie Royale
de France fe tire à l'Hôtel de la Compagnie des
Indes, rue Neuve-des Petits-Champs. Cette
opération intéreffe par la maniere fcrupuleufe-
ment évidente avec laquelle on démontre au
Public l'impoffibilité phyfique de le tromper (1).

LOUIS DU LOUVRE. (Saint)

La voûte de cette Eglife menaçoit ruine. En
1738 le Chapitre obtint du Roi la fomme de
50,000 écus pour la reconftruire. On fe retira
dans le bas de l'Eglife pour y célébrer l'Office
Divin. L'édifice étoit commencé, lorfque tout-
à-coup le 15 Septembre 1739 , fur les onze du
matin , dans le moment que les Chanoines
s'affembloient pour tenir Chapitre, ce qui
reftoit de l'Eglife s'écroule avec fracas, écrafe

____

(1) Les Génois, pour maudire quelqu'un employent
une imprécation qui eft une critiqu réfléchie des Loteries,
& qui montre le danger même d'y gagner de foibles
lots : *Che tu pofci guadagnar' un ambeto !Puiffes-tu gagner
un petit ambe!* Celui qui a gagné un lot, eft fûr d'entendre
à fa porte les fanfares , des tambours & des fifres. Ce
charlatanifme ne doit être attribué qu'aux Méneftriers,
très exacts à faire cette politeffe, parce qu'ils en font
toujours graffement payés ; cependant je crois que fi
l'on alloit battre du tambour à la porte de tous ceux
qui fe font ruinés à ce jeu, on verroit bien moins
d'amateurs.

8 Chanoines; deux près de la porte échappent à la mort en fuyant & sauvent un troisieme, qui entroit, en le poussant dehors.

Ce Chapitre écrasé avoit le titre de *St-Thomas-du-Louvre*; on en érigea un nouveau sous celui de *St-Louis-du-Louvre*.

Le célebre *Germain*, Orfévre du Roi, a fourni les Dessins de cette Eglise. Le Bas relief qui est au-dessus de la porte est de *Pigal*.

Le principal Autel est du Dessin & de l'exécution de *Fremin*. On voit dans le Chœur trois Tableaux de *Charles Coypel*.

Sur un Autel à gauche est un St-Nicolas peint par *Galloche*, & vis-à-vis est le Martyre de St Thomas, archevêque de Cantorbery, par M. *Pierre*.

C'est dans cette Eglise qu'on voit le Mausolée du Cardinal de Fleury. Ce Prélat y paroît étendu sur un Tombeau prêt à rendre les derniers soupirs entre les bras de la Religion. L'Espérance & la France personifiées caractérisent ce Monument qui est de M. *le Moyne*.

La Chapelle en face a pour Tableau un Bas-relief qui représente l'Annonciation, aussi de M. *le Moyne*.

Dans la Chapelle des Fonds est le Baptême de N. S., par *Restout*. Vis-à-vis on voit la Magdeleine dans le Désert; Tableau précieux & galant de *Carle Vanloo*.

LOUIS EN LISLE. (Saint)

Elle est la seule Eglise qu'il y ait dans cette Isle. C'étoit d'abord une petite Chapelle qui fut érigée en Paroisse en 1623. En 1664 on en reconstruisit une nouvelle avec la somme de 30,000 livres qu'avoit léguée pour cet objet *Jean-Baptiste Lambert.*

Les deux Chapelles de la Croisée sont ornées chacune d'une Statue ; l'une est Ste Genevieve, l'autre est une Vierge, par *la Datte.*

Dans la Chapelle de la Communion, est un Tableau de Jésus chez Marthe & Madeleine (1).

Philippe Quinault, Auditeur des Comptes, l'un des quarante de l'Académie Françoise, fut inhumé dans cette Eglise sans Epitaphe. *Boileau*, trop froid pour sentir tout le talent de cet Auteur, le ridiculisa. La postérité a rendu justice à l'harmonieux, au tendre, au délicat Quinault, il est encore aujourd'hui le Prince de la Poésie lyrique.

Louis, (Saint) ou Eglise des ci-devant soi-disant Jésuites.

C'étoit l'ancienne *Maison Professe* des soi-disant Jésuites; elle est aujourd'hui desservie par les Chanoines Réguliers de Sainte Genevieve, autrement dits de la culture de Sainte Catherine.

L'Eglise fut élevée sur les Desseins du *Pere Derrand.* Le Maître Autel construit à la Romaine, porte six grands Chandeliers & une Croix de bronze doré. Dans une Chapelle à côté est déposé le Cœur de Louis XIII, soutenu par deux Anges de bronze de grandeur naturelle, dont les draperies sont de vermeil doré. Sur les deux jambages on remarque quatre Bas-

---

(1) Le lieu de la 'cène est une cuisine bien pourvue de tous les ustensiles du ménage, & d'une prodigieuse quantité de légumes & de volailles ; un grand perroquet figure entre les choux, les navets & les saints personnages qui font le sujet de ce singulier Tableau.

reliefs de Marbre, qui représentent les Vertus
Cardinales, dans des ovales très-bien travaillés,
entre lesquels sont des tables de marbre chargées
d'Inscriptions, & soutenues par deux Génies
en pleurs. Ces beaux morceaux sont de l'invention & de la main de *Sarazin*.

Vis-à-vis est une Chapelle décorée dans le
même goût. Deux Anges aussi de bronze de la
même proportion paroissent voler pour porter
le Cœur de Louis XIV, qu'ils tiennent avec
un linceul. C'est *Nicolas Coustou* qui a modelé
& jetté en fonte cet excellent ouvrage.

La Chapelle de St Ignace, qui est à gauche,
possede le superbe Monument élevé à la mémoire de *Henri de Bourbon*, Prince de *Condé*,
pere du Grand Condé. Quatre Vertus de bronze,
de grandeur naturelle, sont assises sur des piédestaux aux angles de la balustrade, dont les
Bas-reliefs, au nombre de quatre, représentent
diverses actions guerrieres de ce Prince. Deux
Génies sont aux deux côtés de l'entrée & tiennent, l'un un Bouclier aux armes de Bourbon,
l'autre une Table de bronze où il est écrit que
Jean Perrault, Président de la Chambre des
Comptes, fit élever ce Monument à la gloire
du Prince de Condé, dont il étoit l'Intendant.
Toutes ces belles Figures ont été modelées par
Sarazin.

Le Crucifix de cet Autel avec le St Ignace
qui est à genoux, sont de bronze sur un fond
de marbre noir.

Sous l'arc à côté est un Ange tenant un Cœur
d'une main & une Palme de l'autre, accompagné d'une Urne & de plusieurs ornemens de

bronze doré. Ce Monument, élevé par Louis Henri, Duc de Bourbon, fils de Louis, à la gloire de ses ancêtres, a été fait par *Vancleve.*

Dans la Chapelle de la Vierge qui est en face, est une Assomption de la Vierge, par *Taraval*, & d'autres grands Tableaux dans des bordures de marbre noir, peints par *Vouët.*

Dans la première Chapelle à droite en entrant, est placé le Tombeau du Cardinal & Chancelier *René de Birague* & de son épouse. La Figure en bronze de ce Cardinal est l'ouvrage de *Germain Pilon*, ainsi que le Bas-relief qui est au bas.

Après la mort de sa femme, *René Birague* fut fait Cardinal & Evêque de Lodeve, & il mourut au mois de Novembre 1583. Il disoit souvent » que le Roi ne viendroit jamais à bout » des Huguenots par la voie des armes : au » lieu qu'il lui seroit aisé de s'en défaire par » la main des Cuisiniers ; c'est-à-dire par le » poison. (*Vita Colinii Amiralis*). Il disoit de » lui-même, dit *Mezerai*, qu'il étoit *Cardinal* » *sans titre, Prêtre sans Bénéfice, & Chancelier* » *sans Sceaux.* On pouvoit ajouter *Juge sans* » *Jurisprudence & Magistrat sans autorité ;* » parce qu'en effet il n'avoit point d'étude » & qu'il ployoit comme un roseau à tous » les vents de la Cour, considérant plus un » Valet de faveur, que toutes les Loix du » Royaume « (1). Il fut un des principaux auteurs du Massacre de la St Barthelemy.

____

(1) Quelques gens de robe se plaignant à ce Chancelier de ce que les charges de Judicature se vendoient à l'enchere, il leur répondit, qu'il s'étonnoit qu'elles

Dans la Chapelle vis-à-vis est le Tombeau de *Pierre d'Orgemont*, Chancelier de France, qui étoit placé, ainsi que celui de René Birague, dans l'Eglise de la culture de Ste Catherine qui est détruite.

C'est dans cette Maison qu'est placée la Bibliotheque de la Ville. (*Voyez* cet article page 67).

Dans une Salle sur la gauche du jardin est l'apothéose de St Louis, par *Voüet*, & un Tableau de St Roch guérissant les Pestiférés, que l'on croit être l'esquisse d'un grand Tableau peint à Rome par *Tintoret*.

Dans le Réfectoire est une Annonciation, par *Philippe de Champagne*; une Visitation faisant pendant, par *Etienne Jeaurat*, & une Transfiguration, copiée d'après *Raphael*.

L E   L O U V R E.

On est aussi incertain sur l'étymologie de ce mot *Louvre*; que sur l'origine du Château. Il est constant qu'il existoit avec ce nom sous le règne de Philippe Auguste, qui l'environna de fossés & de tours, & en fit une Forteresse. *La grosse Tour du Louvre*, connue dans l'Histoire, étoit isolée & bâtie au milieu de la cour. Tous les grands Feudataires de la Couronne relevoient de cette Tour, & venoient y faire la prestation de foi & hommage.

---

ne fussent pas encore plus cheres, ceux qui les achetoient pouvant presque se promettre de n'être jamais punis de leurs fautes. Parole bien hardie, dit Etienne Pasquier, non, toutefois, sujette à contrôle, venant de la bouche d'un Chancelier. (*Mémoires Hist. &c.* par *Amelot de la Houssaye.*)

R 4

» C'étoit, dit M de Saint-Foix, une prison toute préparée pour eux s'ils manquoient à leurs fermens «. Trois Comtes de Flandres y furent enfermés en différens temps.

Le Louvre, peu riant par sa construction, recevoit encore de cette énorme Tour, une teinte sombre & effrayante qui le rendoit indigne de la Majesté Royale; Charles V s'efforça d'égayer & d'embellir ce lugubre séjour, & le rendit assez commode pour le temps. Plusieurs Monarques étrangers y ont été successivement logés; tels que *Manuel*, Empereur de Constantinople, *Sigismond*, Empereur d'Allemagne, & *Charle-Quint*.

Cette grosse Tour du Louvre, qui avoit en différens temps servi de Palais à nos Rois de France, de Prison à des Grands Seigneurs, & de trésor de l'épargne, fut enfin détruite en 1528.

La *Tour de la Librairie* étoit aussi renommée parmi plusieurs autres, parce qu'elle contenoit la Bibliotheque de Charles V, la plus considérable du temps, & dont le nombre de volumes alloit jusqu'à 900.

La partie de ce Palais qu'on nomme aujourd'hui le *Vieux Louvre*, fut commencée sous François I, d'après les Dessins de *Pierre Lescot, Abbé de Clagny*, & la sculpture fut exécutée par *Jean Gougeon*. Cet Edifice, achevé sous le regne de Henri II, ne fut cependant point habité par ce Roi, mais il le fut par Charles IX, son fils.

Ce Palais devint sous ce Roi le théâtre sanglant des perfidies & des massacres dont gémissent encore les François ; cruautés atroces, indignes du caractere aimable de notre Nation, & que le temps n'effacera jamais de la mémoire des hommes. Je veux parler des horreurs de la St-Barthelemi.

Pendant que les Citoyens alarmés traverssoient la riviere à la nage pour éviter la mort, du haut de ce Palais Charles IX tiroit sur eux à coups d'arquebuse. » Quand il fit jour, dit » Brantome, le Roi mit la tête à la fenêtre de » sa chambre, & voyant aucuns dans le faux- » bourg St-Germain qui se remuoient & se » sauvoient ; il prit une grande arquebuse de » chasse qu'il avoit, & en tiroit tout plein de » coups à eux, mais envain, car l'arquebuse » ne tiroit si loin ; incessamment crioit : *tuez*, » *tuez* (1) «. La Capitale fut teinte du sang des sujets égorgés. Dans ce même Louvre, jusques dans la chambre de la sœur du Roi, jusques sur son lit, on poursuivit les propres serviteurs de la Cour (2).

---

(1) Ce Prince, dont l'éducation qu'il tenoit de sa mere avoit perverti le cœur, se plaisoit à des jeux sanguinaires; il faisoit consister son adresse à abattre d'un seul coup la tête des ânes & des cochons qu'il rencontroit en son chemin. Lansac, un de ses favoris, l'ayant un jour trouvé l'épée à la main contre son mulet, lui demanda gravement : *Quelle querelle est donc survenue entre Sa Majesté Très-Chrétienne & mon mulet ?*

(2) M. de Tejan, avoit un coup d'épée dans le coude, un coup de hallebarde dans le bras, & étoit encore poursuivi par quatre Archers, qui entrerent tous après lui dans la chambre de Marguerite de Valois, femme d'Henri IV. *Lui voulant se garantir*, dit cette Princesse dans ses Mémoires, *se jetta sur mon lit ; moi, sentant un homme qui me tenoit, je me jette à la ruelle*,

Tirons le rideau fur ces fcènes d'horreurs ; paffons rapidement de ce temps de fanatifme & de cruauté, où le Louvre fut fouillé par tant de crimes, à des temps plus heureux, où ce Palais devint le berceau tranquille des Arts & des Sciences, l'école des talens, l'arène du génie, & l'afyle des Artiftes & des gens de Lettres.

Louis XIV réfolut d'abord de faire continuer le Louvre fur le même plan commencé par François I ; il y fit travailler quelque-temps ; mais ayant conçu un deffein plus grand, plus magnifique, il fit pofer les fondemens du fu-perbe édifice qu'on voit aujourd'hui, le 17 Octobre 1665, fous le miniftere de M. Jean-Baptifte Colbert.

Par un préjugé naturel, Louis XIV crut trouver en Italie plutôt qu'en France un Artifte affez habile pour remplir fes projets de magni-ficence. Il fit venir de la Capitale des beaux Arts, de Rome, le *Cavalier Bernin*. Cet Artifte, dont la réputation étoit établie, fut reçu en France avec toute la pompe due aux Princes du Sang. Le Roi ordonna que dans toutes les villes où il pafferoit, il feroit complimenté & rece-vroit les préfens de ville. Des Officiers envoyés de la Cour, lui aprétoient à manger fur fa route, & quand il approcha de Paris, un Maître-d'Hôtel de Sa Majefté fut envoyé à fa rencontre, pour le recevoir & l'accompagner par-tout.

& lui après moi, me tenant toujours au travers du corps, nous cryons tous les deux, & étions auffi effrayés l'un que l'autre ; enfin Dieu voulut que M. de Nançai, Ca-pitaine des Gardes, vint, qui me trouvant en cet état, encore qu'il y eût de la compaffion, ne put fe tenir de rire.

Le *Cavalier Bernin* fut comblé de biens &
d'honneurs ; malgré la prévention que la Cour
avoit en faveur de cet Italien, malgré ses talens, cet Artiste ne réussit point dans cette entreprise. Après avoir avancé les fondemens de
cet édifice, il prétexta l'impossibilité de passer
l'hiver dans un climat plus froid que le sien.
» On lui promit, dit M. de Saint-Foix, trois
» mille louis par an s'il vouloit rester ; mais il
» voulut absolument aller mourir dans sa patrie.
» La veille de son départ, on lui porta trois
» mille louis avec un brevet de douze mille
» livres de pension. Il reçut le tout assez froide-
» ment «.

Plusieurs Artistes célebres se présenterent (1)
pour achever cette grande entreprise. Qui l'auroit cru ? ce fut les Desseins de *Claude Perrault*, ce Médecin si vilipendé par le Poëte
Boileau, qui furent préférés, & qui méritoient de
l'être. On plaisanta le nouvel Architecte Médecin (2), & Perrault répondit aux sarcasmes,
en produisant la belle Colonnade du Louvre,
chef-d'œuvre de l'Architecture Françoise, &
admirée de toute l'Europe (3).

---

(1) Mansard présenta ses Desseins ; Colbert en fut
très-content ; le Roi les vit & voulut absolument qu'ils
fussent exécutés sans y rien changer. Mansard répondit
qu'il aimoit mieux renoncer à la gloire de bâtir cet
édifice, qu'à la liberté de se corriger & de changer son
dessein, lorsqu'il croiroit mieux faire.

(2) On disoit que l'Architecture étoit bien malade,
puisqu'on la mettoit entre les mains des Médecins.

(3) Excepté d'un Général des Cordeliers, Italien,
nommé *Bonaventure Calatagirone*, qui ne trouva de
beau à Paris que la quantité de broches qu'il vit

La façade de cette colonnade Corinthienne a 87 toifes & demie de longueur ; elle eſt diviſée en deux périſtiles & trois avant-corps. La principale porte eſt dans l'avant-corps du milieu, qui eſt décoré de huit colonnes acouplées & couronnées d'un fronton dont la cimaiſe n'eſt compoſée que de deux pierres, qui ont chacune 54 pieds de longueur ſur 8 de largeur, quoiqu'elles n'aient que 18 pouces d'épaiſſeur. Elles ont été tirées des carrieres de Meudon, & ne faiſoient qu'un ſeul bloc, qui fut ſcié en deux. Les deux autres avant-corps ſont ornés de ſix pilaſtres & de deux colonnes du même ordre, & dans la même diſpoſition. Sur le comble regne, au lieu de toît, une Terraſſe bordée de baluſtrade, dont les piedeſtaux doivent porter de riches trophées entremêlés de vaſes.

Les ennemis de Perrault lui diſputerent l'invention de ce chef-d'œuvre ; ils ſoutinrent qu'elle appartenoit à l'Architecte *Levau ;* mais depuis la découverte du manuſcrit original & des Deſſins de Perrault, il ne reſte plus de doute ſur le véritable auteur de cette belle production.

Le plan de tout le Louvre eſt un carré parfait, entouré de quatre corps de bâtimens, dont Louis XIV a fait élever le principal, & une partie des deux autres qui font les côtés. Louis XIII avoit fait auſſi conſtruire l'angle de la gauche parallele à celui d'Henri II,

---

tourner chez les Rotiſſeurs de la rue de la Huchette & de la rue aux Ours. *Veremente,* diſoit-il, *queſte Rotiſſerie ſono coſe ſtupende.*

ainſi que le gros pavillon qui eſt au - deſſus de la porte principale du Vieux-Louvre , ſur les Deſſins de *Jacques le Mercier*. Les huit caryatides gigantesques qu'on y voit , ont été ſculptées par *Sarraſin* , d'après celles de la Salle des Cent-Suiſſes.

Dans la Salle des Cent-Suiſſes , aujourd'hui dite des Antiques , on admire une Tribune ſupportée par quatre Caryatides , dont la ſculpture eſt un chef-d'œuvre de *Jean Gougeon*. C'eſt-là que ſont les modeles en plâtre , faits en Italie , par ordre de Louis XIV, des plus fameuſes antiques , comme les Bas-reliefs de la Colonne Trajane, les Statues d'Hercule de Farneſe , du Gladiateur , de Laocoon , de la Vénus de Médicis , de la Vénus aux belles feſſes , de l'Apollon Pythien & d'une infinité d'autres. On y voit auſſi un beau Bas-relief de *Puget* , repréſentant Diogene & Alexandre , un St Franç̧ois & une Mere de Pitié par *Germain Pilon* &c. On entre dans l'appartement de la Reine , qui ſe diviſe en vieux & en nouveau. Le vieux n'eſt remarquable que par les ouvrages de *Diego de Vélaſquez* , qui ſont dans le Sallon des Bains. La premiere pièce du nouvel appartement de la Reine , eſt ornée de neuf payſages , peints à l'huile par *Borẓon* ; le plafond eſt peint à freſque par *Romanelle* ; les Figures de ſtuc qui accompagnent les ornemens de la Chambre de la Reine , ſont de *Girardon*.

Le grand eſcalier conduit dans l'anti-chambre du Roi , où s'aſſemble aujourd'hui l'Académie des Sciences. (Voyez *Académies* , pag. 24 & ſuiv.)

La Galerie d'Apollon, après avoir été con-
fumée en 1661, fut rétablie & décorée comme
on la voit à préfent, d'après les Deffins de *le
Brun*. Elle fait partie des Salles de l'Académie
de Peinture. On y remarque, parmi plufieurs
Tableaux, un Louis XIV en pied, par *Rigaud;*
une Annonciation dans le goût du *Titien;* les
quatre fameufes batailles d'Alexandre, peintes
par *le Brun*, & une defcente de Croix par le
même. Cette Galerie communique dans le Sallon
où fe fait l'expofition des Tableaux tous les
deux ans. (Voyez *Sallon du Louvre*.)

On arrive à ce Sallon des Tableaux par un
magnifique Efcalier nouvellement conftruit par
ordre de M. Dangiviliers, fur les Deffins de
M. *Brebion*.

Ce Sallon doit fervir d'antichambre à l'immenfe Galerie du Louvre, que l'on rétablit
depuis quelques années pour en faire un *Mufeum*. Cette Galerie, qui regne tout le long
du quai jufqu'aux Tuileries, a 227 toifes de
longueur. Elle renfermera les magnifiques Tableaux de Sa Majefté, les Statues en marbre
des grands hommes de la France, par nos plus
habiles Sculpteurs, dont plufieurs font déja exécutées; enfin, cette Galerie fera un temple de
mémoire, où feront à-la-fois immortalifés les
grands hommes, les grands talens & la gloire
du Miniftre éclairé & du Prince bienfaiteur qui
l'auront fondée.

Louis XIV habita long-temps le Louvre qu'il
abandonna pour Verfailles. Depuis ce temps ce
vafte Palais eft tout entier confacré aux Académies de tous les genres, aux Savans & aux

Artiftes. Les Académies Françoife, des Sciences
& des Infcriptions & Belles Lettres, celles de
Peinture, Sculpture & Architecture, y tiennent
leurs Séances, & ont des appartemens qui leur
font particuliers. La plus grande partie des
Académiciens, ainfi que plufieurs hommes célebres, y font logés par le Roi. La majefté
Royale ne pouvoit pas être plus dignement
remplacée que par le génie (1).

LUXEMBOURG. (Palais du)

Marie de Médicis, veuve d'Henri IV, acquit
du Duc de *Pinei-Luxembourg*, fon Hôtel & fes
dépendances, pour la fomme de 90,000 livres.

---

(1) Nous n'oublierons pas un trait qui honore la
bienfaifance du Roi qui nous gouverne, & la reconnoiffance de fes fujets. Après que Louis XVI eut
porté du fecours à ceux de fon peuple que les rigueurs de l'hiver de 1784 avoit jettés dans la mifere,
on éleva, proche le Louvre, au paffage du Coq, un
Obélifque de neige dédié à Louis XVI. Chacun à
l'envi venoit payer le tribut de fa gratitude & de fa
fenfibilité, en attachant des Infcriptions où on lifoit
l'expreffion du cœur des François. Ce Monument de
neige étoit plus éloquent, plus glorieux, que le marbre
& le bronze érigé par la flatterie. Parmi le nombre
prodigieux d'Infcriptions qui le couvroit, on remarquoit ce quatrain :

Louis, les indigens que ta bonté protège
Ne peuvent t'élever qu'un Monument de neige;
Mais il plaît davantage à ton cœur généreux,
Que le marbre payé du pain des malheureux.

M. *Jubault*, propriétaire d'une maifon voifine, pour
conferver ce fait à la poftérité, vient de faire élever
dans fa cour un Obélifque de marbre, fur lequel font
gravées les plus remarquables Infcriptions qui étoient
attachées à l'Obélifque de neige.

Elle y fit conftruire, en 1516, ce Palais, par *Jacques de Broffe*, fur le modele du *Palais-Pitti*, des Ducs de Tofcane à Florence.

Malgré cette nouvelle conftruction, malgré l'Infcription qu'on lit en lettres d'or fur un marbre placé au - deffus de la grande porte, *Palais d'Orléans*, ce Palais a toujours confervé le nom de l'ancien Hôtel qu'il a remplacé.

Le Palais du Luxembourg eft, après celui du Louvre, le plus vafte de Paris ; il eft, fur-tout, diftingué par fon caractere mâle, fa régularité & la beauté de fes proportions.

La façade qui eft du côté de la rue de Tournon, forme une Terraffe ornée de baluftre, au milieu de laquelle s'éleve un Pavillon terminé par un Dôme avec fa lanterne. Ce pavillon eft compofé des ordres Tofcan & Dorique l'un fur l'autre, & entouré de plufieurs Statues. Cette Terraffe eft terminée, des deux côtés, par deux gros Pavillons carrés. Chacun de ces Pavillons font décorés d'une Statue de marbre nichée ; celle du Pavillon qui eft à droite, repréfente Henri IV, l'autre Marie de Médicis.

Ces deux Pavillons font joints au grand corps-de-logis par des Galeries foutenues chacunes par neuf arcades qui éclairent de larges corridors très-bien voûtés.

De la cour qui eft au milieu de ces bâtimens, on monte, par un perron, à une autre cour en terraffe, féparée par des baluftrades en marbre blanc, dont les piedeftaux portoient des Statues de marbre qui furent vendues, ainfi que plufieurs autres qui décoroient le Jardin, avec les meubles de Marie de Médicis. Cruels effets de la vengeance du Cardinal de Richelieu (1)!

Les ordres d'Architecture employés dans tout ce bel édifice, font le Toscan & le Dorique, revêtus de boffages alternatifs, & furmontés d'un Attique ; mais on a ajouté l'Ionique aux deux autres ordres, fur les quatre Pavillons placés aux angles du principal corps-de-logis, parce qu'ils font plus élevés que le reste.

La fuperbe Galerie de ce Palais, que Marie de Médicis a fait peindre par le célebre *Rubens*, & qui repréfente, en 24 Tableaux, l'hiftoire allégorique de cette Reine, en a été retirée depuis quelques années, ainfi que la collection compofée des Tableaux qui ornoit les appartemens de la feue Reine Douairiere d'Efpagne, & de ceux du Cabinet du Roi. Les uns & les autres doivent enrichir le *Mufeum* que l'on prépare aux Galeries du Louvre.

La façade du côté du Jardin eft généralement admirée ; le Parterre eft fait d'une grande maniere. A droite, en remontant l'allée qui borde le mur des cours, eft, en face, une Fontaine, ou plutôt les ruines d'une Fontaine qui offrent un fuperbe morceau d'Architecture, dont l'ordonnance fubfifte encore, mais la fculpture eft prefqu'entierement dégradée par le temps.

---

(1) La perfécution de ce Cardinal ne s'étendit pas feulement fur les objets qui décoroient ce Palais ; elle s'attacha avec acharnement à la malheureufe Princeffe qui l'avoit fait bâtir. Exilée de France en 1631, elle erra long-temps en Flandres & en Angleterre, où l'implacable Cardinal obtint du Roi Charles I de la renvoyer. Elle fe réfugia à Cologne ; & le 3 Juillet 1642, âgée de 68 ans, elle mourut dans un grenier, prefque de faim & de mifere.

Le Palais du Luxembourg appartient aujourd'hui à MONSIEUR, frere du Roi.

MALEIEINE-DE-LA-CITÉ. *(Sainte)*

Cette Eglise, située rue de la Juiverie, étoit une ancienne Synagogue des Juifs. Lorsque cette Nation fut chassée du Royaume, Philippe-Auguste donna à l'Evêque de Paris, en 1183, la permission de convertir cette Synagogue en Eglise. En 1491, elle fut érigée en Paroisse Archipresbytérale. Trop petite, puisqu'elle ne consistoit qu'en la Nef, elle fut agrandie de tout le Chœur.

Il y a dans cette Eglise la *grande Confrairie de Notre-Dame aux Seigneurs, Prêtres, Bourgeois, Bourgeoises de Paris.* Son ancienneté cache son origine & la fait regarder comme la mere des autres Confrairies de Paris.

On voit, dans le Chœur, quatre grands Tableaux de *Champagne*, qui font la suite de ceux du Chapitre de Notre-Dame. Savoir, les Noces de Cana, la mort de la Vierge, Notre Seigneur au milieu des Docteurs, & la Visitation.

MADELEINE DE LA VILLE-L'EVÊQUE. *(Ste)*

C'étoit une ancienne Chapelle fondée par le Roi Charles VIII, qui fut érigée en Paroisse l'an 1639. Le quartier étant considérablement accru, ainsi que le nombre des Paroissiens, Louis XV ordonna, par Lettres-Patentes du 6 Février 1763, la construction d'une nouvelle Eglise, plus grande que la premiere. M. *Contant d'Ivri* fut choisi pour en être l'Architecte; il en commença les travaux, mais cet Artiste étant mort en 1777, Sa Majesté Louis XVI, en chargea M. *Couture le jeune.*

Cet édifice se continue, mais un peu lentement. Son Portail, décoré d'un Péristile Corinthien d'une grande proportion, fera face à la Place de Louis XV.

MADELONETTES.

Un riche Marchand de Vin de Paris, *Robert Montoy*, trouva dans la rue deux filles débauchées, qui lui témoignerent le desir le plus vif, le plus sincere de changer de vie, & de se convertir : il les amena chez lui, & les convertit. Un Curé, un Capucin & un Militaire, touchés de cet acte d'humanité, résolurent de chercher par-tout de ces Créatures, pour les convertir aussi, & en former un Établissement, où elles pussent, en paix, pleurer leurs égaremens & leurs plaisirs. Le nombre de ces Pécheresses pénitentes augmentoit chaque jour; les moyens manquoient à leur ferveur. *Marguerite-Claude de Gondi* leur laissa en mourant 101,600 livres, & le Roi Louis XIII leur accorda une rente perpétuelle de 3000 livres.

Quelques soupçons sur la persévérance de la conversion de ces filles, dont la mémoire & les anciennes habitudes étoient pour elles deux démons tentateurs bien à craindre, firent prendre le parti de les faire gouverner par des filles d'une vertu intacte, & sur lesquelles ces démons n'avoient pas de pouvoir : on eut recours aux Religieuses de la Visitation. La Mere *Marguerite l'Huillier*, & la Mere *Marie Bollain*, assistées de quatre autres Religieuses, dirigerent cette Communauté pendant quelque tems ; mais soit qu'elles n'eussent pas les talens nécessaires pour une Administration de cette espece, ou foit qu'elles en fuffent dégoûtées, elles abandonnerent cette Charge aux Urfulines; celles-ci aux Hofpitalieres, & fucceffivement les Hofpitalieres aux Religieufes de St-Michel, qui, depuis 1720, dirigent cette Communauté avec la douceur, la circonfpection & la fermeté qui lui convient (1).

L'Églife de ce Monaftère fut bâtie en 1680. On y voit une Chapelle, dont la conftruction eft l'imitation fidelle de la chambre de la Vierge qu'on montre à Lorette.

MAGASIN DE PLANTES ÉTRANGERES.

Il eft établi rue des Cordeliers, à l'enfeigne d'Apollon, vis-à-vis le Portail de l'Églife de St-Côme, au premier, au-deffus du Billard.

MAGLOIRE. (*Saint*) Voyez *Filles pénitentes de St-Magloire*, page 246.

MAGNÉTISME. (*Établiffement du*)

Ce fyftême, anciennement connu de plufieurs Médecins, renouvellé par M. *Antoine Mefmer*, qui l'apporta vers l'an 1778, de l'Allemagne à Paris, produifoit des effets auffi merveilleux que nouveaux : à ces feuls titres, il devoit être admiré des François; & il le fut.

______

(1) Cette Communauté fe divife en trois Claffes. Cette divifion eft auffi fage que curieufe. La premiere Claffe, fous le titre de *la Madeleine*, eft compofée de celles dont la folide converfion ne laiffe plus aucun doute. La feconde, fous le nom de *Ste Marthe*, comprend les dernieres converties qui attendent encore de Dieu la grace d'être infenfibles aux joies de ce monde. Enfin, la troifieme eft compofée de ces femmes dont les paffions tumultueufes, le caractere indépendant, leur font dédaigner les fecours fpirituels : leur pénitence eft involontaire.

Antoine Mesmer s'associa avec M. *François Deslon*, Médecin de la Faculté de Paris, qui profita des leçons de son Maitre, ensuite se retira. Quoiqu'il eût promis pardevant Notaire d'être discret, il ne le fut point, & il vendit bien-tôt au Public, à tout prix, ce qu'il savoit, ou ce qu'il ne savoit pas : grands débats entre *Antoine* & *François*. Pendant qu'ils duroient encore, voici qu'un M. *Montjoie* s'avise de publier, très-longuement, dans le Journal de Paris, les procédés, les merveilles, les dangers du Magnétisme, & les querelles d'*Antoine* & de *François*. A cette époque commença l'engouement universel, l'ouverture de la Souscription de 2400 livres par personne, la grande vogue & la fortune d'*Antoine Mesmer* ; laquelle il soutint par le charme des Fêtes qu'il donnoit, & des Cérémonies mystérieuses qu'il observoit dans les *initiations*. Moins cher, plus accessible que son Maitre, *François Deslon* profitoit de l'heureuse disposition des esprits : il avoit aussi ses Baquets bien environnés, ses Prôneurs & ses Convulsionnaires, chacun s'enrichissoit ; *Antoine* par la vertu de son doigt, & *François* par la vertu de sa baguette. De là les cris des Médecins ; de là cette foule de Brochures sérieuses ou badines, indifférentes ou instructives (1) ; enfin, de là ces fatals rapports des

____

(1) Parmi le nombre de ces brochures, il faut distinguer *Mesmer justifié*, ouvrage plein d'esprit ; l'*Histoire du Magnétisme en France*, &c. ouvrage curieux sur la pratique du Magnétisme, & le cérémonial qu'employoit Mesmer dans ses réceptions ; la *Lettre de Figaro au Comte Almaviva*, où la théorie du Magnétisme est

Commissaires nommés par le Roi & par la Société de Médecine, qui ont décidé que le **Fluide Magnétique** n'existoit pas : tout-à-coup on a vu se rallentir le cours de la fortune brillante des Magnétisans & le zele insensé des Magnétisés ; il n'en est presque plus question aujourd'hui.

MANUFACTURES.

Manufacture Royale des Gobelins. (Voyez *Gobelins, page* 278.)

Manufacture Royale des Tapis de Pied, à la façon de Perse, dite *de la Savonnerie*, à Chaillot.

Manufacture Royale des Glaces, rue de Reuilly, Fauxbourg St-Antoine : on polit & l'on étame les Glaces, qui sont transportées de St-Gobin en Picardie, où elles ont été coulées.

Manufacture Royale des Porcelaines, à Seve.

Manufacture des Porcelaines de la Reine, rue Thiroux, Chauffée d'Antin.

Manufacture des Porcelaines de MONSIEUR, établie à Clignancourt, près Montmartre, & dont le Dépôt est rue Neuve-des-Petits-Champs, au coin de celle de Chabanois.

Manufacture des Porcelaines de Mgr. le Comte d'Artois, Fauxbourg St-Denis, vis-à-vis St-Lazare, dont le Dépôt est au Bâtiment neuf des Théatins, sur le quai de ce nom.

Manufacture Royale de Terre d'Angleterre, Pont-au-Choux.

Manufacture de Tapisseries & Tapis d'Au-

---

mise dans le plus grand jour. Ces deux ouvrages, pleins de choses agréables & intéressantes appartiennent à M. *Brar*, jeune Médecin, également instruit dans son art, qu'ardent défenseur de la vérité.

buſſon ; ſon Dépôt eſt rue Boucher, vis-à-vis
la rue Etienne.

Manufacture Royale de Verrerie, à Seve.

Manufacture de Velours à la Turque, près
les Enfans-Trouvés, Fauxbourg St-Antoine.

Manufacture Royale de Papiers-Tontiſſes &
Peints, rue de Montreuil, au Fauxbourg St-
Antoine, tenue par M. Reveillon.

Manufacture de Papiers-Tontiſſes & Peints,
tenue par MM. Arthur & Grenard, ſur le Boulevard de la Chauſſée d'Antin, au coin de la
rue de Louis-le-Grand.

Manufacture de Sparterie, rue de Popin-
court.

Manufacture de Dentelles de Point de Paris,
au Marché neuf, Fauxbourg St-Antoine, le
ſecond Pavillon à droite.

M A R C E L. (*Saint*)

Égliſe Collégiale dans le Fauxbourg de ce
nom, vis-à-vis la rue St-Hippolyte ; elle con-
ſerve ſa conſtruction originelle à quelques réparations près, qui ont été faites dans le Chœur.
Au bas du Sanctuaire, eſt enterré le Vainqueur
de Berg-op-Zoom, le Comte de *Lowendal*,
Maréchal de France, digne Émule du Maréchal
de Saxe. Sur un marbre noir, on lit cette modeſte
Épitaphe :

Hic jacet Uldericus - Fredericus Comes de
LOWENDAL, è Regia Danorum ſtirpe Wol-
domaris, Franciæ Mareſcali, Bergæ zoo Man
Expugnatoris, frater hujus Eccleſiæ Sancti
Marcelli decanus. Obiit 12 Jul. anno 1754.

Au milieu du Chœur eſt encore le Maufolée de *Pierre Lombard*, Évêque de Paris (1), furnommé *le Maître des Sentences.* Ce Tombeau, élevé d'environ deux pieds, eft de pierre, ainfi que la Figure couchée de cet Évêque. On lit autour cette Infcription : *Hic jacet Magifter Petrus Lombardus Parif. Epifc. qui compofuit librum Sententiarum, Gloffus Pfalmorum & Epiftolarum ; cujus obitus dies eft 13 cal. Aug. anno 1164.*

M A R C H É S.

Marché aux Chevaux, au bout de la rue Poliveau ou par le Boulevard de l'Hopital ; il eft vafte, & planté d'arbres. On a fait conftruire en 1760, un Pavillon, qui fert de logement à l'Infpecteur de Police, qui préfide à ce Marché.

Le Marchand qui vend les chevaux n'eft garant que de trois vices ; la pouffe, la morve & la courbature : mais dans ces cas, l'Acheteur n'a que neuf jours pour avoir action contre le Vendeur.

Ce Marché fe tient les Mercredis & Samedis de chaque femaine.

Le Marché aux Fleurs, fur le quai de la Mégifferie ou de la Ferraille ; on y trouve des

---

(1) L'efprit du Clergé de ce temps là étoit de couper la barbe aux Prêtres & aux Séculiers. Pierre Lombard fe diftingua par fon zele à détruire les barbes hétérodoxes. Celle du Roi Louis le jeune reftoit encore fur fon menton ; il lui perfuada que, pour obtenir du Ciel le pardon de fes crimes, il n'y avoit pas de plus court moyen que de fe rafer. Le Roi fe rendit à de fi bonnes raifons, & l'Evêque eut la gloire de remplir auprès du Roi les fonctions de Barbier. (Voyez *Pogonologie,* c. *VII. de la barbe des Prêtres, chez le Jay, Libraire.*)

graines,

(409)

graines, oignons, arbres & arbustes de toutes
especes.

Ce Marché se tient les Mercredis & Samedis
de chaque semaine.

L'on vend les fleurs pour bouquets tous les
matins, rue aux Fers, depuis cinq heures jusqu'à
huit.

Marché de la Place Maubert ; c'est un des
plus grands de Paris : il tient les Mercredis
& Samedis. *Albert-le-Grand* avoit une si grande
réputation, qu'il ne trouvoit pas de place assez
grande pour contenir tous ses Écoliers. Il donnoit ses leçons dans cette Place, qui a conservé son nom ; de *Maitre Albert* ou *Aubert*,
on a fait Maubert.

Marché du Cimetiere St-Jean ; il est très-
vaste : l'emplacement qu'il occupe contenoit
autrefois l'*Hôtel de Craon ;* mais *Pierre de
Craon*, la nuit du 14 Juin 1391, ayant assassiné
le Connétable de Clisson, son Procès lui fut
fait (1), & ses biens furent confisqués. Le Roi
Charles VI donna aux Marguilliers de St-Jean-
en-Greve, cet Hôtel, pour en faire un Cimetiere, qu'on a depuis changé en un Marché.

Marché neuf, situé sur le bord de la riviere,

____

(1) Le Duc d'Orléans, frere de Charles VI, étoit
fort amoureux d'une Juive qu'il alloit voir secrettement ; ayant soupçonné que Pierre de Craon, son
Chambellan & son favori, avoit plaisanté de cette
intrigue avec la Duchesse d'Orléans sa femme, il le
chassa honteusement de sa maison. Craon imputa sa
disgrace au Connétable de Clisson ; l'ayant attendu
au coin de la rue Culture Ste-Catherine, & le voyant
venir peu accompagné, il fondit sur lui à la tête de
vingt scélérats. (*Essais Hist. sur Paris.*)

S

entre le Pont St-Michel & St-Germain-le-Vieux ; la porte de la Boucherie est enrichie d'ornemens, sculptés par *Jean Gougeon.*

Marché de la Culture Ste-Catherine, au quartier St-Antoine ; ce Marché, nouvellement construit, est dans l'emplacement de la Maison & de l'Église des Religieux de la Cultute de Ste-Catherine.

Marché St-Germain ; sa principale porte, d'Ordre Dorique, est surmontée d'un Attique, couronné par les Armoiries du Cardinal de Bissy, qui fit construire le Marché & la porte.

Marché St-Martin-des-Champs, construit en 1765, sur une partie du territoire du Prieuré ; l'emplacement est d'environ cinq cents toises.

Il y a plusieurs autres Marchés, dont nous ne croyons pas devoir faire mention. (Voyez *Halles, page* 282 *& suivantes.*)

MARÉCHAUX DE FRANCE. *(Tribunal des)*

Il se tient chez le plus ancien des Maréchaux de France ; c'est aujourd'hui M. le Maréchal *de Richelieu.*

MARGUERITE. *(Sainte)*

Cette Église, située rue St-Bernard, Fauxbourg St-Antoine, étoit une Succursale de la Paroisse de St-Paul ; elle fut érigée en Paroisse en 1712 ; on l'agrandit d'une partie du Cimetiere, en construisant en 1765, une Chapelle sur les Dessins de M. *Louis,* Architecte.

On y voit un Tableau estimé, représentant Ste-Marguerite, par *Alphonse du Fresnoi,* ainsi qu'un grand Tableau, par *Briard.*

MARINE. *(Sainte)*

C'est la plus petite Paroisse de Paris ; elle renferme l'Évêché & dix ou douze Maisons.

» C'eſt dans cette Égliſe que l'on marie ceux
» que l'on condamne à s'épouſer. Ancienne-
» ment on les marioit avec un anneau de paille;
» étoit-ce pour marquer au mari que la vertu
» de celle qu'il épouſoit étoit bien fragile ? Cela
» n'étoit ni poli ni charitable «. *Eſſais hiſt. ſur
Paris.*

M ARTIN. *(Saint)*

Petite Égliſe Paroiſſiale dans le Cloître de
St-Marcel ; elle eſt ornée de boiſerie, & l'on
y voit ſur le Maître-Autel, une Aſſomption,
dans le goût de l'École Vénitienne, & dans
une Chapelle près du Chœur, une très-bonne
Copie de la Nativité, de *Rubens.*

M ARTIN-DES-CHAMPS. *(Saint)*

C'eſt un Prieuré Royal, qui étoit anciennement une petite Chapelle. Détruite par les Normands, elle fut reconſtruite, ainſi que le Monaſtere, par le Roi Henri I. Sous ce Roi, cette
Égliſe étoit deſſervie par des Chanoines Réguliers ; mais Philippe I, en 1079, leur ſubſtitua
des Religieux de Clugny.

Le Cloître, commencé en 1702, fut achevé
en 1720 ; & le grand Dortoir, qui regne le
long du Jardin, fut fini en 1742 : l'Eſcalier
qui y mene mérite d'être vu.

En 1706, on a placé dans l'Égliſe quatre
Tableaux de *Jouvenet*, qui ont chacun vingt
pieds de long, ſur douze de haut. Dans celui
qui repréſente la Magdelaine aux pieds de Notre
Seigneur, chez Simon le Phariſien, *Jouvenet*
s'y eſt peint avec ſes deux filles.

Les Tableaux qui ſont aux deux côtés de la
porte, ſont de *Poerſon* & de *Montagne.*

Les Tableaux du Chœur font le Centenier, par *Cazes*, l'Aveugle-né, commencé par *le Moine*, & terminé par *Natoire*, fon Éleve.

De l'autre côté, l'Entrée de Jefus-Chrift dans Jérufalem, par *J. B. Vanloo*; le Paralytique fur le bord de la Pifcine, par *Reftout*.

Le Maître-Autel, qui eft du Deffin de *Manfard*, eft décoré d'une belle Nativité, par *Vignon*.

Dans la Chapelle de la Vierge, on remarque une Annonciation, par *Cazes*; une Adoration des Mages, par *Oudry*; une Préfentation au Temple, de *Carle Vanloo*, & les Noces de Cana, par *Louis-Michel Vanloo*.

Le Réfectoire, dont l'Architecture eft d'un beau gothique, & que l'on croit de *Montreuil*, eft orné dans l'Attique du Lambris, de neuf petits Tableaux, de la Vie de St. Benoît, peints par *Silveftre*. Les deux du fond, contre le Tambour, ont été faits par *Galloche*. Un grand Tableau, à côté de la porte, repréfentant J. C. dans le Défert, fervi par des Anges, eft de *Poilly*, Éleve de *Jouvenet*.

Dans cette Églife, font les Sépultures de *Guillaume Poftel*, de *Philippe de Morvillier* & de *Jeanne du Drac*, fa femme, Fondateurs de la Chapelle de St-Nicolas (1); & de *Pierre*

---

(1) Sur une table de marbre attachée à un des piliers de cette Chapelle, on lit ces claufes dans l'acte de la fondation faite en 1426. *Item. Chacun an, la veuille de St-Martin & d'hiver, lefdits Religieux, par leur Maire &un Religieux, doivent donner au premier Préfident du Parlement, deux bonnets à oreilles, l'un double & l'autre fengle* (fimple) *en difant certaines paroles, & au premier Huiffier du Parlement, ungs gand & une efcriptoire, en*

(413)

de Morvillier, Chancelier de France, leur fils.

La Bibliothéque, qui n'est pas fort nombreuse, renferme un Manuscrit, qui contient les Évangiles selon la Vulgate ; il est écrit en lettres d'or, sur un vélin, & il est très-bien conservé : on le croit du tems de Charlemagne.

MATHURINES.

Communauté des filles, de l'Ordre de la Trinité, située petite rue de Reuilly, Fauxbourg St-Antoine ; elle fut instituée par Mme *Sarabat*, qui avoit abjuré le Protestantisme. Les Sœurs portent un Triangle en argent, symbole de la Trinité. Elles enseignent gratuitement les pauvres filles du Fauxbourg, & prennent des Demoiselles pensionnaires, à raison de 3 à 400 livres.

MATHURINS,

Ou *Religieux de la Sainte-Trinité de la Rédemption des Captifs*, autrefois *Freres aux Anes*, parce qu'ils n'avoient point d'autre monture. Cette Communauté, située rue des Mathurins, doit ce nom à un ancien Hopital, dédié à St. Mathurin, placé dans le même lieu. Le récit des maux que souffroient les Chrétiens esclaves, à cause du mauvais succès des Croisades, suggéra à *Jean Matha* & *Félix de Valois*, de fonder des Religieux, qui seroient employés à racheter ces Esclaves. Le Pape Innocent III approuva cette Institution en 1199, & elle se répandit en France sous Philippe-Auguste.

____

disant certaines paroles &c. Cette fondation s'exécute régulierement tous les ans.

Ces Religieux s'établirent à Paris, & dûrent leurs Bâtimens aux libéralités de St. Louis, & de Jeanne, fille du Comte de Vendôme. Le Cloître fut rebâti en 1219, par Robert *Gaguin*, Général des Mathurins. Le nouveau Portail, ainsi que la cour, fermée d'une grille de fer, ont été faits en 1729.

Les Panneaux des Stalles du Chœur, peints en 1633, par *Van Chulden*, Éleve de Rubens, représentent la Vie de St. Jean de Matha & de Félix de Valois, les Fondateurs de l'Ordre.

Le Maître-Autel est décoré de quatre colonnes composites de brocatelle antique, jaune, & le Tabernacle de dix colonnes de marbre de Sicile.

Les quatre colonnes des deux Chapelles latérales, sont de breche antique.

La grille qui sépare le Chœur de la Nef, est ornée de six grandes colonnes de marbre de Rance.

Le Cloître, dont la moitié a été nouvellement reconstruite, est remarquable par la Tombe de deux Écoliers de l'Université, qui, convaincus d'avoir volé & assassiné sur le grand chemin, furent arrêtés & pendus, malgré les réclamations de l'Université. Cette Société de Docteurs, par son entêtement, & ses menaces, parvint dans ces temps d'ignorance, à faire condamner le Prévôt des Marchands à détacher du gibet les deux Écoliers, après les avoir baisés sur la bouche. » Il les » fit mettre, dit M. de Saint-Foix, sur un chariot » couvert de drap noir, & marcha à la suite, » accompagné de ses Sergens & Archers, des

(415)

» Curés de Paris & des Religieux. Il conduifit
» ainfi les corps, premierement, au Parvis de
» Notre-Dame, pour les préfenter à l'Évêque,
» & de là aux Mathurins, où le Recteur de
» l'Univerfité, les ayant reçus de fes mains, les
» fit inhumer honorablement le 16 Mai 1408 «.
Ce Tombeau, qui eft à un des angles de ce Cloître, repréfente deux formes de corps enveloppés,
dont les têtes font penchées du même côté ; il eft
entouré d'Infcriptions Latines. Tout proche de là,
contre le mur, eft leur Épitaphe Françoife, fur
une table de bronze, dont les caracteres font en
relief. Ces voleurs, ces affaffins, protégés avec
tant d'ardeur par l'Univerfité, s'appelloient,
l'un *Léger du Mouffel*, l'autre *Olivier Bourgeois*.

Dans le même Cloîrre, on trouve une Épitaphe finguliere, qui immortalife les talens d'un
Frere de cette Maifon de la maniere fuivante :

> Ci gift loyal Mathurin,
> Sans reprouche bon ferviteur ;
> Qui céans garda pain & vin,
> Et fut des portes Gouverneur.
> Paniers ou hottes, par honneur,
> Au marchié vo'entier portoit,
> Fort diligent & bon fonneur :
> Dieu pardon à l'ame lui foit.

S A I N T - M É D A R D.

Églife Paroiffiale, fituée rue Mouffetard :
elle a été réparée & agrandie à plufieurs reprifes ;
ce qui la rend fort irréguliere. On vient encore
de la réparer & l'agrandir, en rajeuniffant le
Chœur, & en conftruifant derrière une nouvelle Chapelle, prife fur le terrein du petit
Cimetiere.

S 4

Cette Église est bien décorée pour une Paroisse : on y trouve plusieurs Tableaux, parmi lesquels on distingue Notre Seigneur au Tombeau, qui est dans la Chapelle St-Denis.

La Chapelle de la Famille d'Avignon est toute incrustrée en marbre.

C'est dans cette Église que fut inhumé le savant, l'éloquent & l'indigent *Olivier Patru*, Avocat au Parlement, qui a mérité le titre du *Quintilien François*. Faute d'argent on ne put placer dans cette Église son Épitaphe, qu'avoit composé un de ses Amis (1).

C'est aussi dans cette Église que repose le fameux *Pierre Nicole*. Écrivain Méthodique, un des plus zélés défenseurs du Jansénisme, aussi savant, aussi profond, la plume à la main, qu'imbécille & timide dans ses actions privées (2) : il avoit toute la science d'Arnaud, & la bêtise de la Fontaine ; Auteur de plusieurs Ouvrages de controverse, entr'autres des *Essais de Morale*, & des *Moyens de conserver la Paix dans la Société*.

Dans le petit Cimetiere de cette Paroisse, derrière le Chœur, est le Tombeau du Diacre *François Pâris*, bien plus célèbre après sa mort que pendant sa vie. Son Tombeau avoit la vertu singuliere de faire danser & grimacer ceux qui

____

(1) Bossuet l'étant venu voir pendant sa derniere maladie, lui dit : *On vous a regardé jusqu'ici, Monsieur, comme un esprit fort, songez à détromper le public par des discours sinceres & religieux.* —— *Il est plus à propos que je me taise,* répondit Patru, *on ne parle dans ces derniers momens que par foiblesse ou par vanité.*

(2) Ses examinateurs ne lui trouverent pas assez de capacité pour lui donner le Sous-Diaconat.

(417)

se plaçoient deffus. Les Janféniftes avoient mis
ces miracles en vogue ; mais le temps où
l'on prenoit des grimaces pour des miracles commençoit à paffer. Afin de prouver la fainteté de
ce dévot Janfénifte, les illuminés de cette fecte
se diftinguoient par des tours de force éton-
nans. On leur donnoit des coups de bûche,
des coups d'épée ; on les pendoit en croix, on
les faifoit rôtir à la broche, & ils n'avoient
point de mal. Plufieurs crurent, & quelques-
uns croyent encore à la fainteté de *Páris*. Le
Roi fit ceffer les miracles, en faifant fermer le
Cimetiere qui l'eft encore aujourd'hui : des
plaifans écrivirent le lendemain fur la porte ces
deux vers :

> De par le Roi , défenfe à Dieu
> De faire miracle en ce lieu.

MÉDECINE. (la Faculté de)

Les Ecoles de cette Faculté font rue St-Jean-
de-Beauvais, aux anciennes Ecoles de Droit,
& fon Amphithéâtre rue de la Bûcherie, où les
Profeffeurs démontrent, dans une falle de forme
ronde, terminée en coupole.

Société Royale de Médecine, commencée le
29 Avril 1776. Son objet eft une correfpon-
dance établie avec tous les Médecins, tant
regnicoles qu'étrangers.

Le Roi, s'en étant déclaré le protecteur,
lui a attribué l'examen des remedes pour lefquels on demande des permiffions ou brevets (1).

____

(1) Rien n'eft mieux établi que ce Tribunal , qui doit
juger & réduire à leur jufte valeur ces prétendûs fpécifi-

Cette Société tient ses Assemblées au Louvre, tous les Mardis & Vendredis, sans vacances.

MERCY. (*Religieux de la*)

La famille de *Braque* fit bâtir, en 1348, dans la rue du Chaume, où sont aujourd'hui ces Religieux, une Chapelle & un Hopital, qui cessa de l'être dans le commencement du siècle passé, & il ne resta que la Chapelle que possé-derent, dans la suite, les Religieux de la Mercy.

L'Eglise & la Maison ont été reconstruites depuis par *Cottard*, qui n'a fait que le premier ordre de ce Portail, dont les colonnes Corin-thiennes offrent un exemple rare de mauvais goût. Elles sont ovales & engagées dans un pilastre. Le second ordre, qui est Composite, est du Dessin de *Boffrand*.

Le Maître-Autel est décoré de deux Statues de pierre dues au ciseau de *François Anguier*; elles représentent St Raymond Nonnat, Car-dinal, & St Pierre Nolasque, fondateur de ces Peres.

---

ques que le charlatanisme vend à la bonne-foi qui en est trop souvent la victime. Le public peut donc au-jourd'hui user avec entiere confiance des remedes revêtus du sceau de cette Société, qui ne peut donner légerement ces approbations, sans tromper les intentions de Sa Majesté, sans se jouer de la bonne-foi du public. Commettre un tel abus, vendre ainsi à sa cupidité la santé des citoyens, ce seroit un crime que rien ne sauroit expier, & qui réclameroit toute la sévérité des loix. Puisque ces abus n'existent point, comme nous sommes persuadés, on peut donc avec sécurité faire usage de telle Poudre, de telle Eau antivénérienne &c., approuvée par cette Société, sans craindre les suites funestes des palliatifs.

Dans la derniere Chapelle à droite, eſt un St Pierre Nolaſque recevant, le premier, en 1223, des mains de l'Evêque de Barcelonne, l'habit de l'Ordre de la Mercy ; le Roi d'Aragon aſſiſte à cette cérémonie ; ce beau Tableau eſt de *Bourdon*.

On voit dans cette Egliſe le Tombeau de la Maiſon de *Braque*, dont les figures ſont en marbre ; elle eſt fondatrice de l'ancienne Chapelle de cette Egliſe. *Nicolas Braque*, Maître-d'Hôtel du Roi, mort l'an 1388, y repoſe avec ſes deux femmes, *Jeanne de Tremblay* & *Jeanne de la Bouteilliere de Senlis*, ainſi que *Charles de Thémines*, & *Pons-Charles de Thémines* ſon fils.

Cet Ordre diffère de celui des Mathurins, en ce que ces Religieux font un quatrieme vœu que ne font pas ces derniers ; non-ſeulement ils vont racheter les Eſclaves, mais même ils doivent demeurer en ôtage pour eux.

MERRI *ou* S. MÉDERIC. (*Saint*)

Une Chapelle fort ancienne dont on ignore l'origine, mais qui exiſtoit au ſixieme ſiècle ſous l'invocation de St Pierre, a été le principe de cette Egliſe Collégiale & Paroiſſiale ; elle fut reconſtruite telle qu'elle eſt aujourd'hui ſous le regne de François I.

Le Chœur de cette Egliſe a été nouvellement décoré d'après les Deſſins des Freres *Slodtz*. Toutes les arcades ſont revêtues d'un ſtuc imitant parfaitement différentes ſortes de marbre. Aux baſes des piliers du Sanctuaire, ſont placées, ſur des culs-de-lampe, quatre figures d'Anges bronzées, de grandeur naturelle, dont deux foutiennent une Châffe de vermeil qui renferme les Reliques de St Merri.

Le Maître-Autel de marbre eft ifolé, en forme de Tombeau antique, avec des ornemens de bronze dorés. Au-deffus s'éleve une Gloire d'Anges qui accompagne la Sufpenfion. Au bas du Chœur, deux Anges grands comme nature portent chacun un livre fervant de Pupitre pour chanter l'Epitre & l'Evangile.

A l'entrée du Chœur les deux Chapelles de côtés font ornées de Colonnes de marbre & de fronton. Les Tableaux de ces Chapelles font de *Carle Vanloo*.

On voit dans la Chapelle de Saint Merri un Tableau de *Vouët*; celui de la Chapelle de Saint Pierre eft de *Reftout père*.

Dans la feconde Chapelle à gauche, près le Chœur, eft un Tableau en mofaïque fort eftimé, fait en 1496 par *David Florentin*.

La Chapelle de la Communion, où regne l'ordre Corinthien, élevée fous les Deffins de *Richard*, eft éclairée par trois lanternes. Le Tableau de l'Autel repréfente les Pélerins d'Emmaüs, peints par *Charles Coypel*. Celui de côté, dont le fujet eft la réparation d'une profanation commife en cette Eglife en 1722, eft de M. *Belle*. L'autre repréfente le Purgatoire. La fculpture de l'Autel eft relative au Tableau. Au-deffus des portes latérales, *Paul Slodtz* a fculpté deux Figures repréfentant l'ancienne Loi & la nouvelle.

Dans une Chapelle près la Sacriftie on voit le Maufolée de *Simon Arnaud*, Marquis de Pomponne, Miniftre d'Etat, fils de Robert

Arnaud d'Andilli, & neveu du célebre Antoine Arnaud du Port-Royal. Il fut employé dès l'âge de 23 ans en qualité de Négociateur. Il conclud plusieurs Traités & fut Ambassadeur extraordinaire en Suède. Il mourut en 1699, âgé de 81 ans. Ce Tombeau en marbre, orné de plusieurs Figures, est sculpté par *Rastrelli*. Sur l'Autel, d'*Ullin* a peint N. S. adoré par les Bergers.

Plusieurs personnes fameuses ont été inhumées dans cette Eglise. *Simon Marion*, Avocat-général au Parlement de Paris, dont le Cardinal du Perron fait le plus grand éloge, en disant que c'étoit *le premier du Palais qui ait bien écrit, & que depuis Cicéron il n'y a pas eu un Avocat tel que lui.*

Jean Chapellain, de l'Académie Françoise, Ecrivain le plus estimé par ses qualités personnelles, le plus critiqué dans ses Poésies, & le mieux pensionné de tous les beaux-esprits de son temps. Il est Auteur d'un Poëme de *la Pucelle*, fort connu par les Satyres de Boileau, qui a mis en réputation & l'Auteur & ses Ouvrages (1).

M. de Saint-Foix rapporte que Jourdain de l'Isle, qui avoit épousé la niece du Pape, Jean XVII, ayant tué d'une maniere barbare deux Huissiers qui lui signifioient un Arrêt du Parlement, fut pris & condamné à être pendu;

____

(1) Quand Boileau, Racine & la Fontaine avoient fait ensemble quelques fautes de langage, ils s'imposoient réciproquement la pénitence de lire une page de *la Pucelle.*

le lendemain de l'exécution le Curé de Saint Merri (1) écrivit au Pape : *très-saint Père, dès que j'ai sçus que le mari de votre niece alloit être exécuté, j'assemblai mon Chapitre & représentai qu'il convenoit de profiter de cette occasion pour vous marquer notre très-respectueux attachement & notre très-profonde vénération. A peine votre neveu étoit-il pendu, qu'avec grand luminaire nous allâmes le prendre à la potence & nous le fîmes porter en notre Eglise, où nous l'avons enterré honorablement & GRATIS, &c.*

MICHEL. (*Filles de Saint*)

Fondées à Paris en 1724, dans une maison située rue des Postes. On y reçoit les filles pénitentes qui s'y présentent volontairement ou qu'on y envoie par ordres supérieurs. Les bâtimens de ces filles sont séparés de celui des Religieuses.

On y fait aussi l'éducation des Jeunes Demoiselles, dont les pensions sont de 400 liv.

MINIMES de la Place-Royale.

Saint François de Paule étoit fameux par

---

(1) Un autre Curé de cette Paroisse s'est distingué dans un cas différent. Il obtint du Prevôt de Paris une ordonnance qui chassoit de la rue Brisemiche les filles publiques qui y étoient établies. Des Bourgeois s'opposerent à cette ordonnance, & le Parlement, par Arrêt du 21 Janvier 1388, admit leur opposition. Quelquetemps après le Curé de St Merri fit condamner un de ces Bourgeois à faire amende honorable un Dimanche, à la porte de la Paroisse, *pour avoir mangé de la viande le Vendredi.*

fon humilité, par fes grands miracles & par l'inftitution de fon Ordre qu'il avoit commencé détablir l'an 1439 en Calabre, fous le nom d'*Hermites*. Le Pape Alexandre VI, qui en approuva les conftitutions, changea le nom d'Hermites en celui de *Minimes* (1). Le Roi Louis XI étant malade, fit venir en France François de Paule, dans l'efpérance qu'il lui rendroit la fanté. Mais le Saint, d'ailleurs fi fécond en miracles (2), s'obftina à n'en point vouloir faire pour le Roi, qui l'avoit cependant logé avec fes Religieux tout exprès dans fon Château du Pleffis-les-Tours. Le Roi Charles VIII fon fils, fit bâtir à ce Saint un Couvent à Tours, dans lequel il mourut le 2 Avril 1507.

Marie de Médicis a fondé les Minimes à Paris. Le Portail de cette Eglife eft le dernier ouvrage d'un des plus grands Architectes de la France, *François Manfard*. Il eft compofé de deux ordres d'Architecture. Le Dorique, le Compofite au-deffus. Le tympan du fronton eft orné d'un Bas-relief qui repréfente Sixte IV

---

(1) C'eft-à-dire *les plus petits*. Quelques-uns ont prétendu que J. C. avoit en vue les Minimes, en difant qu'il tiendra fait à lui-même ce qu'on aura fait aux plus petits des fiens, c'eft-à-dire aux *Minimes : quod uni ex Minimis meis feciftis.*

(2) Un jour ce faint reffufcita un agneau rôti, dont la moitié étoit mangée & digérée. Il allumoit les lampes de l'Eglife & faifoit bouillir fon pot, en y appliquant le bout du doigt.

M. *Mefmer* a fait auffi bouillir fon pot, il s'eft procuré des meubles précieux, des bijoux, des équipages, une fortune immenfe, & a fait délirer les têtes Françoifes avec le bout de fon doigt.

accompagné de plufieurs Cardinaux, lequel ordonne à Saint François de Paule d'aller en France répondre aux defirs de Louis XI.

Le Maître-Autel eft orné de fix Colonnes Corinthiennes de marbre de Dinan & d'une defcente de Croix qui eft une copie du Tableau de *Daniel Volterre* qui eft aux Minimes à Rome.

La premiere Chapelle à droite auprès du Maître-Autel, eft celle de Saint François-de-Paule, qui eft repréfenté, dans le Tableau d'Autel, reffufcitant un enfant. C'eft le chef-d'œuvre de *Vouët*. Les Eleves de ce Peintre ont peint, fur les panneaux des lambris, l'hiftoire de la vie de ce Saint.

Dans la Chapelle fuivante, dite de St Michel, on voit le Médaillon d'*Edouard Colbert de Villacerf*, Surintendant des bâtimens de Sa Majefté, lequel eft entouré d'une draperie heureufement jettée. C'eft un des plus beaux ouvrages de *Couftou l'aîné*. Au-deffus font les Armes fculptées par l'*Efpingola*.

La troifieme eft celle de Saint François de Sales. Les quatre Vertus qui ornent les angles font de *Desjardins*. Le fuperbe Tombeau qu'on y voit eft celui du Duc de *la Vieuville*, parent de Saint François-de-Paule, & de la Ducheffe fa femme, dont les figures font grandes comme nature.

La cinquieme renferme un grand Tableau de *la Hyre*, repréfentant une Trinité.

De l'autre côté on voit, dans la quatrieme Chapelle, une Sainte-Famille peinte par le fameux Sculpteur *Sarrazin*, ainfi que les qua-

...tre Médaillons en camaïeux du plafond, qui
... font d'une grande beauté.

C'est dans cette Eglife & dans la Chapelle
d'Angoulême que font les Tombeaux de *Dianne
de France*, Ducheffe d'Angoulême, fille naturelle du Roi Henri II, & celui de *Charles
de Valois*, Duc d'Angoulême, fils naturel de
Charles IX.

La Chapelle de Saint Nicolas, à côté du
Maître-Autel renferme le Maufolée en marbre
blanc du Premier Préfident *le Jay* & de *Madeleine Marchand* fon époufe, & les Buftes
de *Guillaume Lefrat*, Seigneur de Lancrau, &
de *Charles le Jay*, Baron de Maifonneuve.

Dans la premiere des Salles qui fervent de
Sacriftie, eft un grand Tableau qui repréfente
Saint François-de-Paule traverfant, avec deux
Religieux, le Fare de Meffine fur fon manteau
qui lui fert de chaloupe. Ce Tableau eft de
Noël-Nicolas Coypel.

Un Tableau repréfentant une Réception de
Saint François par Louis XI, peint par *Dumont.*

Un Miracle du même Saint, par *le Pape.*

Et un fuperbe Tableau d'une moyenne grandeur qui repréfente St Pierre-ès-liens, dont les
effets de la lumiere font admirables ; on en ignore
l'Auteur. Dans la feconde Salle on admire une Defcente de Croix qui n'eft qu'une copie ; un grand
Tableau, original de *Largilliere*, repréfentant
l'Erection du Prevôt des Marchands à l'avene-
ment de Philippe V au Trône d'Efpagne. Dans
la troifieme Salle, qui eft le Chapitre, on voit un
grand Chrift qui eft de la plus grande beauté, &
dont ces Peres ont refufé 30,000 livres.

Jean de Launoy, Docteur en Théologie de la Faculté de Paris, surnommé *le Dénicheur de Saints* (1), est enterré dans cette Eglise, ainsi qu'*Abel de Sainte-Marthe*, Doyen de la Cour des Aides, & Garde de la Bibliotheque Royale de Fontainebleau, Auteur de quelques Poëmes Latins.

On voit dans les galeries qui font au-dessus du cloître, deux Morceaux curieux de perspectives qui font des illusions d'optiques, par le *Pere Niceron*. De loin c'est une Madeleine & un Saint Jean Evangéliste. A mesure que l'on approche, l'objet principal disparoit & on ne voit plus qu'un Paysage.

MIRAMIONES ou Filles de Sainte-Genevieve.

Madame la veuve *Beauharnois de Miramion* est la fondatrice de cette Communauté : les Lettres-Patentes accordées en sa faveur, furent enregistrées au Parlement le 30 Juillet 1674.

Ces Religieuses ne font point de vœux. Elles se consacrent à l'instruction des jeunes filles & au soulagement des pauvres blessés. Elles font les saignées & préparent les médicamens nécessaires. Ces secours font gratuits, & font

---

(1) *Je ne chasse point du Paradis*, disoit ce savant, *les Saints que Dieu y a placés, mais bien ceux que l'ignorance superstitieuse des peuples y a fait glisser.* M. le Président Lamoignon lui parloit un jour en faveur de St Yon, Patron d'un de ses villages. *Comment lui ferois-je du mal*, répondit le Docteur ? *je n'ai pas l'honneur de le connoître.* Voyez page 152, la note.

administrés avec tout le zele de la vraie charité ; ce qui les rend plus précieux.

MONASTERES.

On en compte 124 dans la ville, faux-bourgs ou banlieue de Paris, qui sont composés d'environ 4 à 5000 individus (1). Moins scandaleux, moins réguliers qu'autrefois, ils se mêlent moins des affaires de l'Etat, & ils n'ont d'ennemis que quelques réformateurs d'abus (2).

MONNOIES. (Voyez *Hôtel de la Monnoie , page 307*).

MONNOIES *des Médailles , aux Galeries du Louvre.*

C'est le lieu où l'on frappe les Médailles. On y voit tous les poinçons exposés dans des armoires à panneaux de glaces. Elles renferment deux suites complettes de Médailles, l'une est l'His-

---

(1) J'ai vu le projet d'un établissement, dont le but est de mettre à profit les talens de cette foule de jeunes gens qui , sans ressources, sans protection, languissent à Paris dans une oisiveté forcée, qui ne leur laisse souvent que le choix entre la misere & le deshonneur. Une Communauté semblable, où chaque talent trouveroit son occupation & son salaire, préviendroit bien des maux , & vaudroit bien , je pense, pour son utilité, d'oisifs & pieux célibataires.

(2) Ils ont eu pendant quelque-temps un ennemi qui n'entendoit pas badinage ; c'étoit le furieux Capitaine *Bressaut* , Gentilhomme Angevin, qui ayant appris que le Pape avoit fait faire une Procession solemnelle en action de grace de la journée de St-Barthelemy, jura, dit M. de *Saint-Foy* , de *châtrer* tous les Moines qui tomberoient entre ses mains ; & il n'eut pas honte de se rendre fameux , en portant un large baudrier qu'il avoit fait faire de ces ridicules mutilations.

toire Métallique de Louis XIV ; l'autre, celle de Louis XV.

MONT-DE-PIÉTÉ.

Cet utile établissement est situé rue des Blancs-Manteaux ; il n'a commencé, en France, que l'année 1777 ; on donne le tiers de la valeur des objets mis en gage, les intérêts sont peu considérables, & c'est par-là que cet établissement a détruit les manœuvres ruineuses de l'usure des Prêteurs sur gages.

MONTMARTRE. (Voyez *le Volume des Environs*).

MOULINS A EAU.

Il y a, sur la riviere, plusieurs Moulins à Eau, construits sur des bateaux dont la puissance motrice est le courant de l'eau.

MUSÉES.

Musée autorisé par le Gouvernement sous la protection de MONSIEUR *& de* MADAME, établi en 1781, rue Sainte-Avoie, & depuis le 20 Novembre 1784 dans les nouveaux bâtimens du Palais Royal, au coin de la rue St-Honoré, par M. *PILATRE DE ROZIER.*

Cet Etablissement ne se bornant point à l'utilité des hommes instruits, on y a réuni, pour les personnes qui desirent acquérir des connoissances, différens Professeurs qui donneront chaque année des cours de Physique, de Chymie, d'Anatomie, de Mathématique, d'Astronomie, d'Hyppiatrique, de langue Angloise, Allemande & Italienne.

Le Musée devenant le seul rendez-vous Littéraire public, les Savans & les Artistes de toutes classes auront droit d'y exposer en tout tems, les

(429)

ouvrages, les inventions & les découvertes qu'ils
auront intention de faire connoître.

On souscrira moyennant 72 livres par année.
Pour cette somme on aura le droit de suivre tous
les cours, d'entrer à toutes les heures dans la
Bibliotheque, soit pour y consulter les Auteurs,
soit pour y lire les ouvrages périodiques.

Les Souscripteurs, qui indépendamment de
l'abonnement paieront une somme quelconque,
(qui doit être au moins de 48 livres), seront
regardés comme *Fondateurs du Musée*, en
conséquence outre les prérogatives précédentes
ils seront admis au Conseil; ils auront 1°. le
droit de disposer d'un billet aux grandes assemblées; 2°. de lire ou de faire lire leurs productions dans ses séances; 3°. de se servir en
tout tems des Livres & des Machines; 4°. &
enfin, de travailler dans les Laboratoires.
L'excédent de la Souscription sera employé par
M. de Rozier à l'acquisition d'objets utiles dans
les Sciences, sur lesquels on gravera le nom
du Donateur.

Outre l'abonnement, on donnera 6 livres
par année pour les Garçons du Laboratoire.

Les Académies, Colléges, Communautés &
les Amateurs étrangers, continueront de cor-
respondre avec le Musée, moyennant la somme
de 24 livres par année, consacrée aux frais des
Bureaux.

Les personnes qui desireront se faire inscrire
sont priées d'adresser leur nom & leur demeure,
à M. *de Rozier*, *à l'ancien Hôtel du Musée*,
rue Sainte-Avoie, ou à M. *Sue*, *Professeur
d'Anatomie & Docteur en Médecine*, *rue des*

Fossés Saint-Germain-l'Auxerrois, près celle de l'Arbre-Sec, ou à M. Moreau de Saint-Méry, Avocat au Parlement, rue Plâtriere, n°. 12.

Musée de Paris, rue Dauphine; fondé au mois de Novembre 1780, par une Société de 12 Savans ou Littérateurs.

Le premier jeudi de chaque mois cette Société tient ses Assemblés publiques. Avec des billets, les Dames, ainsi que les Etrangers, font admis à ces Assemblées, qui se terminent toujours par un concert.

Dans des Salles particulieres, se font des Conférences journalieres & des Cours : on y trouve aussi une Bibliotheque & les papiers publics.

Les personnes qui desirent se faire connoître du public par leurs Ouvrages n'ont qu'à soumettre leurs productions à l'examen de cette Société.

Les Salles de ce Musée son vastes & bien décorées.

Nazareth, (les Peres de) rue du Temple.

Ces Religieux qu'on nomme aussi *Pénitens du tiers Ordre de Saint-François d'Assise* (1) ; est une réforme introduite par le Pere *Mussart*, qui est parvenu à établir en France 60 Monasteres, dont celui des Picpus a été regardé jusqu'à présent comme le Chef.

---

(1) Ce tiers-Ordre, dans les commencemens, n'étoit que pour les séculiers qui vouloient imiter, autant qu'ils pourroient, la perfection Monacale. Ils étoient dénommés *Fratriceaux, Frerots, Fratricelles, Béguards & Béguins.* Leurs débauches fit tomber cet Ordre dans un grand mépris ; il suffisoit d'être de cette association, pour être soupçonné sur l'article de la chasteté.

L'Eglise a été achevée en 1632 par la libéralité d'une personne inconnue, qui mit à cet effet, dans un tronc, cinq mille livres en louis d'or.

Le cœur du Chancelier *Séguier*, leur principal Fondateur, est déposé dans le caveau de la Chapelle de cette famille ; on y remarque une Annonciation, par *le Brun*, & un Tableau de Marthe & Marie, peint par *Jouvenet*.

NICOLAS-DES-CHAMPS. (Saint)

Ce n'étoit autrefois qu'une petite Chapelle pour les domestiques du Monastere de Saint Martin-des-Champs, dont elle dépend encore aujourd'hui. Elle fut érigée en Paroisse avant 1108. En différens tems cette Eglise fut augmentée.

Le Maître-Autel est décoré d'un Ordre Corinthien, d'un Tableau de la Vierge, peint par *Vouët*, & de quatre Anges en stuc que *Sarazin* fit à son retour d'Italie ; ouvrage qui le mit en réputation.

La Chapelle de la Communion, nouvellement décorée sur les dessins de M. *Boulan*, a son Tableau qui représente Saint Charles Boromée, donnant la Communion aux pestiférés, peint par *Godefroy*.

Vis-à-vis la Chapelle de la Vierge est un petit monument adossé à un des piliers, exécuté par *Laurent Magniere*, pour lui, sa femme & sa fille. Ce Sculpteur, un des plus habiles de son siècle, mourut en 1700, âgé de 82 ans.

Dans cette Eglise repose *Guillaume Budé*, savant Médecin de François premier (1).

____

(1) Budé ayant été averti, pendant qu'il étoit dans son cabinet, que le feu venoit de prendre à sa mai-

Pierre Gaffendi, Profeſſeur de Mathéma-tique au Collége Royal. Rival de Deſcartes, il renouvella les atômes & le vuide. Il prit d'Epi-cure & de Démocrite ce que ces Philoſophes paroiſſoient avoir de plus raiſonnable, & en fit la baſe de ſa Phyſique (1).

Henri & Adrien de Valois, freres, ſavans & Hiſtoriens très-eſtimés. *Madeleine Scuderi*, un des beaux eſprits de ſon tems, Auteur de plu-ſieurs Romans. *Théophile Viaud*, Poëte Fran-çois, fameux par ſon déreglement & la vivacité de ſon eſprit ; on l'accuſa d'être l'Auteur du *Parnaſſe Satyrique*, Ouvrage, dit-on, plein d'obſcénité & d'irréligion. Il fut en conſéquence condamné à être brûlé ; mais il ne le fut qu'en effigie, &c. On y trouve auſſi la ſépulture de la Maiſon de *Waroquier* avec leurs Epitaphes. Savoir : celle de *François de Waroquier*, Secré-taire de la Reine Catherine de Médicis ; de *ſage & vertueuſe dame Marie-Philippe de Billi, ſuivant ſon Epitaphe ſa race étoit Noble, ſa naiſſance fut heureuſe, ſa vie exemplaire, ſa mort très-Chrétienne & ſa mémoire en ſinguliere véné-ration ;* une autre Epitaphe de cette Famille eſt remarquable par ſa préciſion.

Virtutem Colle dum vivis, gloriam reperies in ſepulcro. Sic vixit, ſic obiit vir ſtirpe generoſus virtute que illuſtris. Renatus DE W*aroquier*

ſon: *avertiſſez ma femme*, répondit-il froidement, *vous ſavez que je ne me mêle point du ménage.*

(1) Un ignorant voulant lui expliquer le ſyſtême de la métempſycoſe, il iui dit : *Je ſavois bien que, ſuivant Pythagore, les ames des hommes entroient, après leur mort, dans le corps des bêtes ; mais je ne croyois pas que l'ame d'une bête entrât dans le corps d'un homme.*

regi à *Consiliis* & *Nobilis fœmina Francisca
Hardy* , &c. Plusieurs descendans de cette ancienne Maison se sont également distingués dans
les Armes , la Robe & dans les Lettres , du
nombre desquels sont aujourd'hui M. *le Marquis
de Waroquier* , Capitaine de Cavalerie , & M.
le Comte de Waroquier , *son frere* , Officier
d'Infanterie , Auteurs de plusieurs Ouvrages sur
la Noblesse.

NICOLAS-DU-CHARDONNET. (*Saint*)

Ainsi nommé à cause du territoire rempli
de chardons sur lequel cette Eglise étoit située.
Elle forme aujourd'hui l'angle des rues Saint-
Victor & des Bernardins ; elle a été érigée en
Paroisse dès l'an 1243 , & fut reconstruite en
1656 , les travaux interrompus pendant plusieurs années , furent repris en 1705 , &
achevés en 1709 , à l'exception du portail qui
n'est pas encore fini.

L'intérieur de cette Eglise est orné de pilastres
composites , dont les chapiteaux n'ont qu'un
rang de feuilles d'acanthe. Le Maître-Autel
d'un dessin nouveau , est surmonté d'une Gloire
qui fait un bon effet. Le Crucifix & les Statues
de bois de la Vierge & de Saint Jean placées au-
dessus du tambour de la porte de la croisée ,
sont sculptées par *Poultier* d'après les dessins
de *le Brun.*

A l'entrée du Chœur , sur les Chapelles de
côté on voit un Saint Ambroise & le Baptême
de Notre Seigneur , par *Peters.*

Dans la Chapelle de la Communion on
remarque plusieurs Tableaux , celui qui est sur
l'Autel représente les Pélerins d'Emmaüs , par

T

Saurin ; aux deux côtés font le Miracle de là Manne & le facrifice de Melchifédech , par *Nicolas Coypel ;* entre les croifées , le Sacrifice d'Abraham & Elifée dans le défert, par *Francifque.*

Dans la Chapelle de Ste-Catherine on voit cette Sainte peinte par *le Lorrain ;* dans une autre Chapelle M. *Jeaurat* a peint le Martyre de Saint Denis.

Dans la Chapelle de la Vierge eft une Réfur-rection de N. S. , par *Verdier,* & une Affomption qui fait pendant.

La Chapelle de Saint-Jérôme , qui eft la feconde à droite près du Chœur renferme le Tombeau de *Jérôme Bignon ,* Avocat-Général du Parlement ; on y voit fon Bufte en marbre , fculpté par *Girardon ;* fous ce même Tombeau font auffi inhumés *Jérôme* & *Thierri Bignon,* fes fils.

Dans la troifieme Chapelle à gauche, on voit le Maufolée & le Bufte de *René III de Voyer de Paulmy d'Argenfon ,* Ambaffadeur à Venife à l'âge de 27 ans , & de *Marc-René de Voyer de Paulmy d'Argenfon ,* Chef du Confeil des Finances & Garde des Sceaux de France, &c.

Mais ce que cette Eglife renferme de plus précieux c'eft la Chapelle de Saint-Charles qui eft une des plus curieufes de Paris par la beauté de fes Monumens. On y voit le Maufolée de la mere du célèbre Peintre *le Brun,* dont il a donné le deffin qu'il a fait exécuter par *Gafpard Collignon,* excepté la figure de l'Ange qui eft de *Tuby ;* ce morceau eft plein de mouvement , de vérité & d'expreffions. Dans la même Chapelle est le Tombeau de *Charles le Brun*, que sa veuve lui a fait élever. Son Buste placé au pied d'une pyramide, est de *Coyzevox* ainsi que les autres figures de ce Mausolée ; le tableau d'Autel est un chef-d'œuvre du Peintre célèbre qui repose dans cette Chapelle, il représente Saint Charles Boromée qui, les pieds nuds, la corde au cou, demande à Dieu la guérison des pestiférés de Milan.

Au-dessus de ce Tableau est un bas-relief de bronze doré, représentant J. C. mis au Tombeau.

Charles le Brun, un des meilleurs Peintres de l'Ecole Françoise, est connu par un grand nombre d'Ouvrages, son Tableau du Serpent d'airin dans le réfectoire des Religieux de Picpus, le Saint Charles dont nous venons de parler, la famille de Darius & la Madeleine Pénitente des Carmélites sont ses chefs-d'œuvres. Il a laissé deux excellens Traités, l'un *sur la Physionomie*, l'autre *des différens Caractères des Passions*. Un beau génie se joignoit à beaucoup de correction & d'élégance ; ses airs de têtes sont gracieux, toutes ses figures étoient bien caractérisées & les passions y étoient exprimées avec la plus grande vérité. Louis XIV lui accorda des Lettres de Noblesse, l'honora du Collier de St-Michel, & lui fit présent de son Portrait enrichi de diamants.

Notaires. (Voyez *leurs adresses dans l'Almanach Royal.*

Notre-Dame. (*Eglise Cathédrale de*)
La première Eglise que les Chrétiens ont construits à Paris fut dédiée à Saint Etienne, vers

l'an 375, fous le regne de Valentinien premier; Childebert, fils de Clovis, en 522 la fit réparer, agrandir, & y joignit une nouvelle Bafilique qui fut dédiée à *Notre-Dame*. Ces deux Eglifes fub-fifterent jufqu'en 1160 fous le regne de Louis-le-Jeune, tems où l'on commença la conftruc-tion de la Cathédrale que nous voyons. Elle ne fut achevée qu'en 1185, fous le regne de Phi-lippe-Augufte.

Cette Eglife gothique eft une des plus belles & des plus vaftes du Royaume; majeftueufe par fa grandeur, elle a reçu du tems une teinte qui la fait refpecter; fa longueur eft de 6, toifes, fa largeur de 24, & fa hauteur de 17. Elle eft foutenue par 120 piliers. Les Tours ont cha-cune 34 toifes de hauteur; on y monte par un efcalier de 389 marches. Dans la Tour du midi font deux cloches extraordinairement groffes qu'on nomme *Bourdons*.

La façade eft compofée de trois portes, char-gées de Statues & de Figures comme le font toutes les façades des Cathédrales bâties dans les mêmes tems.

Les bas-côtés font compofés d'un double rang de piliers qui regnent au pourtour de l'édifice, au-deffus font de grandes Galeries efpacées par de petites colonnes d'une feule piece, où l'on fe place pour voir les grandes Cérémonies.

Le peuple admiroit à droite en entrant la Statue de Saint-Chriftophe, parce qu'elle étoit coloffale. On vient de détruire ce Monument ridicule du goût & de la dévotion de nos peres(1).

_____

(1) Pierre des Effarts, Surintendant des Finances, eut la tête tranchée en 1413. Son frere, Antoine des

La Nef est ornée de plusieurs Tableaux superbes : le premier, à droite en entrant, est St Pierre
guérissant les boiteux, par *Silvestre* ; le 2ᵉ. St.
Pierre délivré de prison, par *J. B. Corneille* ; le
3ᵉ. le départ de St. Paul de Milet pour Jérusalem,
par *Galloche* ; le 4ᵉ. le Martyre de St. Simon en
Perse, par *Louis Boulongne, le pere* ; le 5ᵉ. le
Martyre de St. Jean l'Evangéliste près la Porte-
Latine de Rome, par *Claude Hallé, pere* ; le
6ᵉ. l'Apparition de J. C. à St. Pierre, par *Jérôme
Sourlai*. On pense que ce Tableau est de *Mignard*, dont *Sourlai* étoit l'Eleve. On y reconnoît les talens de ce grand Maître.

Le 7ᵉ. St. Pierre ressuscitant la veuve Tabithe,
par *Louis Testelin* ; & le 8ᵉ. représente St. Paul
obligeant les Gentils à brûler leurs livres de
Magie. Ce Tableau est d'*Eustache le Sueur*,
c'est un des chef-d'œuvres de ce Peintre, &
peut-être le plus beau Tableau de l'Europe.

Le premier à gauche en recommençant au
bas de la Nef, représente Notre Seigneur chez
Marthe & Marie, par *Simpol* ; le deuxieme,
la multiplication des pains, par *Jean Christophe* ;
le troisieme, la Vocation de Saint Pierre & de
Saint André, par *Michel Corneille* ; le quatrieme, les Vendeurs chassés du Temple, par
Claude Hallé ; le cinquieme, Notre Seigneur
guérissant le Paralytique, par *Jouvenet* ; le
sixieme, l'entretien de Notre Seigneur avec

Essarts, qui avoit été arrêté avec lui, rêva dans sa
prison que St Cristophe rompoit ses chaînes & l'em-
portoit sur ses bras. Quelques jours après ce rêve il fut
relâché, & en reconnoissance, il fit élever l'énorme
Statue de St Cristophe.

T 3

la Samaritaine , par *Louis Boulongne* ; le feptieme , le Centenier aux pieds du Sauveur,
auffi par *Louis Boulongne* ; & le huitieme ,
J. C. guériffant le Paralytique fur le bord de
la Pifcine , par *Bon Boulongne*.

Dans la croifée , vis-à-vis la Chapelle de la
Vierge , eft un Tableau repréfentant le Vœu
de Louis XIII ; Ce Prince préfente fa couronne
à la Vierge & met fa perfonne & fon Royaume
fous fa protection ; il eft de *Philippe de Cham-*
pagne ; à côté & vis-à-vis la Chapelle de
Saint-Chriftophe eft un Tableau de St Paul &
Sillas flagellés , peint par *Louis Teftelin*. Au-
deffus , St André à genoux devant la Croix,
peint par *Blanchard* ; fur la même ligne , en
tournant , l'Apôtre Saint Jacques conduit au
martyre, par *Noël Coypel le pere* ; de fuite, l'He-
morroïffe , par *Cazes* ; à côté, Saint Paul lapidé
à Liftre , par *J. B. Champagne le neveu.* Au-
deffus de la Chapelle , Saint Pierre prêchant à
Jérufalem , par *Charles Poerfon le pere*.

A la croifée à gauche , une Pentecôte , par
Blanchard. A côté & vis-à-vis la Chapelle St-
Marcel , St Paul guériffant un boiteux , par
Michel Corneille. Au-deffus , l'Enlevement de
St Philippe , par *Thomas Blanchet*.

De fuite en tournant , le Martyre de Saint
Etienne , par *Charles le Brun* ; le Martyre de
St Pierre , par *Sébaftien Bourdon* ; le Martyre
de St André , par *Charles le Brun*. Au-deffus
de la Chapelle la Converfion de St Paul , par
Laurent de la Hire.

Tous les Tableaux ci-deffus dénommés viennent d'être entierement reftaurés fous la direc-

tion de M. *Godefroid*, Peintre & ancien pensionnaire du Roi a Rome.

Au dernier pilier de la Nef à droite, est la Statue équestre de *Philippe de Valois* (1), posée sur deux colonnes. Ce Roi est représenté la visiere baissée, l'épée à la main, tout comme il entra à Notre-Dame après la bataille de Cassel pour y remercier Dieu & la Vierge de la victoire qu'il avoit remportée.

Le premier Tableau à droite dans le Chœur représente une Annonciation, par *Hallé* ; le deuxieme, une Visitation appellée le *Magnificat*, chef-d'œuvre de *Jouvenet*, & qu'il peignit de la main gauche, étant devenu paralytique de la droite ; le troisieme, la Nativité de N. S. ; & le quatrieme, l'Adoration des Mages, tous deux peints par *la Fosse*.

De l'autre côté à gauche le premier offre la Présentation au Temple, par *Louis Boulongne* ; le deuxieme, une Fuite en Egypte ; le troisieme, N. S. au milieu des Docteurs, & le quatrième, l'Assomption de la Vierge, tous trois peints par *Antoine Coypel*.

Dans la Chapelle de Ste-Anne on voit une Présentation de la Vierge au Temple, par *Vouët* ; dans celle de St Barthelemi, le Martyre de ce Saint, par *Baugin* ; dans celle de St Pierre, la Mort de la Vierge, par le *Poussin*, qu'il

____

(1) On a prétendu que c'étoit *Philippe-le-Bel*, l'inscription qu'on lit au-dessous de cette Statue l'annonce ainsi ; mais cette inscription est très-moderne. M. de Saint-Foix & M. le Président Hénault ont eu une longue discussion sur ce sujet ; il en est résulté que c'étoit la Statue de *Philippe de Valois*.

T 4

peignit avant son voyage d'Italie. Dans la Chapelle de Vintimille, St Charles Borromée, par *Carle Vanloo*.

Dans la Chapelle de Noailles, dont la décoration a été ordonnée par *Boffrand*, est, sur l'Autel, un Bas-relief de métal doré, représentant l'Assomption de la Vierge, par *Fremin*. Le Tableau de l'arrivée des Saintes Femmes a été peint par *Natoire*. L'Urne qui est sur la corniche, contient le Cœur du Cardinal de Noailles.

Dans la Chapelle de Ste-Catherine, on voit le portrait de cette Sainte, par *Vien*. Dans la suivante, Sainte Marie Egyptienne, par *Baugin*.

Les ornemens & la sculpture du Chœur, sont de *Vassé* pere. A droite près l'autel, sont six Vertus ; savoir, la Charité & la Persévérance, par *Poultier* ; la Prudence & la Tempérance, par *Fremin* ; l'Innocence & l'Humilité, par *Pierre le Pautre*. A gauche sont autres six Vertus, la Foi & l'Espérance, par *le Moyne pere* ; la Virginité & la Pureté, par *Thierry* ; la Justice & la Force, par *Bertrand*.

Aux piliers des Arcades sont placés sur des culs de lampes, six Anges de bronze de grandeur naturelle, qui tiennent chacun un instrument de la Passion. Les deux plus voisins de l'Autel sont de *Vancleve* ; *Hurtrelle* a fait celui qui tient l'éponge ; *Poirier*, celui qui tient les clous ; celui qui porte l'inscription est de *Magnier*, & l'autre est de *Flamen*.

Le Sanctuaire est élevé sur plusieurs marches avec deux balustrades cintrées, dont les tablettes, les focles & les piedeſtaux ſont de marbre de Rance, & les baluſtres de bronze doré. Sur les deux côtés ſont poſées deux Torcheres de cuivre doré, à neuf branches chacune : elles ſont du Deſſin de *Caffiery*. Le Sanctuaire eſt fermé entre les arcades par des grilles de fer doré ; il eſt pavé de marbre de diverſes couleurs, dont les compartimens ſont des chef-d'œuvres en ce genre.

L'Autel, conſtruit de marbre d'Egypte, a la forme d'un Tombeau antique, & eſt décoré de Chérubins & d'autres riches ornemens de bronze doré. Aux deux côtés ſont les deux Statues en marbre grandes comme nature, de Louis XIII, par *Couſtou le jeune*, & de Louis XIV, par *Coyzevox*.

Derriere l'Autel eſt, dans une niche, un ſuperbe Groupe, communément appellé *le Vœu de Louis XIII*. Il eſt compoſé de quatre Figures de marbre blanc. La Sainte Vierge y eſt repréſentée aſſiſe, les bras étendus & les yeux fixés vers le ciel ; ſur ſes genoux eſt la tête & une partie du corps de Jéſus-Chriſt, poſé ſur un linceul. Un Ange ſoutient une main du Sauveur, & un autre tient la couronne d'épines. Derriere s'éleve une grande Croix de marbre blanc. Ce Groupe eſt de *Couſtou l'aîné*, & c'eſt ſon chef-d'œuvre dans le genre pieux.

Le Lutrin, placé au milieu du Chœur, a été exécuté par *Dupleſſis*, Fondeur du Roi. La Chaire Archiépiſcopale eſt ornée de bas-reliefs. Les Stalles ſont d'une belle menuiſerie, Deſſinées par *Goulon*.

Les deux Chapelles des côtés de la croiſée

doivent fixer l'attention des Obſervateurs. Dans l'une on voit la Statue de marbre de la Vierge, par *Vaſſé* ; un Lampadaire d'argent, remarquable par l'élégance des contours, exécuté par *Ballin*, Orfévre célebre. Dans l'autre, eſt un St Denis, ſculpté par *Couſtou l'aîné*. Ces deux Chapelles, dont *Cotte* a donné le Deſſin, ſont ornées de Colonnes Corinthiennes, dont les entablemens ſont revêtus de bronze. Deux Chapelles nouvellement conſtruites aux extrémités de la croiſée, font honneur aux Artiſtes qui les ont exécutées. L'une eſt dite de Saint Chriſtophe, par M. *Gois* ; L'autre de Saint Marcel, par M. *Mouchy*.

Dans la Chapelle des Urſins eſt un Tombeau élevé de deux pieds, ſur lequel eſt repréſenté à genoux *Jean Jouvenel*, qui fut Prévôt des Marchands. En reconnoiſſance des bons ſervices qu'il avoit rendu à la ville de Paris, on lui fit préſent de l'hôtel des Urſins. Ce fut ſur ce frivole fondement que ſes deſcendans prirent le nom & les armes *des Urſins*, une des plus illuſtres maiſons d'Italie. Il mourut l'an 1431.

Dans la Chapelle de St Euſtache ont été inhumés *Jean-Baptiſte Budes de Guébriant*, Maréchal de France, & *Renée de Bec-Crepin*, ſa femme. Ce Maréchal ayant eu le bras caſſé au ſiége de Rotweil, y mourut deux jours après avoir pris la Ville le 26 Novembre 1643. La Reine Régente voulut que les Cours Souveraines aſſiſtaſſent à ſes funérailles ; honneur qui ne s'étoit encore jamais rendu qu'aux Rois & aux fils de France. La Maréchale de *Gué-*

briant ne fut pas moins diftinguée que fon mari. Ce fut la premiere femme qui fut qualifiée d'Ambaffadrice. Elle honora ce titre & fon fexe lorfqu'elle fut choifie pour conduire la Reine Marie de Gonzague en Pologne.

Dans la Chapelle de Gondi on voit une Statue de marbre blanc fur un Tombeau de marbre noir. C'eft la Figure de *Pierre de Gondi,* Evêque de Paris & Cardinal de l'Eglife Romaine.

Dans la Chapelle de St Marcel nouvellement reconftruite, dite autrefois *la Chapelle du Diable,* fut enterré *Raimond Diocre,* Chanoine de Notre-Dame, qui mourut en odeur de fainteté, & qui fut fameux par ce qui lui avint après fa mort. Son corps étant porté dans le Chœur de cette Eglife, on en étoit à cet endroit de l'Office : *refponde mihi quantas habeo iniquitates, &c.* Auffitôt on voit s'élever au-deffus du cercueil la tête du Mort, qui prononça ces mots : *jufto Dei judicio accufatus fum.* La frayeur faifit les affiftans, ils s'enfuirent & remirent la cérémonie au lendemain. Mais, au même verfet, le Mort fe leve encore & répond : *jufto Dei judicio judicatus fum.* Le troifieme jour enfin, toujours au même verfet, le Mort déclara nettement qu'il étoit damné, en difant : *jufto Dei judicio condemnatus fum.* Ce conte de bonne femme a été regardé par les Chartreux comme un *miracle.* Ils affuroient, les bons Religieux, que S. *Bruno,* qui affiftoit à cette fcène épouvantable, en fut fi frappé qu'il fe retira du monde pour vivre dans la pénitence. Cette opinion fut fi acréditée que *le Sueur* fut obligé en peignant la vie de Saint Bruno dans le cloître des Chartreux , de repréfenter ce ridicule & fabuleux évenement. Le Docteur *de Launoy*, qui penfoit que de pareils miracles étoient plus nuifibles à la Religion dans un fiécle éclairé, que profitables dans un temps d'ignorance, a démontré la fauffeté de cette tradition.

Laiffons ces erreurs qui deshonorent l'efpece humaine, paffons à des objets plus confolans, admirons dans la Chapelle d'Harcourt les témoignages de la tendreffe de notre moderne *Arthemife*. Les fentimens d'un violent amour étoient feuls capables d'enfanter la fcène attendriffante qu'offre le fujet du Maufolée du Comte d'Harcourt. Sa veuve l'imagina , & M. *Pigalle* l'a exécuté avec fuccès. Si les grandes douleurs font les plus éloquentes, on peut apprécier celle de Madame la Comteffe d'Harcourt en voyant cette production.

L'Ange tutelaire leve d'une main la pierre du Tombeau où eft renfermé le Comte d'Harcourt, de l'autre il tient un flambeau pour le rappeller à la vie. Le Comte ranimé fe débarraffe de fes linceuls, fe fouleve & tend une foible main à fon époufe, qui fe précipite pour fe réunir à l'objet de fes larmes ; la mort inflexible, placée derriere le Comte, annonce à la Comteffe, en lui montrant fon fable, que le temps eft écoulé ; l'Ange alors éteint fon flambeau. Voilà l'inftant de la fcène que repréfente ce beau Maufolée, qui immortalife à la fois la tendreffe de l'Héroïne qui l'a imaginé, & les talens de l'Artifte qui l'a exécuté.

L'on voit à l'entrée de cette Eglife deux

Bénitiers de Granit de France, composés d'une grande jatte de 3 pieds 2 pouces de diamètre, montés sur un fut de colonne de marbre.

On a blanchi, il y a quelques années, l'intérieur de cette vaste Eglise ; en lui donnant plus de clarté, en la rendant plus agréable, on a rajeuni ce vieil Edifice tout comme le fard rajeunit la vieillesse & la rend ridicule. On l'a privé de cette teinte sombre, religieuse & respectable que donne une longue suite de siécles & qui convient bien mieux à la majesté d'un Temple, que les ornemens & les richesses que nous avons la manie d'admirer dans nos Eglises comme dans nos sallons.

NOUVEAUX CONVERTIS.

Cette Communauté, située rue de Seine St-Victor, fut projettée par le P. Hiacinte, Capucin, & autorisée par François de Gondi, Evéque de Paris, sous le nom de *Congrégation de la propagation de la Foi* & sous le titre de l'*Exaltation de la Croix.*

NOUVELLES CATHOLIQUES.

Cette Maison, qui a le même but que la précédente, a comme elle les même priviléges, ceux dont jouissent les Maisons de fondations Royales ; elle est située rue Ste-Anne.

Le Tableau du Maître-Autel de l'Eglise est un Christ peint par *le Brun.* A côté de la Chaire est un St-Claude ressuscitant de petits Enfans, par d'*Ulin.*

OBSERVATOIRE ROYAL.

Cet Edifice, situé au haut du Fauxbourg St-Jacques, fut construit en 1664 par ordre du Ministre Colbert, & sous la conduite de

M. *Perrault*. Sa forme est rectangle. On n'a employé dans sa construction ni bois, ni fer; ce Bâtiment est voûté par tout; les quatre faces sont exactement placées aux points cardinaux de l'horison.

Dans une grande salle au premier étage est tracée la ligne méridienne qui divise cet Edifice en deux parties. C'est de-là que, prolongée au sud & au nord, elle traverse toute la France depuis Colioure jusqu'à Dunkerque.

L'Observatoire a encore servi à fixer la perpendiculaire élevée sur cette ligne méridienne. La ligne de la face méridionale de cet Edifice se confond avec la Perpendiculaire qui traverse la France d'Orient en Occident, depuis le Rhin jusqu'à l'extrémité des côtes de la Bretagne. Ces deux lignes qui se coupent au milieu de cette face méridionale de l'Observatoire, ont servi de base à ces travaux immenses, qui ont produit un Monument qui n'a point son pareil au monde. C'est la Carte générale de France, levée géométriquement & divisée en 181 feuilles (1).

Une piece de cet Edifice est nommée la Salle des Secrets, parce qu'en appliquant la bouche à la rainure d'un pilastre & en parlant tout bas, une personne placée au pilastre opposé entend ce que vous avez dit, pendant

---

(1) On voit avec regret que cet ouvrage a subi la destinée de toutes les grandes entreprises dont l'exécution est confiée a différentes mains; il fourmille de négligences de toutes especes; une autre cause de ce vice, c'est que ceux qui sont à la tête de cet ouvrage, n'ont pas intérêt à ce qu'il soit mieux.

que les perſonnes qui ſont au milieu n'enten-
dent rien. Ce Phénomene, dont le P. *Kirker*
explique la cauſe, eſt commun à tous les
Edifices conſtruits de cette maniere.

On deſcend dans les caves par un eſcalier
à vis de 360 marches, qui laiſſe à la place
du noyau un vuide qui correſpond depuis le
fond des ſouterrains juſqu'à la derniere voûte
qui couvre cet Edifice. Ces ſouterrains qui
ſervent à pluſieurs expériences Météorologi-
ques, forment un eſpèce de labyrinte où il
ſeroit très-dangereux de pénétrer ſans guide (1).

O P É R A.

Cette Académie où les Arts, les talens ſe
réuniſſent pour produire le plus magnifique, le
plus brillant & le plus enchanteur de tous les
Spectacles ; où les amours ſont dirigés par les
graces, & les graces par le génie ; où les héros
revivent pour chanter leurs flammes & leurs déſeſ-
poirs ; où l'on voit tant de Divinités s'humaniſer,
tant de *Vénus* deſcendre du radieux Olympe
pour venir enſuite ſe jetter dans les bras
de plus d'un *Anchiſe ;* enfin ce ſéjour des
illuſions a pour premier Fondateur un *Abbé*,
M. l'*Abbé Perrin*, d'édifiante mémoire, qui
voulut encore être Poète : il compoſa quatre

---

(1) On raconte que deux Capucins ayant imprudemment deſcendu l'eſcalier de ces caves à la lueur des
flambeaux qui éclairoient des perſonnes deſcendues
avant eux, crurent pouvoir les atteindre & les ſuivre.
Quand ils furent au bas de l'eſcalier, la lumiere diſ-
parut ; ils ſaiſirent le premier paſſage qui ſe préſenta,
avancerent toujours, dans l'eſpérance de retrouver la
compagnie ; mais ils reſterent dans cet affreux dédale.
Huit jours après, on les trouva enſemble, les bras
déchirés & morts de faim & de déſeſpoir.

Opéra. Ne pouvant supporter les fatigues de cette importante entreprise, il en céda le privilége à Lulli.

Ce Spectacle a le titre d'*Académie Royale de Musique*. Il est le plus brillant, le plus fastueux de la Capitale. Plus fait pour le plaisir des yeux & des oreilles, que pour celui de l'esprit, il est en conséquence le plus constamment suivi. Voltaire en a fait la peinture dans les jolis vers suivans.

> Il faut se rendre à ce Palais magique,
> Où les beaux Vers, la Danse, la Musique,
> L'art de charmer les yeux par les couleurs,
> L'art plus heureux de séduire les cœurs,
> De cent plaisirs, font un plaisir unique.

Lulli, *Rameau*, & de nos jours, *Gluck* & *Piccini*, voilà les quatre Musiciens qui ont fait époque dans les fastes de ce Spectacle. Pour les Auteurs des paroles, depuis *Quinault* il n'en est guere question. C'est le Musicien qui a tout fait. Cette espèce de mépris pour les Poëmes des Opéras les auroit éternellement maintenus dans l'extrême médiocrité où il sont depuis long-temps, si Louis XVI, qui daigne protéger tous les Arts, n'eût excité l'émulation des Poètes, en fondant des Prix en faveur des meilleures Pieces, & en chargeant des Académiciens de les juger.

Le 8 Juin 1781 le théâtre du Palais Royal fut détruit. A peine ce Spectacle étoit-il fini que ce séjour des Grâces, des Divinités, tous ces Palais, ces Temples magnifiques, ces Bosquets enchanteurs, devinrent tout-à-coup la proie des flammes Un affreux incendie consuma la Salle. Plusieurs perſonnes périrent. Le feu dura pendant huit jours (1).

En attendant la conſtruction d'un nouveau théâtre, on s'eſt occupé d'élever à la hâte une Salle proviſoire. M. *le Noir*, Architecte, en fut chargé. Dans l'eſpace de 75 jours elle fut conſtruite & décorée. Elle eſt ſituée proche la porte St-Martin.

O P P O R T U N E. *(Sainte)*

Les Reliques de Ste Opportune, dépoſées au Monaſtere d'Almeneche, dont elle étoit morte Abbeſſe, étoient expoſées aux ravages des Normands. Hildebrand, Evêque de Seez, obtint du Roi Charles-le-Chauve, la permiſſion de les tranſporter dans une Chapelle nommée *Notre-Dame-des-Bois*, déja très-fameuſe par les miracles qui s'y opéroient & le grand nombre de Pélerins qui y accouroient de toutes parts. Les Reliques de cette Sainte donnèrent encore plus de vogue à cette Chapelle. On fut obligé de bâtir une Egliſe attenant la dite Chapelle. La Nef de cette Egliſe ſubſiſte encore ; mais le Chœur fut démoli en 1154.

---

(1) Le lendemain matin, la populace regardoit les ravages affreux de cet incendie avec un viſage conſterné. Lorſqu'une voiture chargée de coſtumes échappés aux flammes, traverſa la place du Palais-Royal, un Crocheteur qui étoit deſſus s'aviſa de mettre ſur ſa tête un caſque qu'il trouva ſous ſa main; il ſe couvrit enſuite d'un manteau royal. Debout ſur la charette, comme un vainqueur qui fait ſon entrée dans un char de triomphe, il attira bientôt les regards du public, dont la triſteſſe ſe changea tout-à-coup en éclats de rire. Voilà le chagrin des François ! quelques jours après il y eut des étoffes couleur de *feu d'Opéra*.

Cette Eglife Royale, Paroiffiale, Collégiale, a donné fon nom au quartier qui l'environne. On y voit un Candelabre de bronze, donné par l'Empereur Charles-Quint lorfqu'il étoit à Paris. Dans la Nef eft une Préfentation au Temple, de *Jouvenet*, & dans la Chapelle Paroiffiale on voit une Mere de Pitié, par *Champagne*.

Dans la Chapelle de *Notre-Dame-des-Bois* eft la Sépulture de la famille *Perrot*.

Dans l'Eglife eft le Tombeau de *François Conan*, Maître des Requêtes & favant Jurif-confulte, mort en 1551. Sa femme, *Jeanne Hennequin*, fit faire le Bufte & l'Epitaphe de fon Mari. Plus paffionnée, plus poétique que chrétienne, cette Epitaphe offre un amour & des regrets dignes d'une Arthemife.

ORATOIRE, *rue St-Honoré.*

La Congrégation des Prêtres de l'Oratoire eft une Société de Prêtres féculiers dépendans d'un Supérieur-Général, qui eft lui-même fou-mis aux Evêques. *C'eft un Corps*, difoit le célébre Boffuet, *où tout le monde obéit & où perfonne ne commande.* Il fut long-temps l'objet de la jaloufie des Jéfuites, dont les cabales ont manqué de le faire détruire.

Pierre Berule, qui fut depuis Cardinal, inf-titua cette Congrégation en 1611. Il fit d'abord bâtir, dans l'emplacement de l'Eglife d'au-jourd'hui, une petite Chapelle; & fon zele le porta à fervir lui-même de manœuvre dans cette conftruction : il portoit la hotte & le mortier. Cette Chapelle fe trouva bientôt trop petite, on construisit l'Eglise que l'on voit aujourd'hui, qui fut l'ouvrage de plusieurs Architectes.

Dans la quatrieme Chapelle à gauche on remarque une Adoration des Mages, par *Vouët*.

La suivante appartient à la famille de *Tubeuf*. Elle est ornée de Peintures de *Philippe de Champagne* ; savoir, d'une Nativité à l'Autel, & sur les lambris, d'une Visitation ; de St Joseph reveillé par l'Ange, & de l'Assomption de la Vierge, au plafond.

Sur l'Autel de la sixieme Chapelle est un Tableau *de Lagrenée l'aîné*, qui représente St Germain faisant présent à Ste Genevieve d'une Médaille où est l'image de la Croix, pour mettre à son cou.

Dans la derniere Chapelle est le Tombeau en marbre du Cardinal *Berule*. Il est représenté à genoux ; un Ange tient devant lui un livre ouvert ; ce Monument est l'ouvrage de *François Anguier*.

Dans la Sacristie on voit une Annonciation, par *Philippe de Champagne*.

A cause du voisinage du Louvre les gens de la Cour fréquentoient cette Eglise de préférence ; pour les attirer davantage le P. *Bourgoing* imagina de mettre les Pseaumes & quelques Cantiques sur des airs qui étoient à la mode alors. Voilà pourquoi les Prêtres de l'Oratoire ont un chant particulier.

P A L A I S.

P ALAIS *Archiépiscopal.* Il est situé au midi de la Cathédrale ; son Jardin, qui est à l'extrémité de l'Isle de la cité, jouit d'une très-belle vue. On admire dans l'Hôtel un grand Escalier bâti fur les Deffins de M. *des Maifons*, par ordre de M. de Beaumont, dernier Archevêque, qui a fait auffi décorer le principal corps-de-logis, où font de belles Salles ornées des Portraits des Princes de la Maifon de France, & deftinées à recevoir les Seigneurs de la Cour lors des *Te Deum* & autres cérémonies.

PALAIS Bourbon. Cet Edifice, commencé en 1722 par *Girardini*, Architecte Italien, continué par *Laffurance*, fut enfin achevé par *Gabriel le pere*, fous la conduite d'*Aubert*.

M. le Prince de Condé en ayant fait l'acquifition, choifit, pour en conftruire les augmentations néceffaires, *Barrau*, Architecte. Le *Carpentier* fut appellé pour fuivre ces Ouvrages, qu'il a continués en partie. Les difpofitions du bâtiment forment avant-Cour, Cour d'honneur & différentes autres Cours entourées chacune de bâtimens où l'on a pratiqué des galleries couvertes pour faciliter le fervice.

La porte principale du Palais eft décorée d'ordre Corinthien, qui, avec tous les accompagnemens, offre un caractere convenable à la demeure d'un Prince.

L'avant-corps du milieu de ce Palais eft compofé de trois entre-colonnemens. Au-deffus de l'entablement eft repréfenté le Soleil dans fon Char, les Saifons, défignées par quatre génies, tiennent les rênes des chevaux. Ce Morceau eft fculpté par *Couftou le jeune*.

La Gallerie offre les Tableaux des Combats qui ont illuftré le Prince de Condé. La Bataille de Lens & le Combat près Fribourg, font de M. *Cafanova*. Celles de Rocroi & de Nortlingue, de M. *le Paon*, qui a peint auffi les deffus de

(453)

portes, où l'on voit les Siéges d'Ypres, de Thionville, de Philisbourg & de Dunkerque.

Le Château de Monseigneur ou *petit Palais de Bourbon*, étoit autrefois l'ancien Hôtel de *Lassai*. On y a fait des changemens & augmentations considérables d'après les Desseins de *M. Belisard*.

Ce Palais bâti à la Romaine ne paroît avoir qu'un Rez-de-Chaussée, mais il y a autant de logement dessous que dessus.

La vue de ce Palais est des plus riches & des plus variées. le Jardin est terminé par une Terrasse qui a plus de 150 toises de long qui regne sur le Quai, & dont la Seine sert de canal naturel.

Palais Royal. Le Cardinal de Richelieu fit jetter les fondemens de ce Palais en 1629 sur les ruines des Hôtels de *Mercœur* & de *Rambouillet*. Il fut élevé sur les Desseins *de Jacques Mercier*, son Architecte.

L'an 1639, le Cardinal ayant légué au Roi Louis XIII son Palais avec plusieurs meubles & bijoux qu'il renfermoit; la veuve de ce Roi, Anne d'Autriche, Régente du Royaume, vint l'habiter avec Louis XIV & le Duc d'Anjou, ses fils; c'est à cette époque qu'il prit le nom de *Palais Royal*; on l'appelloit avant *Palais Cardinal*.

Le Roi Louis XIV céda dans la suite à *Monsieur*, son frere unique, le Palais Royal par augmentation d'apanage pour en jouir sa vie durant. Il a passé ensuite au Duc d'Orléans, son petit-fils

Des Bâtimens construits par *le Mercier*, il n'existe plus que les parties latérales de la seconde Cour. La façade extérieure de la premiere Cour a été décorée de nouveau fur les Deſſins de M. *Moreau* lors de la conſtruction de la Salle d'Opéra. L'avant-Corps du fond de la premiere Cour eſt décoré d'un Attique avec Fronton circulaire, dont le Timpan eſt chargé des Armes d'Orléans, ſupportées par deux Anges. Cette Sculpture eſt de M. *Pajou*.

L'Eſcalier de ce Palais eſt beau, la Rampe de fer eſt un chef-d'œuvre de Serrurerie. La ſuperbe Gallerie de Tableaux que renferme ce Palais eſt publique les jours où le Prince eſt abſent.

Comme la Décoration de ce Palais va être changée, par le nouveau projet de M. *Louis*, nous n'entrerons point dans de plus grands détails ſur ce qui exiſte aujourd'hui.

La quatrieme façade du Jardin de ce Palais, qui n'eſt encore que commencée, dépendra des Bâtimens du Prince, & ſera formée au Rez-de-Chauſſée d'un Promenoir public, compoſé de ſix rangs de colonnes doriques, dont la hauteur ſera égale à celle des Galeries du Jardin. Ce Promenoir aura 60 toiſes de longueur ſur 11 de large, & communiquera par la ſuite à d'autres qui ſeront pratiqués dans les parties conſervées de l'ancien Palais, dont on détruira, pour cet effet, les logemens du Rez-de-Chauſſée & de l'Entre ſol (1).

Cette quatrieme Façade ſera décorée de la même Ordonnance que celle des Bâtimens qui entourent le Jardin ; mais au lieu de Pilaſtres

___

(1) En attendant la continuation de cette façade ſon rez-de-chauſſée vient d'être couvert d'une charpente commode & ſolide, qui fera jouir de ce promenoir, compoſé de deux allées, bordées chacune de deux rangs de boutiques.

ce fera des Colonnes, & au lieu des deux étages,
elle ne fera compofée que d'un feul, furmonté
d'un Attique. (Voyez *Jardin du Palais Royal*,
page 350.)

PALAIS des Tuileries, ainfi nommé, parce
qu'on y fabriquoit de la tuile. Catherine de
Médicis le fit bâtir en 1564 fur les Deffins de
Philibert Delorme & de *Jean Bullan ;* ce Palais
ne confiftoit que dans le gros Pavillon quarré
du milieu, dans les deux Corps-de-Logis qui ont
chacun une Terraffe du côté du Jardin, & dans
les deux Pavillons qui les terminent.

Henri IV, vainqueur de la Ligue, agrandit
ce Château, & fit commencer en 1600 la grande
Galerie qui le joint au Louvre fur les Deffins de
du Cerceau. Louis XIV ordonna plufieurs ouvrages pour la reftauration & l'embelliffement
de ce Palais; *Louis de Veau* & *François d'Orbay*,
fon Eleve, deux Architectes célebres, y travaillerent en 1654. Le gros Pavillon du milieu
n'avoit été décoré jufqu'alors que de l'ordre Ionique & Corinthien, on y ajouta le Compofite &
un Attique.

Toute la face de ce Palais confifte en cinq
Pavillons, & quatre Corps-de-Logis fur une
même ligne. Les Colonnes des Ordres du côté du
Caroufel font de marbre brun & rouge ; fur l'en-
tablement regne un fronton accompagné de
Statues de pierres.

Le Veftibule eft foutenu par des Colonnes
Ioniques rudentées, à chapiteaux compofés &
furchargés d'un Soleil, devife de Louis XIV.
Le grand Efcalier placé fur la droite de ce Veftibule conduit d'abord à la Chapelle, quieft décorée de plufieurs Tableaux ; la fameufe Nati-

vité de *le Brun* ; une Nativité de la Vierge & son Couronnement , par *Lanfranc* ; une Chûte des Anges & un Saint François , par *le Guide* ; un Crucifix , par *le Brun* ; & un Saint Jean-Baptiste , par *Annibal Carrache*. Deux rampes de cet Escalier menent ensuite à l'appartement du Roi , décoré par les plus excellens Maîtres sur les Dessins de *le Brun* & sous sa conduite.

Sur la Cheminée de la Salle des Gardes est un Tableau *du Loir* ; l'Antichambre du Roi est décorée de la main de cet Artiste. On voit sur la Cheminée Louis XIV à cheval , couronné par Pallas , grand Tableau peint par *Nicolas Mignard*. Le miliéu du plafond de la grande Chambre du Roi contient un Tableau octogone , par *Bertholet Flemaël* ; la Corniche régnant au pourtour offre des ornemens en Stuc , sculpté par *Lerambert* ; les Enfans qui les accompagnent sont de *Girardon* , ainsi que les Figures de l'Histoire & de la Renommée placées dans les angles. Les Grotesques & autres Ornemens du plafond & des lambris , ont été peints par les deux *le Moine*.

Les Tableaux de la Galerie des Ambassadeurs sont de *Pierre Mignard* , & les Appartemens du rez-de-chaussée sont décorés par *Nicolas Mignard* (1).

La Salle des Machines est ornée de sculpture & de peinture , faites sur les cartons de *le Brun* , par *Noël Coypel*. *Vigarani* a donné les dimensions de ce superbe Théâtre.

______

(1) La Reine , pour avoir un pied-à-terre à Paris , vient de faire disposer à son usage le *Pavillon de Flore*.

P A L A I S

PALAIS (le) *de Justice en la Cité.*

L'origine de cet Edifice remonte au commencement de la Monarchie Françoise : on ignore l'époque de sa fondation. Saint Louis qui l'habita y fit faire des réparations considérables & l'augmenta de la Sainte-Chapelle, de la piece qu'on appelle encore *la Salle de Saint-Louis* & de la Salle qu'on nomme ajourd'hui la Grand'-Chambre. Philippe-le-Bel le fit presqu'entierement reconstruire en 1383. Le Roi Charles VI y demeuroit. Charles VII l'abandonna entierement au Parlement en 1531. On voit que François premier y faisoit aussi son séjour, puisqu'il rendit le Pain béni en l'Eglise de Saint-Barthelemi comme premier Paroissien.

C'étoit dans la grande Salle du Palais que nos Rois recevoient autrefois les Ambassadeurs, qu'ils donnoient des festins publics, & que l'on faisoit les noces des Enfans de France. Elle étoit ornée des Statues de nos Rois, depuis Pharamond, sous chacune desquelles étoit une Inscription.

Cette magnifique Salle fut consumée ainsi qu'une partie des Bâtimens du Palais, par un incendie arrivé le 7 Mars 1618. *Jacques de Brosses*, habile Architecte, fut choisi pour la reconstruire. Rien n'est plus vaste, plus majestueux que cette Salle qui est l'unique en France de cette espece, les Voûtes & les Arcades qui les soutiennent sont à plein ceintre & en pierre de taille. Cet Ouvrage est digne de la grandeur des Romains.

La Grand'Chambre a été construite, comme nous l'avons dit, sous le regne de St Louis;

elle fut réparée fous celui de Louis XII , &
décorée en 1722 par *Germain Boffrand;* fur
la cheminée eft un bas-relief repréfentant Louis
XIV entre la Vérité & la Juftice; le Crucifix eft
attribué à *Albert Durer.* Le plafond fingulie-
rement & richement décoré, eft un chef-d'œuvre
de conftruction & de mauvais goût.

Le premier Préfident eft logé dans le Palais,
fon Hôtel eft vafte & accompagné de Jardin.

Le plafond des Requêtes du Palais a été peint
par *Boullongne l'aîné*, il avoit été fort endommagé par l'incendie dernier, mais M. *Guérin* l'a
retabli.

La troifieme Chambre des Enquêtes eft remarquable par le Jugement dernier que *Vouët* a
peint au plafond dans un renfoncement ovale.

Un incendie arrivé le 10 Janvier 1776 con-
fuma toute la partie du Palais qui s'étendoit
depuis la Galerie des prifonniers jufqu'à la Sainte-
Chapelle. On vient d'élever, fur les Deffins de
M. *des Maifons* , un Bâtiment digne par fa no-
bleffe & fa fimplicité du Palais de la Juftice.

Un Péron de 17 pieds de haut , deffiné de la
plus grande maniere, conduit au premier étage,
deux Arcades de côté, ornées de Refends, conduifent aux cours qui font derriere ce Bâtiment.
Un avant-Corps qui correfpond à cet Efcalier,
eft orné de quatre Colonnes Doriques. Au-deffus
de l'Entablement regne une Baluftrade, derriere
laquelle font les combles. Au milieu s'éleve un
acrotère & gradins en pierre qui portent un Dôme
carré d'une belle proportion. A la naiffance de
ce Dôme font les Armes de France fupportées
par deux Anges : ce grouppe eft de M. *Pajou.* Les

quatre Statues posées à l'a-plomb des Colonnes représentent quatre Vertus. La Force & l'Abondance sont sculptées par M. *Berruer*, la Justice & la prudence par M. *le Comte*. On a trouvé ces Figures trop foiblement prononcées, relativement à la distance.

En entrant par le Bâtiment neuf à gauche, au fond de la Galerie & au-dessous d'une demi-coupole est une Statue nichée, représentant la Justice, exécutée par M. *le Comte* en 1784.

En face du grand Escalier, en montant à la Cour des Aides, on voit dans une niche une Statue qui représente la Loi, d'une main elle tient un Sceptre, de l'autre un Livre où sont écrit ces mots : *in Legibus salus.*

Deux ailes de Bâtiment s'avancent jusqu'à la rue, se terminent par deux Pavillons ornés d'ordre Dorique & forment une cour qui est fermée par une grille de vingt toises de face, composée de trois Portes qui sont ornées de Faisceaux & d'autres attributs de la Justice. On trouve que ces deux ailes de Bâtiment ne tiennent point, par la décoration, à la grande façade, & qu'ils sont d'un caractère différent & beaucoup moins noble.

Palais des Thermes. (Voyez *Thermes*).

Paul. (*Saint*)

Cette Eglise Paroissiale qui a donné le nom à ce quartier, étoit dans son origine une Chapelle que Saint Eloi fit bâtir hors la ville sous le titre de *Saint-Paul*, dans un cimetiere destiné aux Religieuses du Monastere de Sainte-Aure qu'il avoit fondé dans le lieu de la Cité qu'occupent aujourd'hui les Barnabites. Elle fut érigée en

Paroisse en 1107. Etant devenue par la suite celle de nos Rois pendant qu'ils faisoient leur séjour à l'Hôtel de St-Paul & au Palais des Tournelles , elle s'accrut considérablement en peu de tems.

Charles V fit bâtir l'Eglise que l'on voit aujourd'hui , dont l'Architecture n'a rien de remarquable. On admire dans la premiere Chapelle à gauche en entrant la belle Sainte-Famille , appellée *le Benedicite* , peinte par *le Brun.* Dans la quatrieme Chapelle , du même côté , est une Ascension , par *Jouvenet.*

Attenant la petite porte du Chœur , aussi à gauche , on voit un monument de marbre blanc qui représente la Justice tenant le Médaillon de *François d'Argouges* , premier Président du Parlement de Bretagne , par *Coyzevox.*

Le Maître-Autel est orné d'une menuiserie dorée , du Dessin de *Jules-Hardouin Mansard ;* les deux Anges & la Gloire ont été sculptés par *Vancleve. J. B. Corneille* a fait le tableau représentant l'Institution de l'Eucharistie.

En face de la Chapelle de la Vierge , M. *Hallé* a peint le Ravissement de Saint Paul , ce Tableau qui est rond étoit autrefois au Maître-Autel.

Sur un pilier près la Chapelle de la Communion se voit un Monument en marbre érigé par *Coyzevox* , à la mémoire de *Jules-Hardouin Mansard* , célebre Arthitecte , Surintendant des Bâtimens du Roi ; c'est aux talens de cet Artiste que l'on doit le Dôme des Invalides.

La Chapelle de la Communion est décorée de Colonnes Doriques. Les peintures des vitraux du côté des charniers sont fort estimées & sont

dues à *Defangives*, le plus habile des Peintres
fur verre que nous ayons eu. Les peintures
des autres vitraux font également dignes
d'être vues. C'eft dans cette Chapelle qu'eft
le Tombeau en marbre du Duc de Noailles
inventé & exécuté par *Flamen*, ce Duc y eft
repréfenté à demi-couché & foutenu par la
Religion. Plus haut eft une figure fymbolique
de la Réfurrection & de l'Eternité, couverte
d'une large draperie, tenant une Faux & une
Couronne de gloire ; aux pieds du Duc eft
un génie en pleurs. La Ducheffe fon époufe
repofe dans le même Tombeau, & fon Epitaphe
qui eft à côté eft foutenue par deux Génies.

Auprès du Maître-Autel ont été inhumés trois
favoris du Roi Henri III, *Louis de Maugiron*,
Jacques de Levis, Comte de Quélus, & *Paul de
Stuart de Cauffade*. Ce Roi leur avoit fait élever
des Tombeaux en marbre noir, avec des Epitaphes très-galantes que M. de Saint-Foix a confervées. » Quand on apprit à Paris, dit cet Auteur,
» la mort des Guifes tués à Blois, le 27 Décembre
» 1588, par l'ordre de Henri III, le peuple que
» les prédications des Moines avoient rendu fu-
» rieux, courut à Saint-Paul & détruifit les
» Tombeaux que ce Prince avoit fait élever à
» Quélus, à Maugiron & à Saint-Megrin, difant
» qu'*il n'appartenoit pas à ces méchans, morts en
» reniant Dieu, & mignons du tyran, d'avoir fi
» beaux Monumens dans l'Eglife* «.

Dans la Chapelle de Saint-Louis on voit
l'Epitaphe de *Nicolas Gilles*, Auteur des An-
nales & Chroniques de France, mort le 10 Juillet
1503.

V 3

François Rabelais, mort le 9 Avril 1553, a été inhumé dans le cimetiere de cette Paroisse. D'abord Cordelier, puis Bénédictin, puis Chanoine, puis Curé, il étoit encore Médecin, érudit, satyrique, bouffon, & le premier homme de son siecle pour l'esprit & les connoissances. Il est Auteur de *Pentagruel* & de *Gargantua* ; le premier est une violente diatribe contre les Moines qu'il connoissoit par sa propre expérience, & le second mérita d'être appellé le *Livre* ou le livre par excellence. La gaieté, l'extravagance, l'érudition, les obscénités & l'ennui caractérisent ses ouvrages. On a dit de lui que *c'étoit un philosophe ivre qui n'a écrit que dans le tems de son ivresse* (1).

PAVILLON *de la Chartreuse.*

Bâtiment fait dans le genre des Fermes Hollandoises, situé fauxbourg du Roule, appartenant à M. de Beaujon ; c'est une petite maison dans le dernier goût, ornée de Statues & entourée de jardins & de bosquets, où l'on voit une Chapelle de *Saint-Nicolas* qui en fait partie, l'Architecture & la décoration sont de M. *Girardin*, Architecte. (Voyez *Chapelle Saint-Nicolas*, *page* 143).

---

(1) La Faculté de Médecine de Montpellier dont il étoit Docteur, & qui lui doit son existence, conserve encore la robe de ce protecteur. Tous les jeunes Médecins, dit-on, qui prennent le bonnet de Docteur dans cette Université, sont revêtus de cette robe, & lorsqu'on la donne à quelques ignorans, on se rappelle de la Fable de *l'Ane couvert de la peau du Lion.* Cette robe joue fort souvent le rôle de la peau du lion de la Fable.

PAYEURS DES RENTES.

Cette Compagnie a établi un Comité qui se tient le jeudi de chaque semaine au Couvent de la Merci, rue du Chaume, à l'effet d'entendre les représentations des Rentiers, sur les rebuts faits par les Payeurs. Il y a en outre à l'Hôtel du Contrôleur-Général un Bureau particulier, auquel on s'adresse toutes les fois qu'il y a lieu de recourir à l'autorité du Souverain.

SAINTE-PÉLAGIE.

Cette maison située rue du Puits-de-l'Hermite, derrière l'Hopital de la Pitié, fut fondée par *Marie Boneau, veuve de J. J. de Beauharnois de Miramion* & autres personnes charitables. Elle a pour objet de servir de refuge aux filles & femmes condamnées à une pénitence forcée & à celles qui se condamnent elles-mêmes à une pénitence volontaire; elles forment deux Communautés qui ne communiquent point entr'elles. La Chapelle qui leur est commune renferme le Tombeau & l'Epitaphe de la Chancelière d'Aligre qui est de la main de *Coyzevox*.

PENSION. (Voyez *Education*, *page* 209).

PETIT St-Antoine, rue St-Antoine.

L'Ordre des Antonins a été réuni à celui de Malte. Par cette réunion ces Moines ont cédé tous leurs biens; mais en récompense, ils ont été gratifiés, chacun, d'une pension de 1200 livres, & par-dessus tout, de la Croix de Malte.

Le Tableau du Maître-Autel de cette Eglise représente une Adoration des Rois, par *Cazes*.

PICPUS OU PICPUCES.

C'est le lieu qu'habitent ces Moines qui leur a donné ce nom singulier. Cette Communauté est une branche de ce grand arbre qu'a planté Saint François. Son vrai nom est *les Religieux Pénitens réformés du tiers Ordre de Saint-François*. (Voyez *les Peres de Nazareth*, page 430.) Ils furent d'abord des Pénitens séculiers & un peu scandaleux ; mais *Vincent Muffart* les réforma en 1594, & ce fut vers 1600 ou 1601 que ces Religieux s'établirent à Picpus, au même endroit où les Capucins de la rue Saint-Honoré, puis les Jésuites de la Maison Professe avoient leur premiere demeure. Il n'y avoit alors qu'une petite Chapelle nommée *Notre-Dame-de-Grace* que M. *Emeri de Rochechouart*, Evêque de Sisteron, avoit fait bâtir pour les Capucins. Mais cette Chapelle, vu le concours de dévots se trouva trop petite, ils firent élever une Eglise bien plus grande, dont Louis XIII posa la premiere pierre le 13 Mars 1611.

Sur les Confessionnaux de la Nef sont six Statues grandes comme nature, parmi lesquelles on remarque un *Ecce Homo* de *Germain Pilon*. Plusieurs personnes illustres ont été inhumées dans cette Eglise. Dans la Chapelle de Saint-Joseph on lit plusieurs Epitaphes de la maison d'*Aumont*.

Dans le Réfectoire de ces Peres est un chef-d'œuvre du fameux *le Brun*, c'est le Serpent

(465)

d'airain dans le defert. L'ignorance de ceux qui le poffedent a caufé prefque l'entier dépériffement de ce beau morceau de Peinture.

PIERRE AUX BŒUFS, (Saint) en la Cité.

On eft fort incertain fur la caufe de la finguliere dénomination de cette petite Paroiffe. Les Hiftoriens ne donnent là-deffus que des conjectures. Cette Eglife n'a rien de remarquable que fon antiquité.

PIERRE-DES-ARCIS, (Saint) rue de la Vieille-Draperie.

C'eft une autre petite Paroiffe de la même antiquité, c'eft-à-dire, du douzieme fiecle. L'étymologie de fon nom a également embarraffé les Hiftoriens qui n'ont rien déterminé de fatisfaifant à cet égard. L'Eglife fut rebâtie en 1424, & le nouveau Portail en 1711 fur les Deffins de Lanchenu.

Sur le Maître-Autel eft un Tableau repréfentant Saint Pierre guériffant les Boiteux à la porte du Temple, de *Carle Vanloo ;* un Lavement des pieds, par le même, & une Cène, par *la Foffe.*

PILIERS DES HALLES.

Ce font des efpeces de Galeries couvertes garnies de Boutiques de Fripier ; fous ces piliers fubfifte encore la maifon où eft né Molière.

PILORI.

C'eft ordinairement un poteau au haut duquel eft placé l'Ecuffon du Seigneur Haut-Jufticier, ainfi qu'une chaîne avec un carcan de fer. Dans cette Capitale ce qu'on nomme *Pilori* eft une tour octogone, compofée d'un rez-de-chauffée

V 5

& d'un premier étage , au milieu duquel est un cercle de fer percé de trous où l'on fait passer la tête & les bras des concussionnaires & des banqueroutiers frauduleux : ce cercle se tourne horisontalement & expose de tous côtés les criminels à la vue & aux insultes de la populace ; ils y demeurent ordinairement deux heures pendant trois jours de marché , & toutes les demi-heures on lui fait parcourir le quart de la circonférence du cercle.

C'étoit au pied de la Croix de pierre qui est près du Pilori , que les banqueroutiers recevoient des mains du Bourreau le *Bonnet-Verd* : cette punition exemplaire qui n'est plus en usage devoit être plus puissante, plus redoutée que la mort même.

PLACES PUBLIQUES.

PLACE Baudoyer, derriere Saint-Gervais , au commencement de la rue Saint-Antoine; elle tire son nom d'une porte bâtie sous Philippe-Auguste qui étoit nommée *la Porte Baud* ou *Bodoyer*.

PLACE Dauphine. Cette Place dont Henri IV donna le plan & qu'il nomma *Place Dauphine* en mémoire de la naissance de son fils Louis XIII, a été bâtie dans l'emplacement de deux petites isles dont l'Abbé de Saint Germain étoit propriétaire.

PLACE de Grève , est tour-à-tour un théâtre de supplice & de réjouissances ; c'est-là qu'on donne la mort aux scélérats & sur ce même pavé teint du sang des monstres de la patrie, s'éleve des décorations superbes & se donne des fêtes magnifiques : on se livre à la joie au même endroit où l'on a frissonné d'horreur. Le peuple s'accoutume à voir ces deux spectacles avec le même intérêt.

La premiere exécution qui s'y est faite a été celle d'une femme hérétique, *Marguerite Porette*, qui fut brûlée vive en 1310.

P*LACE* *de Cambrai*, située devant le Collége Royal, & aboutissant à la rue St-Jacques.

P*LACE* *du Carroufel*, située devant le Château des Tuileries, & ainsi nommée à cause du magnifique *Carroufel* que Louis XIV y donna en 1662 à la Reine sa mere, & à la Reine son épouse.

P*LACE* *de Gatine*, située rue Saint-Denis, attenant Sainte-Opportune ; c'est un emplacement où étoit autrefois la maison d'un riche Marchand, laquelle fut rasée & le Propriétaire pendu par Arrêt du Parlement de l'an 1571, pour avoir tenu chez lui des assemblées de Calvinistes. On y éleva une Croix ornée de Bas-reliefs, sculptés par *Jean Gougeon* ; cette Croix fut depuis transportée au Cimetiere des Innocents où elle est encore. Quoique ce transport se fit la nuit dans la crainte de quelques séditions de la part des Catholiques, il y eut cependant des mutins qui s'y opposerent, un d'entr'eux fut pendu à la fenêtre d'une maison voisine.

P*LACE* *de l'Eftrapade*. Ce nom lui vient d'une machine appellée *Eftrapade*, qui servoit de punition aux Soldats des Gardes-Françoises.

P*LACE* *St-Michel*, située au bout des rues de la Harpe & des Fossés de M. le Prince.

P*LACE* *Sorbonne*, devant l'Eglise de la Sorbonne.

PLACE Maubert. (Voy. *Marchés*, *p.* 409.)
PLACE du Puits d'Amour. (Voyez *rue de la Grande Truanderie*).

PLACES décorées de Statues.

PLACE d'Henri IV, située au milieu du Pont-Neuf, dans l'endroit où est élevée la Statue équestre de ce grand Roi, qui est le premier Monument public de la reconnoissance des François envers leurs Souverains. Sur un Piedestal de marbre blanc, aux quatre coins duquel sont attachées quatre Figures d'Esclaves, s'éleve la Statue équestre de bronze qui repré-sente Henri IV. Aux quatre faces du Piedestal sont des Tables de bronze chargées de longues Inscriptions à la gloire de ce Héros. Mais son nom seul suffisoit pour nous rappeller ses vertus.

Le Cheval de bronze, qui n'est pas un mo-dèle de perfection, ne fut fait, ni à Paris, ni pour Henri IV. Ferdinand, Grand-Duc de Tos-cane, le commanda à *Jean Bologne*, Eleve de *Michel-Ange*, dans le dessein de le surmon-ter de son effigie; car alors on ne terminoit pas les Statues équestres d'un seul jet. Le Prince & l'Artiste étant mort, Cosme II fit mettre la derniere main au Cheval par *Pietro Tacca*, & l'envoya en présent à Marie de Médicis, veuve d'Henri IV, Régente du Royaume. Le vaisseau sur lequel ce Cheval étoit embarqué vint à échouer sur les côtes de Normandie, près la ville du Havre, & ce Cheval resta un an au fond de la mer; après en avoir été retiré à grands frais & transporté à Paris en 1613, Marie de Médicis chargea un nommé *Duprés*

(469)

de faire la Statue du défunt Roi son mari, pour être placée dessus, & un nommé *Francheville* exécuta les Bas-reliefs & les Figures du Piedestal, qui est du Dessin de *Civoli*. Ce Monument ne fut entierement fini qu'en 1635.

Place Royale. Cette Place, qui est parfaitement carrée, a été commencée par les ordres de Henri IV. Elle est entourée de Bâtimens réguliers, où l'on a pratiqué une Gallerie couverte dans tout son pourtour. Sous le regne de Louis XIV on fit le Parterre composé de pièces de gazon, clos d'une grille de fer. C'est au milieu de ce Parterre que s'éleve la Statue équestre de Louis XIII, en bronze, posée sur un grand Piedestal de marbre blanc.

L'érection de ce Monument se fit le 27 Novembre 1639. Le Cheval est de *Daniel Volterre*, Eleve de *Michel-Ange*. La mort, qui suspendit les travaux de cet Artiste, lui empécha de faire aussi la Figure du Roi. *Biard le fils* en fut chargé.

Sur la face qui est du coté de la rue Saint-Antoine, on lit l'inscription suivante.

*Pour la glorieuse et immortelle mémoire du Très-grand, très-invincible Louis le Juste, XIII*e. *du nom, Roi de France & de Navarre, Armand, Cardinal & Duc de Richelieu, son principal Ministre dans tous ses illustres & généreux desseins, comblé d'honneurs & de bienfaits par un si bon Maître & un si généreux Monarque, lui a fait élever cette Statue, pour une marque éternelle de son zèle, de sa fidélité & de sa reconnoissance 1639.*

Les autres faces de ce Piedeftal font encore chargées de très-longues infcriptions Françoifes & Latines, où font confignés les éloges de Louis XIII & de fon Miniftre le *Cardinal de Richelieu*.

PLACE des Victoires. *François d'Aubuffon*, Duc de *la Feuillade*, Pair & Maréchal de France, rempli d'admiration pour les qualités de fon Roi, & de reconnoiffance pour les bienfaits qu'il en avoit reçu, fit conftruire la Place des Victoires & ériger le Monument qui s'éleve au milieu. Cette Place eft de forme elliptique ; les Bâtimens qui l'entourent font réguliers, décorés de Pilaftres Ioniques & bâtis fur les Deffins de *Jules-Hardouin Man-fard*.

Le Monument qui eft au milieu de cette Place repréfente la Statue pédeftre de Louis XIV, pofée fur un Piedeftal de marbre blanc. Revêtu des habits de fon Sacre, ce Prince foule aux pieds le Cerbere pour marquer la triple alliance dont il a fi glorieufement triomphé ; une Figure aîlée, repréfentant la Victoire, d'une main lui pofe fur la tête une Couronne de laurier, & de l'autre tient un faifceau de Palmes & d'Oliviers.

Ce Groupe, fondu d'un feul jet, eft de plomb doré, ainfi que les ornemens qui l'accompagnent. Au deffous eft cette infcription en lettres d'or : *VIRO IMMORTALI*.

Les quatre Bas-reliefs qui occupent les faces du Piedeftal repréfentent, le premier, la préféance de la France fur l'Efpagne en 1662 ; le fecond, la conquête de la Franche-Comté en 1668 ; le troisieme, le passage du Rhin en 1672, & le quatrieme, la Paix de Nimegue en 1678.

Aux quatre angles du Piedestal sont autant de Figures de bronze qui désignent les Nations dont la France a triomphé, & qui ont douze pieds de proportion.

Ce Monument a 35 pieds de hauteur. Tous les magnifiques Ouvrages qui le composent, Dessinés & conduits avec le plus grand succès, sont dus aux talens de *Desjardins*, qui fut le premier en France qui entreprit un ouvrage de cette Nature. Voici une des Inscriptions de ce Piedestal, composée par *Regnier des Marais*, Secrétaire perpétuel de l'Académie Françoise.

A LOUIS-LE-GRAND.

Le Père & le Conducteur des Armées,

toujours heureux.

Après avoir vaincu ses Ennemis, protégé ses Alliés, ajouté de très-puissants Peuples à son Empire, assuré les frontieres par des places imprenables, joint l'Océan à la Méditerranée, chassé les Pirates de toutes les mers, réformé les Loix, détruit l'Hérésie, porté, par le bruit de son nom, les Nations les plus barbares, à le révérer des extrémités de la terre, & réglé parfaitement toutes choses au-dedans & au-dehors, par la grandeur de son courage & de son génie.

FRANÇOIS, VICOMTE D'AUBUSSON, DUC DE LA FEUILLADE, Pair & Maréchal de France, Gouverneur du Dauphiné & Colonel des Gardes Françoises, POUR PERPÉTUELLE MÉMOIRE A LA POSTÉRITÉ.

La Dédicace de ce riche Monument se fit le 28 Mars 1686, avec grande cérémonie.

Pour suffire à son entretien le Duc de la Feuillade céda & substitua perpétuellement, de mâle en mâle, à ceux de sa Maison, & après l'extinction de sa race, à la Ville de Paris, le Duché de la Feuillade, à la charge par les Propriétaires de pourvoir à toutes les réparations nécessaires à ce Monument, & de faire redorer tous les vingt-cinq ans le Groupe & les ornemens qui l'accompagnent, &c.

Ce Duc après avoir prouvé son zèle pour la gloire de son Roi, voulut encore lui donner des marques de son attachement; il eut dessein de se faire inhumer dans un caveau pratiqué au-dessous de la Statue de Louis XIV. Cette anecdote rapportée par l'Abbé de Choisi, & que M. de Saint-Foix a traité de plaisanterie, est aujourd'hui regardée comme une vérité.

PLACE de Louis-le-Grand ou *de Vendôme.* M. de Louvois avoit projetté de construire une Place magnifique dans cet endroit où étoit auparavant l'Hôtel de Vendôme. L'exécution de ce projet fut seulement commencé. La mort de ce Ministre en suspendit les travaux. La Ville acheta l'emplacement, & fit construire cette Place sur les Desseins de *Jules-Hardouin Mansard.* Sa forme est un parallélograme dont les angles sont coupés à pans. Elle est décorée de pilastres Corinthiens, au-dessous desquels régne un espèce de soubassement à refends percé de Portiques.

Au milieu de cette Place est la Statue Equestre de Louis XIV, fondue en bronze d'un seul jet, par *par Jean-Balthasar Keller,* d'après les Desseins & Modèles de *Girardon.* On assure qu'il y entra 70 milliers de métal, &

que vingt hommes aſſis & rangés des deux
côtés d'une table ſeroient à l'aiſe dans le ventre
du cheval. Cette Statue Equeſtre eſt portée
ſur un piedeſtal de marbre blanc de 30 pieds
de hautenr, & de 24 pieds de long ſur 13
de large. Les faces ſont chargées d'inſcriptions
latines compoſées par l'Académie des Inſcriptions.

Les Cartels & les ornemens de bronze qui
embelliſſent ce Piedeſtal, ſont dûs au génie de
Couſtou le jeune.

PLACE de Louis XV. Cette Place ſituée
entre les Champs Eliſées & le Jardin des Tuileries, forme un octogone entouré de foſſés
gardés par des baluſtrades de pierres, & ter-
minés à chaquecôté par de petits pavillons, qui
ſont ſurmontés d'un acrotère décoré de guirlandes,
& deſtiné à porter des grouppes de figures allégoriques. Cette Place compoſée de quatre grandes pièces de gazon, eſt diviſée en quatre parties par le chemin qui conduit du Boulevard à
la Seine, & celui qui mene des Tuileries aux
Champs Eliſées. C'eſt à l'endroit où eſt l'in-
terſection du milieu de ces chemins, qu'eſt
placée la Statue Equeſtre en bronze de Louis
XV. Quatre Figures de bronze repréſentant
des Vertus, ſont placées aux quatre angles du
Piedeſtal, qui eſt orné de trophées d'armes,
de bas-reliefs & d'inſcriptions. Une magnifique
baluſtrade de marbre blanc nouvellement conſtruite, entoure ce Monument.

La figure de Louis XV eſt vêtue à la Romaine, & couronnée de lauriers, le cheval
eſt jugé le plus correct & le plus élégant de

tous ceux des autres Statues Equestres de Paris. L'Artiste célébre, *Edme Bouchardon*, à qui cet ouvrage étoit confié, n'a pu achever que la Statue Equestre, la mort l'a surpris au milieu de ses travaux (1). M. *Pigalle* fut chargé de l'exécution des quatre Vertus & des Bas-reliefs, suivant l'intention de *Bouchardon*, qui en mourant demanda à la Ville l'agrément de l'avoir pour successeur.

Le caractère de ce Monument est d'un beau simple & dans le vrai goût antique.

Les deux Statues du Piedestal qui sont en face des Tuileries, représentent la Force & la Paix ; entre ces deux Figures est une table de marbre, décorée de deux branches de laurier de bronze doré d'or moulu où est cette Inscription :

LUDOVICO XV.

OPTIMO PRINCIPI, QUOD AD SCALDIM, MOSAM, RHENUM VICTOR PACEM ARMIS PACE ET SUORUM ET EUROPÆ FELICITATEM QUÆSIVIT.

A l'autre bout du piedestal du côté des Champs Elisées, sont la Prudence & la Justice, & une pareille table portant l'Inscription suivante :

HOC PIETATIS PUBLICÆ MONUMENTUM, PRÆFECTUS ET ÆDILES DECREVERUNT, ANNO M. DCC. LXIII.

---

(1) La Statue équestre fut transportée, le 17 Avril 1753, de la barriere du fauxbourg du Roule, jusqu'à la place qu'elle occupe. Cette translation dura trois jours. En passant devant la maison où le célebre Bouchardon étoit décédé, on fit une décharge de canon pour honorer la mémoire de ce grand Artiste.

Le fond de la Place du côté du Boulevard, est
terminé par deux grandes façades de bâtimens
de 48 toises de longueur chacune, sur 75
pieds de hauteur ; ces bâtimens, décorés chacun d'un péristile d'ordre Corinthien, composé
de 12 colonnes posées sur un soubassement ouvert en portique formant des galeries publiques, sont couronnées de balustrades, de fron-
tons, ornés de figures allégoriques & de trophées.

Entre ces deux bâtimens, est la rue Royale
de 15 toises de largeur conduisant aux Boulevards, rue fameuse par le funeste événement
arrivé le 30 Mai 1770, sur les neuf heures
du soir. Cette nuit consacrée aux fêtes & aux
réjouissances publiques à l'occasion du Mariage
du Dauphin, aujourd'hui Louis XVI, fut pour
plusieurs une nuit de supplice, de désolation
& de mort. Le hazard, ou peut-être un événement concerté fit périr dans cette bagarre
un grand nombre de citoyens.

On venoit de tirer un feu d'Artifice à la
Place de Louis XV, la foule qui en sortoit se
porta du côté du Boulevard par la rue Royale.
Une foule toute aussi nombreuse arrivoit du
côté opposé au milieu de cette rue qui n'a-
voit aucun débouché ; il se fit par le concours
de ces deux forces une si grande presse, qu'on
n'entendoit que les cris déchirans de ceux qu'on
étouffoit ; la rage, le désespoir se mêlerent à
cette scène d'horreur ; pour comble de maux,
une charpente s'écroula, les voitures essayerent
de traverser la foule, des hommes furent écra-
sés, les chevaux égorgés à coups de couteaux,

il resta plus de trois cents particuliers morts sur la place.

» J'ai vu, dit M. Mercier, plusieurs per-
» sonnes languir trente mois des suites de cette
» presse épouvantable. Une famille entière dis-
» parut. Point de maison qui n'eût à pleurer
» un parent, ou ami (1) «.

POLICE DE LA VILLE.

Ce fut sous le Régne de St Louis, que Paris vit s'établir cette Jurisdiction. *Etienne Boileau*, Prevôt de Paris, seconda de tout son pouvoir les sages intentions de son Prince. L'expérience a perfectionné cet établissement. Le changement des tems, l'accroissement prodigieux de la population, l'adoucissement des mœurs, & de fatals événemens ont souvent sollicité des améliorations dans le Code de la Police, le repos & la sureté des Citoyens dépendoient de l'indifférence ou de la sagesse & de la perspicacité des Magistrats, à qui cette Administration étoit confiée ; des loix sages ont enfin fixé cette Police arbitraire.

Si l'on compare la Police du siécle dernier à celle d'aujourd'hui, on verra combien celle-ci lui est supérieure. La Ville n'étoit point éclairée de lanternes, les rues étoient pleines

---

(1) A cette triste nouvelle, M. le Dauphin écrivit
le lendemain à M. de Sartine, Lieutenant de Police,
la lettre suivante. » J'ai appris les malheurs arrivés à
» Paris à mon occasion : j'en suis pénétré. On m'ap-
» porte ce que le Roi m'envoie tous les mois pour
» mes menus plaisirs, je ne puis disposer que de cela,
» je vous l'envoie pour secourir les malheureux. J'ai
» pour vous, Monsieur, beaucoup d'estime «.

olde boue & fourmilloient de voleurs ; il
étoit très - dangereux de fortir la nuit. Une
Ordonnance de Police rendue en ce tems-là,
montre l'étendue du danger , fans détruire le
mal. Afin que les particuliers ne fortiffent pas
de la Comédie à une heure indue, il fut ordonné aux Comédiens, depuis le jour de la St Martin , jufqu'au 15 Février , de commencer le
fpeétacle à deux heures après midi , & d'en
ouvrir la porte à une heure précife, afin que
la Piéce fût entierement achevée à quatre heures & demie au plus tard. Le Poëte Boileau,
dans fa Satyre VI , après avoir fait les détails
des défagrémens des rues de Paris pendant le
jour , parle des dangers qui y naiffent avec
la nuit.

> Les voleurs à l'inftant s'emparent de la ville
> Le bois le plus funefte & le moins fréquenté
> Eft , au prix de Paris , un lieu de fûreté.

On fait aujourd'hui avec quelle fécurité on
peut voyager dans les rues de Paris pendant la
nuit. Les vols & les affaffinats y font très-
rares , en comparaifon des autres Capitales de
l'Europe.

POMPES pour les Incendies. (Voyez *Incendies , pag.* 370).

POMPE à Feu. (Voyez *Eaux de Paris
par le moyen de la Machine à Feu , pag.* 200
& fuivantes).

PONTS.

PONT-AU-CHANGE , ainfi nommé , parce
que Louis VII y fixa la demeure de tous les
Changeurs de Paris. Il étoit autrefois en bois,
mais il fut confumé par deux incendies , l'un

arrivé le 24 Octobre 1621, l'autre en 1639, & il ne fut achevé que le 20 Octobre 1647, il est bordé de maisons.

M. Turgot qui fit faire plusieurs réparations à ce Pont & au Quai des Morfondus, fit tracer en 1738, à l'extrémité méridionale de ce Pont, un très-beau Méridien calculé par M. *Cassini*. A l'autre extrémité de ce Pont, est un Monument où l'on voit la figure de Louis XIV à l'âge de dix ans, au-dessus est une Victoire tenant une Couronne de laurier à la main, d'un côté est Louis XIII, de l'autre la Reine Anne d'Autriche ; toutes ces figures sont de bronze sur un fond de marbre noir, & ont été sculptées par *Simon Huillain*. Ce Monument a été restauré il y a quelques années aux frais des Propriétaires des maisons de ce Pont, une nouvelle inscription très-bien écrite en lettres d'or sur un marbre noir constate cette réparation, & ne fait pas beaucoup d'honneur aux connoissances littéraires de l'Auteur.

» A l'entrée d'Isabeau de Baviere, femme
» de Charles VI, un Génois fit tendre une
» corde depuis le haut des Tours de Notre-
» Dame, jusqu'à une des maisons de ce Pont ;
» il descendit, en dansant sur cette corde, avec
» un flambeau allumé à chaque main ; il passa
» entre les rideaux de taffetas bleu à grandes
» fleurs de lys d'or qui couvroient ce Pont ;
» il posa une Couronne sur la tête d'Isabeau
» de Baviere, remonta sur sa corde & repa-
» rut en l'air. La Chronique ajoute que comme
» il étoit déjà nuit, cet homme fut vu de tout

« » Paris & des environs «. (*Essais Hist. sur Pa-ris, par M. de Saint-Foix*).

Pont au Double, situé derriere l'Hôtel-Dieu, il n'y passe que des gens de pied. (Voyez *Hôtel-Dieu, page* 288).

Pont St-Charles. Il n'est point public & sert à l'Hôtel-Dieu, pour communiquer à la salle de St-Charles, qui est de l'autre côté de l'eau.

Pont de Grammont, ou *petit Pont de bois.* Il communique à l'Isle Louvier.

Pont de la Tournelle. Il communique du Quai de la Tournelle à l'Isle St Louis ; sans maisons dessus, bordé de trottoirs, il est composé de six arches solidement bâties.

Pont Marie. Il sert de communication du Port St. Paul à l'Isle St Louis. Le 11 Décembre 1614, le Roi & la Reine mere en poserent la premiere pierre. Il fut achevé & couvert de maisons en 1635. Le débordement des eaux arrivé en 1658, en entraînerent deux arches du côté de l'Isle avec les maisons qui étoient dessus. Ces deux arches ont été rebâties à la réserve des maisons qui étoient dessus, ce qui forme un vuide qui fait desirer la destruction des autres maisons.

Pont Neuf. Ce Pont s'étend sur les deux bras de la Seine, formés par l'Isle de la Cité, & communique à l'extrémité de cette Isle ; sa largeur est de 12 toises, sa longueur de 170 ; il fut commencé en 1578, & ne fut achevé qu'en 1674. C'est un des plus beaux Ponts de l'Europe. *Jacques Androuet du Cerceau* en fut Architecte , Henri III en posa la premiere

pierre, il fut difcontinué pendant les troubles
de ces tems-là ; Henri IV le fit achever fous
la direction de *Guillaume Marchand.*

En 1775, on fit plufieurs réparations au
Pont, on a baiffé & rétreci les trotoirs, conftruit des boutiques dans les demi-lunes qui s'é-
lévent au-deffus de chaque piles, fur les Deffins de M. *Soufflot*, le prix des locations eft au
profit de l'Académie de St-Luc, pour être employé à des penfions en faveur des pauvres
veuves des Académiciens. Ces boutiqus font
au nombre de vingt, & font louées chacune
600 livres.

Ce Pont eft compofé de douze arches, au-
deffus defquelles régne une corniche foutenue
par des confoles, des têtes de Silvains & de
Dryades, ornées de fleurs & de feftons dans
le goût antique ; au milieu s'éléve la Statue
Equeftre de Henri IV. (Voyez *Place d'Henri
IV page* 468.)

PONT Notre-Dame. Guillaume de Poitiers,
Gouverneur de Paris, en pofa la premiere
pierre le 28 Mars 1499, felon l'ancien cal-
cul ; il fut achevé en 1507. Ce Pont eft couvert de maifons dans toute fa longueur, qui,
quoique régulieres, n'en font pas moins dé-
firer la démolition, à caufe qu'il fe trouve trop
rétreci en raifon de la multitude des voitures
qui y paffent, & qui occafionnent de trop
fréquens événemens.

Au milieu de ce Pont font deux Pompes qui
élévent l'eau de la riviere pour la diftribuer
à plufieurs Fontaines de la Ville ; la porte de
ces Pompes eft décorée d'Ordre Ionique, &

de

de deux Figures en Bas-reliefs , dont l'une re-
préfente un Fleuve , & l'autre une Naïade.
Ces deux beaux morceaux font du fameux
Sculpteur *Jean Gougeon.*

Ce Pont généralement admiré par fa foli-
dité & la beauté de fon Architecture , fut bâti
fur les deffins de *Jean Joconde.*

Ce fut fur ce Pont que l'infanterie Eccléfiaftique de la Ligue paffa en revue devant le
Légat , le 3 Juin 1590. » Capucins , Minimes ,
» Cordeliers , Jacobins , Carmes , Feuillans ,
» tous la robe retrouffée , le capuchon bas ,
» le cafque en tête , la cuiraffe fur le dos ,
» l'épée au côté & le moufquet fur l'épaule ,
» marchoient quatre à quatre , le révérend
» Evêque de Senlis à leur tête avec un efpon-
» ton : les Curés de St-Jacques-de-la-Boucherie
» & de St-Côme , faifoient les fonctions de
» Sergens-Majors. Quelques-uns de ces Mili-
» ciens , fans penfer que leurs fufils étoient
» chargés à balles , voulurent faluer le Légat ,
» & tuerent à côté de lui un de fes Aumô-
» niers. Son Eminence trouvant qu'il commen-
» çoit à faire chaud à cette revue , fe dé-
» pêcha de donner fa bénédiction , & s'en alla «.
(*Effais Hift. fur Paris*).

Petit Pont. Quatre Juifs accufés d'avoir
affommé un Juif converti , furent condamnés
à avoir le fouet par tous les Carrefours de la
Ville , quatre Dimanches confécutifs. Après
avoir fubi la moitié de leur condamnation ,
ils donnerent , pour fe racheter de l'autre moitié , 18,000 francs d'or ; avec cette fomme on
bâtit le Petit Pont , qui fut commencé au mois

X

de Mai 1395, & le Roi Charles VI en posa la premiere pierre. En 1718 deux bateaux de foin embrâsés dont on avoit imprudemment coupé les cordes au Quai de la Tournelle, vinrent s'arrêter aux arches de ce Pont, le détruisirent, & consumerent les maisons qui étoient dessus. Il a été reconstruit depuis, mais sans maisons.

Pont Rouge ou *Pont de bois*, il communique de la Cité à l'Isle de St-Louis ; en le rétablissant en 1717, on le peignit en rouge, le nom de cette couleur lui a resté ; il ne sert qu'aux gens de pied, & l'on paie un liard pour le passage.

Pont Royal. Il tient la place d'un ancien Pont de bois qui fut emporté par le dégel de 1684. Louis XIV le fit bâtir à ses frais. Il est un des plus solides de Paris, & le seul qui traverse entierement la riviere. Il est soutenu par quatre piles & deux culées qui forment cinq arches, dont les ceintres d'un trait hardi & correct, sont d'une grande beauté. Les fondations en furent jettées en 1685, *Gabriel le Grand*pere, avoit entrepris ce Pont sur les Dessins de *Jules-Hardouin Mansard*. L'ouvrage étoit déjà avancé, lorsqu'à une pile du côté du Fauxbourg St-Germain, on ne put étancher les sources. Alors *François Romain*, frere Jacobin, qui venoit de mettre la derniere main au Pont de Maëstricht, fut appellé par le Roi au secours des Architectes François, & il eut la gloire d'achever le reste de l'ouvrage.

Sur une des piles de l'arche la plus voisine de la porte des Tuileries, on a tracé une échelle

divisée en pieds & pouces, qui marque la hauteur de la riviere.

Pont St-Michel. Il est couvert de maisons, & tire son nom de la Place St-Michel
où il conduit, ou bien de la petite Eglise de
St Michel qui est dans l'enclos du Palais. D'abord
construit en bois, il fut détruit & reconstruit
à plusieurs reprises jusqu'en 1618 qu'on le
rebâtit en pierre, & qu'on le couvrit de maisons comme les autres. Ces maisons forment
du côté du Pont-Neuf le coup-d'œil le plus
désagréable & le plus mesquin. Il semble que
la pauvreté & le mauvais goût se soient placés en
évidence, pour braver l'agrément de la vûe, le
bon goût, la commodité & le courant de l'air.
La destruction de toutes les maisons qui sont
sur les Ponts, seroit un embellissement plus
utile à Paris, plus facile & moins dispendieux
que l'érection d'un Cheval de bronze.

Ponts et Chaussées.

Cet utile Etablissement est peut-être l'unique
par la sagesse de son administration ; il ne faut
point être noble, il ne faut point être protégé,
il ne faut point avoir de l'or pour être admis dans
le Corps des Ingénieurs des Ponts & Chaussées, mais il faut avoir des talens.

On n'y trouve point de Professeurs titrés,
gagés, qui vendent à prix d'argent les qualités de savants. Ce sont les écoliers eux-mêmes
qui enseignent lorsqu'ils en sont en état. Cette
instruction réciproque fait naître l'émulation
qui produit toujours les talens. Gloire soit à
jamais au sage qui, le prmier de son siècle,
a mis le talent à l'abrie des faveurs & du

pouvoir de l'or, qui a inftruit de jeunes Citoyens à travailler au bonheur des Peuples & à la fplendeur du Royaume 1)! M. *Perronet*, Chevalier de l'Ordre du Roi, premier Ingénieur des Ponts & Chauffées de France, eft l'Auteur de cette Inftitution. L'Ecole fe tient rue de la Perle, au Marais.

PORTS.

Les Ports les plus confidérables de cette Ville font, le *Port au Bled*, proche la Place de Grêve ; les *Ports aux Bois*, le long du Quai St-Bernard ; le *Port au Vin*, à la Porte St-Bernard ; & le *Port St-Paul*, Quai des Céleftins, &c.

PORTES.

PORTE *St-Bernard*, ainfi nommée du Collége des Bernardins qui eft dans le voifinage ; elle fut conftruite en 1670, fur les Deffins de *Blondel*. Elle eft formée de deux arcades, furmontées d'une longue frife au-deffus de laquelle eft un entablement qui porte un attique, où fe lit, du côté de la Ville cette Infcription : *Ludovico Magno abundantia parta.*

---

(1) Comparons cette Ecole à quelques autres de la Capitale, où l'on va marchander & payer le titre de favant duement expédié en parchemin. Comparons-la encore à ces antiques établiffemens fondés par la fuperftition, & compofés de ces êtres inutiles, qui, comme le dit un Poète ;

S'engraiffent d'une longue & fainte oifiveté.

Si cette comparaifon eft fupportable, combien d'Ecoles de Droit, combien d'Ecoles de Médecine &c. &c., ne faudroit il pas pour valoir une feule Ecole des Ponts & Chauffées ?

Præf & Ædil. poni CC. Ann. R. S. H.
M. DC. LXXIV. Le Bas-relief repréſente
Louis XIV ſous la figure de Mars, offrant à
la Ville de Paris, qui eſt à genoux à ſa droite,
des richeſſes qui lui ſont apportées par des Divinités qui préſident au Commerce & à la
Navigation.

Du côté du Fauxbourg on lit cette Inſcription : *Ludovici Magni Providentiæ Præf. &*
Ædil. poni CC. Ann. R. S. H. M. DC. LXXIV.
Le Bas relief offre le même Roi ſous la figure
du même Dieu qui tient le gouvernail d'un
grand Navire voguant à pleines voiles, &
pouſſé par des Tritons & des Naïades. Ces
deux Bas-reliefs ainſi que les ſix Vertus placées
ſur les piles au-deſſus de l'impoſte des portes,
ſont de *Jean-Baptiſte Tuby.*

PORTE St-Denis. La magnificence de ſon
Architecture la met au rang des plus beaux Monumens de Paris ; elle a 72 pieds de face, &
autant de hauteur : le deſſus en eſt découvert à
la maniere des anciens arcs de triomphe. La
porte principale eſt accompagnée de deux pyramides, engagées dans l'épaiſſeur de l'ouvrage,
chargées de trophées d'armes, & terminées par
deux globes aux armes de la France. Au bas de
ces pyramides ſont deux Statues coloſſales, dont
l'une repréſente la Hollande, ſous la figure
d'une femme conſternée, & aſſiſe ſur un lion
mourant, qui tient dans une de ſes pattes ſept
flèches, qui déſignent les ſept Provinces-Unies.
L'autre Statue eſt celle du Rhin, déſigné par
un fleuve. Ces figures ſont du Deſſin de *le Brun.*
Au-deſſus eſt un Bas-relief, qui repréſente le

(486)

paſſage du Rhin à Tolhuys. La face de cette
porte, du côté du Fauxbourg, eſt également
décorée, à l'exception, qu'au lieu de figures au
bas des pyramides, il y a deux lions qui les
ſupportent. Le Bas-relief eſt la priſe de Maëſ-
tricht ; on lit dans la friſe, des deux côtés, cette
Inſcription, en gros caractere de bronze doré:
LUDOVICO MAGNO.

L'Architecture de cette porte eſt du Deſſin
de *François Blondel*, & tous les ornemens de
ſculpture ſont de *Michel* & *François Anguier*.

C'étoit par la porte St-Denis, que les Rois
& Reines faiſoient leurs entrées (1).

PORTE St-Martin. Son Architecture eſt
en boſſages vermiculés ; elle fut elevée en
1674, ſur les Deſſins de *Pierre Bullet*. Elle
eſt percée de trois ouvertures, & ornée de quatre
Bas-reliefs. Les deux premiers repréſentent la
priſe de Beſançon, & la triple alliance ; les
deux autres expoſent la priſe de Limbourg, &
la défaite des Allemands, ſous la figure d'un
aigle, repouſſé par le Dieu de la Guerre. Ces
ouvrages ſont de *Dujardin*, *Marſy*, le *Hongre*
& *le Gros*, *le pere*.

____

(1) Lorſqu'Iſabeau de Baviere fit ſon entrée à Paris,
Charles VI, curieux de la voir, ſe déguiſa avec *Sa-
voiſi*, ſon favori. Ils monterent tous les deux ſur le
même cheval, le Roi en croupe, & s'avançoient, malgré la preſſe, pour voir de plus près. Les Sergens frap-
poient pour faire ranger la populace. *Et en eut le Roi
pluſieurs horions ſur les épaules bien aſſis*, dit un Hiſtorien de ce temps-là, *& le ſoir en préſence des Dames &
Demoiſelles, fut la choſe récitée, & on commença d'en
bien farcer, & le Roi même ſe farçoit des horions qu'il
avoit reçu.*

Postes.

Postes aux Chevaux, établies par le Roi Louis XI, en 1464.

On ne peut sortir de Paris avec des chevaux de postes, sans passe-port. La Poste aux Chevaux est rue Contrescarpe.

Postes aux Lettres. C'est à l'Université qu'on est redevable de cette utile invention. Louis XI fut le premier Roi qui fit des Règlemens à ce sujet.

Le Bureau général est rue Plâtriere ; c'est là qu'on affranchit les lettres, que l'on reçoit & que l'on délivre l'argent envoyé, ou qu'on veut envoyer par la Poste.

Poste (petite) de Paris. Les lettres sont portées neuf fois par jour à leurs adresses, dans la Ville, & deux fois dans la banlieue. Le port, dans l'intérieur de la Ville, est de deux sous pour lettres, & de trois sous hors des barrieres, dans toute la banlieue : 117 Facteurs font le service journellement.

Prémontrés. (Collége des)

Ce sont des Chanoines Réguliers de St Augustin, institués par St Norbert en 1220, à Prémontré, dans le Diocèse de Laon, d'où cet Ordre a pris son nom.

Cette Maison, établie à Paris en 1252, n'est point réformée ; aussi les Religieux qui la composent, n'ont point l'extérieur aussi austere que ceux des Maisons réformées. Une propreté recherchée, le luxe même, cachent les apparences d'une regle très-rigide, si elle est observée.

L'Eglise a été rebâtie en 1618, & n'a rien de remarquable.

PRÉMONTRÉS RÉFORMÉS.

Ces Chanoines Réguliers de *la réforme &*
de l'étroite observance, s'établirent à Paris le 13
Octobre 1662, au carrefour de la Croix-Rouge,
sous la protection de la Reine mere, Anne d'Autriche. Leur Eglise fut bâtie en 1719, sur le
Dessin de *Nicolas Simonet*. La Menuiserie du
Chœur & des Stalles est l'ouvrage d'un Frere
convers de cette Maison : on y voit l'Epitaphe
du Chevalier Turpin, Seigneur de Crissé, mort
en 1684, & d'*Anne de Salles*, son épouse.

PRÉSENTATION. *(Religieuses de la)*

Ce Couvent, situé rue des Postes, est un
Prieuré perpétuel de Bénédictines mitigées ; il
doit son établissement à *Marie Courtin*, veuve
de *Nicolas Billard*, S^r de *Carouge*. Louis XIV,
informé de l'état nécessiteux où se trouvoient
ces Religieuses, accorda une Loterie en leur
faveur, qui leur a procuré plus d'aisance.

Il y a des pensions de 600 liv.

PRISONS.

Il y a dans cette Ville huit principales Prisons.

HÔTEL de la Force. Cet Hôtel, après avoir
appartenu à plusieurs Princes de la Maison
Royale, à plusieurs grands Seigneurs de la Cour,
fut possédé par Jacques *de Caumont, Duc de la
Force*, qui lui a laissé son nom ; il le fut encore
par des Financiers : enfin depuis quelques années,
cette Maison vient d'être destinée à renfermer
des personnes arrêtées pour dettes & pour délits
civils. Ainsi, les égaremens de la jeunesse, l'in-
conduite ou les malheurs de quelques Citoyens,
ne seront plus confondus avec le crime des

scélérats ; l'opprobre des uns ne souillera plus les autres. L'étendue de cette Maison, la salubrité de l'air qu'on respire & la commodité des Appartemens, en font plutôt un lieu de sûreté, qu'une Prison ; c'est dans cet Hôtel qu'est le *Dépôt des Mendians* (1).

CONCIERGERIE ; cette Prison vient d'offrir l'exemple d'une rébellion bien funeste. Deux jeunes Officiers, condamnés à plusieurs années de prison, formerent le complot de se soustraire, par la violence, à cette longue captivité. Ils avoient déja manifesté ce projet d'une maniere vigoureuse, mais sans effet, dans la Prison de l'*Abbaye ;* transférés dans celle de la Conciergerie, ils firent de nouvelles tentatives pour l'exécuter : munis de trois quarterons de poudre à tirer, de cinq pistolets, & de vingt-deux balles, & s'étant associé un troisieme, *François-René Jacquin,* Militaire, qui n'étoit en prison que pour quelques mois ; ils atten-

---

(1) Quel est le crime de ces infortunés détenus dans cette prison ? par quel attentat ont-ils mérité la sévérité des loix ? ont-ils soulevé les peuples ? ont-ils troublé le repos des citoyens ? ont-ils opprimé des malheureux ? Non ; ils étoient pauvres, & on les punit d'avoir voulu satisfaire le premier besoin de la nature. Quel homme riche dans leur même situation se fût mieux comporté ? & quel homme puissant peut se flatter de n'avoir pas lui-même causé le malheur de quelques-uns ? Cependant aucuns défenseurs n'ont plaidé la cause de ces malheureux opprimés...... Médecins politiques ! vous avez jugé qu'il étoit plus facile & plus court de couper sans pitié le membre malade plutôt que de le guérir, plutôt que de chercher à détruire la source du mal.

X 5

doient l'inſtant favorable d'effectuer le projet de leur évaſion. Dans cet état, le 28 Septembre 1784, ſur les neuf heures du ſoir, ils tirerent pluſieurs coups de piſtolets ſur deux Guichetiers qui entroient dans leur chambre, & qui, en fuyant, eurent la prudence de fermer la porte, & par là rendirent la violence des rebelles inutile. De ces deux Guichetiers, l'un fut dangereuſement bleſſé, & l'autre mourut le lendemain matin. Sur-le-champ, les Gardes inveſtiſſent la Priſon; les pompes ſont préparées, dans le cas que ces mutins, déſeſpérés, ne miſſent le feu à la Priſon. Depuis long-tems, d'une maiſon vis-à-vis, on les ſollicitoit inutilement de ſe rendre, lorſqu'on imagina de diriger vers la fenêtre de la Priſon, le tuyau d'une pompe. Ces trois mutins alors s'étourdiſſoient, en buvant, ſur les ſuites funeſtes de leur crime. L'eau s'échappant avec violence, briſa, renverſa tout ſur ſon paſſage, & intimida ces furieux priſonniers, qui, enfin, ſous quelques conditions, conſentirent à ſe rendre. Un Officier de la Garde eut le courage de ſe préſenter à eux pour leur demander leurs armes. Ils les remirent, ſans peine, entre ſes mains; & le 4 Octobre ſuivant, ils furent jugés & condamnés, tous les trois, à être rompus vifs; ce qui fut exécuté le même jour, à la Place de Greve (1).

Le grand CHATELET. (Voyez *cet Article,* pag. 148 *&* 149).

---

(1) Le frere d'un des ſuppliciés, n'a pas pu ſurvivre à ce malheur; malgré la vigilance & les conſolations de ſes amis, il s'eſt brûlé la cervelle.

Prison (la) de l'Abbaye, rue Ste-Marguerite, particuliérement destinée aux Militaires.

Prison de St-Martin, rue de ce nom, au coin de celle du Verbois, où l'on renferme les filles débauchées.

Prison de la Tournelle, où sont déposés les criminels condamnés aux galeres.

Prison de St-Eloi, rue St-Paul.

Prison de l'Hôtel-de-Ville, pour les délits qui se commettent sur les Ports. La plupart des Jurisdictons de cette Ville ont aussi leurs Prisons particulieres.

PRIX DE L'UNIVERSITÉ.

Ils se distribuent le 7 Août dans la Salle des Ecoles extérieures de la Sorbonne, en présence de MM. du Parlement & du Châtelet.

PROCESSIONS *les plus remarquables.*

Procession du Recteur ; elle se fait tous les trois mois. C'est à cette cérémonie que l'Université étale publiquement toute sa dignité ses hiérarchies, ses couleurs & ses fourrures différentes. Chacun est à son rang, & il n'est point de Cour où l'étiquette soit si rigoureusement observée.

Cette Procession part du Collége de Louis-le-Grand, pour se rendre au lieu de station, indiqué par le Recteur.

Le Recteur est en robe violette, & bonnet carré de même, avec le Mantelet Royal & l'escarcelle de velours violet, garnie de glands d'or & galons, accompagné du Doyen de la Faculté de Théologie, & precédé des quatre premiers

Appariteurs de la Faculté des Arts, avec leurs maſſes.

La Proceſſion eſt terminée par les grands Meſſagers-Jurés, qui ſont précédés de leur Clerc ou Héraut, revêtu d'une tunique de velours pourpre, ſemée de fleurs-de-lis d'or. Ce Héraut eſt, après le Recteur, le perſonnage le plus brillant & le plus regardé de la bande. Le Peuple, qui n'y entend pas malice, préfere ſouvent la tunique du Héraut à la robe du Recteur.

PROCESSION, ou *cérémonie de la montre des Huiſſiers*. Tous les Officiers de la Cour du Châtelet, depuis MM. les Lieutenants-Civils, juſqu'aux derniers Huiſſiers, tous montés ſur des chevaux, vêtus de leurs robes de Palais, partent, tous les ans, le lendemain de la Trinité, du grand Châtelet, vont chez M. le Chancelier, chez les principaux Magiſtrats du Parlement, chez M. le Gouverneur de Paris, chez M. le Prévôt de Paris, &c. & enfin à Ste-Genevieve, & trouvent des collations aux différentes ſtations qu'ils font. Les Huiſſiers à Verge & à Cheval, portant à la main des caſques & gantelets, ouvrent & ferment la marche. On n'a que des conjectures ſur l'origine de cet uſage, que le Peuple appelle *la Proceſſion des Diables*.

PROCESSION de la Réduction de Paris. L'Aſſemblée des prétendus Etats convoqués à Paris par le Duc de Mayenne, s'étoit tenue ſans ſuccès; elle fut cependant précédée d'une Proceſſion à-peu-près auſſi importante que celle des Moines ligueurs, qui paſſerent en revue devant le Légat (1). Les Treize étoient ſans pou-

____

(1) Voilà ſur quel ton l'Auteur de l'*Abrégé des Etats*

voir. La *Satyre Ménippée*, qui ne fut guere moins utile à Henri IV, dit M. le Président Hénault, que la bataille d'Ivri, en couvrant de ridicule la Ligue expirante, lui avoit porté le dernier coup. Paris ouvrit ses portes à son vainqueur, & reconnut son Roi légitime : ce fut le 22 Mars 1594. C'est en mémoire de cet heureux événement, & pour en rendre graces à Dieu, que tous les ans, à pareil jour, se fait la Procession, dite *de la Réduction de Paris*, qui va de Notre-Dame en l'Eglise des grands Augustins, & à laquelle assistent les Cours Souveraines en cérémonie.

Ce fut Antoine *Loisel*, savant Jurisconsulte, qui proposa cette Procession.

Processions de la Fête-Dieu. Celle de *de Paris*, &c., parle de cette marche Monastique.......
» Puis suivoient de trois en trois 50 ou 60 Religieux,
» tant Cordeliers que Jacobins, Carmes, Capucins,
» Minimes, Bons-Hommes, Feuillans & autres, tous
» couverts avec leurs capuchons, habits agraffés,
» armés à l'antique Catholique, sur le modele des
» Epitres de St-Paul : entr'autres y avoient six Capu-
» cins, ayant chacun un morion en tête, & au-dessus
» une plume de coq, revêtus de cottes de mailles,
» l'épée ceinte au côté par-dessus leurs habits, l'un
» portant une lance, l'autre une croix, l'un un épieu,
» l'autre une arquebuse, & l'autre une arbalêtre ; le
» tout rouillé par humilité Catholique. Les autres
» presque tous avoient des piques qu'ils branloient
» souvent par faute de meilleur passe-temps. Hormis
» un Feuillant boiteux, qui armé tout à crud faisoit
» faire place avec une épée à deux mains, & une hache
» d'armes à sa ceinture, son breviaire pendu par
» derriere, & le faisoit bon voir sur un pied, faisant
» le moulinet devant les Dames &c...... Et tout cela
» marchoit en moult & belle ordonnance *Catholique*,
» *Apostoligue* & Romaine «.

St-Sulpice est la plus remarquable, à cause du nombre d'Evêques qui la composent.

Procession du Renard. »Les Parisiens re- » présentoient plusieurs Spectacles, lit-on, dans » l'Hist. de Paris, Tom. premier, pag. 532 ; » tantôt la gloire des bienheureux, tantôt les » peines des damnés ; ensuite diverses sortes » d'animaux, & ce dernier Spectacle fut appellé » la Procession du Renard «. (Voyez *Comédie, pag.* 168 & 169).

Procession de l'Ane. Autrefois on célébroit dans plusieurs Cathédrales la fête de l'âne. Les Sous-Diacres & les Enfans de Chœur amenoient un âne, couvert d'une grande chape, auprès de l'Autel, & lui chantoient cette antienne : *Eh, eh, eh, âne, eh, ch, eh, eh, eh, sire âne* : ailleurs, on chantoit une antienne latine, dont un verset disoit que *les âneries avoient enrichi le Clergé.*

> *Aurum de Arabia,*
> *Thus & Myrrham de Saba*
> *Tulit in Ecclesia*
> *Virtus Asinaria.*

Ces deux Processions, ainsi que celle *des Foux,* étoient en usage dans le quatorzieme siecle.

PROCUREURS.

Il y a des professions dans la Société, sur lesquelles il n'est presque pas possible de parler, sans en médire ; c'est pourquoi nous ne parlerons pas des Procureurs. L'Almanach Royal annonce leurs demeures : un Almanach qui annonceroit les talens & la probité de chacun, seroit un Almanach curieux.

PROMENADES *des environs de Paris.*

Le Pré St-Gervais , les Champs Elisées , le Bois de Vincennes & le Bois de Boulogne, font les promenades les plus fréquentées. Pendant les trois derniers jours de la semaine-fainte, on va fe promener à *Longchamp.* Les vacances des Spectacles, la naiffance du printemps & l'ufage, y attirent une foule auffi nombreufe que brillante. Les allées qui menent à cette Abbaye, font bordées de deux longues files des plus élégans équipages, entre lefquels on voit paffer rapidement des Calvacades d'Amateurs. On alloit autrefois à l'Abbaye de Longchamp, pour entendre *aux Ténebres* les belles voix des Religieufes. Aujourd'hui le goût des *Ténebres* a paffé, on n'entre plus dans le Couvent ; on fe contente des avenues, pour y faire affaut d'équipage, de luxe & de bon goût.

St-Cloud eft encore une promenade, trèsfréquentée à de certaines époques. Depuis le premier Dimanche du mois de Mai, jufqu'au mois d'Octobre, les eaux jouent à St-Cloud ; les cafcades & les jets d'eau font très-curieux.

Le jour de la Fête de St-Cloud, qui fe trouve au commencement du mois de Septembre, il s'y rend une grande quantité de monde. Les Appartemens du Château font ouverts. Dans un bofquet fermé, fe donne un bal, terminé par un feu d'artifice : le Dimanche fuivant, on y court avec la même affluence, & la promenade eft peut-être plus brillante encore.

Sceaux , Château magnifique, entouré d'un Parc fuperbe, enrichi de ftatues & de belles cafcades, attire également plufieurs curieux le

24 Juin, ainsi que le Dimanche qui suit la Fête. Ce Château est situé à deux lieues de Paris, sur la route d'Orléans.

Q U A I S.

Les deux Quais qui bordent la rivière depuis le Pont neuf jusqu'au Pont Royal, sont les deux plus beaux Quais de Paris.

Quai de la Mégisserie ou *de la Ferraille*, à cause des vieilleries qu'on y vend, est aussi renommé par la vente des fleurs, des plantes & des oiseaux ; c'est là le siége principal de tous les *Recruteurs* & *Racolleurs* de la Ville : ceux qui ont envie de servir le Roi, trouvent sur ce Quai, à toute heure du jour, des gens qui les attendent, en se promenant, & qui ont même souvent la politesse de prévenir leurs intentions.

Quai des Augustins ou *de la Vallée.* C'est sur ce Quai que se vend la volaille. C'étoit autrefois un terrein planté de saules, ordinairement inondé l'hiver, & qui servoit de promenade en été.

Quai de Gesvres. Il n'y passe que des gens de pied ; il est couvert & bordé de boutiques des deux côtés.

Quai Pelletier, a pris son nom du Prévôt des Marchands, qui le fit construire, en 1675, par *Pierre Bullet,* Architecte. Une voussure qui paroît suspendue, & dont le trait est admirable, forme le trottoir ; il commence au Pont de Notre-Dame, & finit à la Place de Greve.

Il y a plusieurs autres Quais à Paris moins considérables, & dont la description n'offre rien d'intéressant.

RAFFINERIE DE SUCRE.

Nouvel Etabliſſement, ſitué à la Rapée, près
Bercy : les ſucres qui en ſortent ſont recommandables par leur blancheur.

RAMONEURS PUBLICS.

Il exiſte une Adminiſtration particuliere pour
les Ramoneurs, compoſée de Directeurs, de
Vérificateurs, &c. Les Ramoneurs ſont uni-
formément habillés, & ſont coiffés de Bonnets
chargés d'une plaque de cuivre, ſur laquelle
eſt leur numéro. Le Bureau eſt ſitué rue du
Temple, à côté de l'Egliſe Ste-Eliſabeth.

RAPÉE. (la)

C'eſt un Fauxbourg ſitué ſur le bord de la
Seine, près de Bercy, principalement habité
par des Cabaretiers & Marchands de Vin ; ce
qui en fait une eſpece de Guinguette.

RÉCOLLETS.

Les Récollets forment une des quatre branches
de l'Ordre Séraphique, & ont le même Général
que les Cordeliers. Ils ont pris leur nom de
leur réforme qui conſiſte principalement dans
le recueillement ; de *Récollecti*, *Recueillis*, on
a fait *Récollets*. *Saint Pierre-de-Latran* fut
le principal appui de cette réforme, dont le premier auteur eſt *Jean Puebli de Ferrare*, qui en
conſtruiſit le premier Monaſtere au Mont-Maria
l'an 1490.

Ils commencerent à s'établir en France en
1582, & ce ne fut que vers l'an 1600 que des
Récollets ſortis des Couvents de Montargis &
de Nevers, eſſayerent de s'établir à Paris. *Jac-*
ques Cottard, Marchand Tapiſſier, & *Anne*

Gosselin, sa femme, leur donnerent, le 14 Décembre 1603, une grande maison, cour & jardin qu'ils avoient au fauxbourg St-Martin.

Henri IV qui leur accorda des Lettres-Patentes, fut aussi leur bienfaiteur de concert avec sa femme *Marie de Médicis*, qui posa la premiere pierre de l'Eglise qui existe aujourd'hui, & qui fut déclarée Fondatrice du Couvent.

L'Eglise est décorée de Tableaux peints par le *Frere Luc*, très-dévot Récollet, mais Peintre médiocre.

Plusieurs personnes illustres ont été inhumées dans cette Eglise. *Guichard Faure*, Baron de Thisi, & *Madeleine Brulart*, sa femme, sont enterrés dans la cave qui est sous le Maître-Autel avec le titre de Bienfaiteurs de cette Communauté.

Françoise de Crequi, femme de *Maximilien de Bethune*, Duc de Sully, morte le 23 Juillet 1657.

Gaston-Jean-Baptiste, Marquis, puis Duc *de Roquelaure*. Le Roi, aussi satisfait de ses services que charmé de ses plaisanteries, le fit Duc & Pair de France. Il mourut en 1683, âgé de 68 ans. C'est à lui qu'on attribue cette foule de bons mots & de bouffonneries ridicules, dont on a fait un recueil sous le titre de *Momus François*, Ouvrage digne d'amuser les Laquais.

Antoine-Gaston-Jean-Baptiste, Duc de *Roquelaure*, fils du précédent, mort à Paris en 1738, à 82 ans: il est le dernier de sa maison.

La Bibliotheque de cette Maison est très-nombreuse, & très-bien composée pour une Bibliotheque de Récollets.

(409)

Récolletes, (Voyez *Filles de l'Immacu-
lée-Conception , page* 235).

R E C T E U R.

L'ignorance des tems lui a attribué un pouvoir
& des droits qu'il ne pourroit pas aujourd'hui
faire valoir sans craindre le dernier ridicule. Sa
puissance s'étend sur les quatre Facultés, il peut
faire cesser, à son gré, tous les actes publics,
empêcher de donner des Leçons, &c. &c. Autrefois rien ne résistoit à la volonté du Recteur ;
il est souvent arrivé qu'il a soumis les Rois
à son autorité suprême. Aujourd'hui ce Des-
pote est d'une humeur plus traitable, &, à
l'arrogance & à la couleur près, il n'est plus
le même ; d'ailleurs son règne ne dure que
trois mois. (Voyez *Procession du Recteur,
pages* 154 & 322 , *Mathurins , page* 414,
& *Université*).

R E V U E D U R O I.

Cette Revue se fait dans la plaine des Sablons
les premiers jours du mois de Mai. Le Roi y
passe en revue les Régimens des Gardes Françoises & Gardes Suisses.

R O C H. (Saint)

Il y avoit autrefois dans l'emplacement de
l'Eglise de St-Roch un lieu nommé *Gaillon* où
étoient deux Chapelles, l'une dite de *Ste-Suzanne,*
l'autre *des Cinq Plaies de J. C.* En 1574 l'Of-
ficial de Paris permit aux habitans du fauxbourg
St-Honoré d'avoir une Eglise Succursale de la
Paroisse de St-Germain-l'Auxerrois ; on y
bâtit l'Eglise de St-Roch. Mais ce quartier s'é-
tant considérablement accru , l'on changea cette

Succurfale en Paroiffe, & cette Eglife, en une plus vafte & plus magnifique.

L'Eglife qui exifte aujourd'hui fut commencée, en 1633, par *le Mercier*, premier Architecte du Roi ; elle a été achevée, en 1736, par *Jules Robert de Cotte* ; le Portail qui eft de cet Architecte, avoit été deffiné par *Robert de Cotte*, fon pere. Ce Portail eft formé des Ordres Dorique & Corinthien ; le premier porte en amortiffement deux grouppes de pierre, repréfentant les quatre Peres de l'Eglife Latine, fculptés par *François* ; le fecond eft furmonté d'un Fronton où font les Armes de France. Une Croix accompagnée de deux Anges adorateurs, couronne le tout. Les Trophées, Candelabres, Fleurons, & autres Ornemens ont été fculptés par *Monteau*.

L'Architecture de l'Eglife eft Dorique. Les trois Chapelles qui font placées fucceffivement derriere le Chœur, donnent à cette Eglife un caractere de fingularité qui n'a guère d'exemples, & dont l'effet eft prefque théâtral ; on y trouve quatre décorations différentes, l'une à la fuite de l'autre. On voit d'abord l'Eglife proprement dite, enfuite la Chapelle de la Vierge, celle de la Communion, & enfin celle du Calvaire qui termine l'Eglife.

Dans la feconde Chapelle, à gauche en entrant, on voit le Tombeau de Mme *de la Live*, exécuté d'après les Deffins de fon mari, par M. *Falconet* ; l'Infcription qu'on y lit eft de M. *de la Live*, qui a exprimé fur le marbre fon amour & fes regrets de la maniere fuivante : *Eterna memoria Ludovica-Elifabeth Chambon, qua do-*

...tibus eximiis conspicua, omnibus flebilis &
...deplancta, diem supremum obiit X, Kal. De-
...cembris 1752, ætatis 2. Hunc tumulum in
...amaritudine animæ suæ, uxoris desideratissimæ,
...Angelus-Laurentinus la Live de Jully dedit. Le
Tableau de l'Autel repréfente Ste Elifabeth, par
le Lorrain ; dans la troifieme Chapelle eft une
Nativité de *le Moine*.

Près de la fixieme Chapelle, du même côté,
on voit un monument qui repréfente un médaillon attaché à une Pyramide, au pied de
laquelle eft une Colonne tronquée, où fe lit
une longue Epitaphe latine ; le tout fculpté par
M. *d'Huez*. C'eft le Tombeau de *Pierre-Louis*
Moreau de Maupertuis, né à St-Malo en 1698,
mort à Bafle le 27 Juillet 1759 : Militaire, Ma-
thématicen, Philofophe ; également illuftre par
fa fortune, fes protecteurs, fes querelles avec
le profeffeur *Koenig* & le célebre *Voltaire*, &
par le voyage qu'il fit dans le Nord en 1736 par
ordre de Louis XV pour déterminer la figure
de la terre. Il fut le chef & l'auteur de ce pé-
rilleux voyage. Bifarre, inquiet, malgré fes
fuccès, il étoit défefpéré de n'être pas le premier
homme de fon fiecle.

Dans la fixieme Chapelle eft un excellent
Ouvrage de *Jouvenet*, qui repréfente le Martyre de St-André. On y voit auffi le Tombeau
d'*André le Nôtre*, Chevalier de l'Ordre de St-
Michel, Confeiller du Roi, Contrôleur-Général des Bâtimens de Sa Majefté, né à Paris en
1613, mort dans la même Ville en 1700. Le
premier homme de génie, qui fut donner aux
Jardins cette magnificence, cette grace, jufqu'a-

lors inconnue & dont brillent les Jardins de Versailles, de Trianon, de Chantilly, de Saint-Cloud, &c. Il avoit l'esprit & la noblesse d'un homme de génie (1). Son Buste en marbre que l'on voit au-dessous a été sculpté par *Coyzevox*.

La derniere Chapelle, du même côté, est décorée d'un St-François d'Assise, par *Michel Corneille*.

A l'entré de la Chapelle de la Vierge est le Monument du Comte de *Rangoni* ; en face est celui du Maréchal d'*Asfeld*.

La Coupole de cette Chapelle offre un chef-d'œuvre de Peinture à fresque, il faut le voir pour en sentir toutes les beautés. Le sujet est l'Assomption de la Vierge. La disposition, l'harmonie, l'exécution, tout se réunit pour completter la gloire de son Auteur, M. *Pierre*, Chevalier de Saint-Michel & premier Peintre du Roi.

L'Autel de cette Chapelle n'est pas moins admirable, il représente une Annonciation ; l'attitude de la Vierge annonce la résignation & l'humilité. L'Ange qui est un peu éloigné montre

---

(1) Un jour que *le Nôtre* détailloit à Louis XIV toutes les beautés qui devoient enrichir les Jardins de Versailles, ce Prince, à chaque grande pièce dont *le Nôtre* lui marquoit la position & décrivoit les effets, l'interrompoit en lui disant : *le Nôtre, je vous donne vingt mille francs.* Cette magnifique approbation plusieurs fois répétée, fâcha cet homme, dont la grande ame étoit aussi désintéressée que celle de son maître étoit généreuse. Il s'arrêta à la quatrieme interruption, & dit brusquement au Roi : *Sire, votre Majesté n'en saura pas davantage, je la ruinerois.* (*Essais Hist. sur Paris.*)

» une Gloire d'où il defcend, & dont les nuages
» qui la compofent s'abaiffent jufques fous lui ;
» ce grouppe & les nuages font de marbre, & les
» deux Figures ont huit pieds de proportion. Des
» deux côtés font placées les Figures en plomb
» bronzé de *David* & *d'Ifaïe* ; toute cette dé-
» coration eft due au Deffin de M. *Falconet*.

La Chapelle fuivante eft celle de la Communion, dont la coupole moins grande que la
précédente eft également par M. *Pierre*, & repréfente le triomphe de la Religion. On voit
fur l'Autel deux Anges adorateurs, exécutés par
Paul Slodtz. M. de Saint-Foix s'eft récrié avec
raifon fur ce que l'objet de l'Adoration eft rabaiffé
de maniere à être à peine apperçu, tandis que
les deux Anges, d'une grande ftature s'élevent
de beaucoup au-deffus du Tabernacle.

Enfin, la derniere Chapelle eft celle du Calvaire. L'obfcurité du lieu, le peu d'élévation
de la voûte, fa conftruction folide & l'air
filencieux qui y regne, pénetrent l'ame d'un
fentiment lugubre & religieux. Derriere
l'Autel s'éleve un rocher où l'on voit, dans
une vafte niche, Jefus Crucifié, avec une
Madeleine au pied de la Croix. Cette niche eft
éclairée par une ouverture d'en haut qu'on n'ap-
perçoit point, & qui femble donner une lumiere
célefte. Les deux Figures de cette niche font
fculptées par *Michel Anguier*. Sur le devant
font d'une part, des Soldats couchés, de l'autre
des troncs d'arbres & des plantes parmi lefquels
paroît le ferpent. Au bas de cette efpece de montagne où font deux portes taillées dans le roc,
eft l'Autel de marbre bleu turquin, en forme de

Tombeau antique. Elle eſt ornée de deux Urnes d'où ſort la fumée des parfums ; au milieu eſt le Tabernacle en forme de Colonne tronquée ſur laquelle ſont grouppés des inſtrumens de la Paſſion ; cette décoration eſt toute entiere de M. *Falconet*.

Dans la premiere Chapelle, à gauche, en ſortant de la Chapelle de la Vierge eſt un Tableau d'*Antoine Coypel*, repréſentant St Louis mourant.

Du même côté en ſuivant, eſt la Chapelle où ſont inhumées pluſieurs perſonnes de la famille de *Savalete*. On y voit en face de l'Autel un Monument exécuté par *Challe*, où eſt gravée cette Inſcription :

Eternæ Memoriæ Anaſtaſiæ-Joannæ-Thereſiæ Savalete, Comiteſſæ de Broglie de Revel. Quam ingenio, ſuavitate, veritate deſiderabilem omnibus conjugis amiſſi deſiderium extinxit, amica, ſorori, frater amicus-conſecrat, recordamini, deſiderate, lugete.

La Grille du Chœur eſt un chef-d'œuvre de ſerrurerie dû aux talens de M. *Doré*, habile Serrurier. Les deux Autels placés aux côtés de la Grille ſont de marbre bleu turquin, au-deſſus de l'un eſt un Chriſt agoniſant, par M. *Falconet*, au-deſſus de l'autre eſt la Statue de Saint-Roch, par *Couſtou*.

Les deux Chapelles de la croiſée ont été décorées ſur les Deſſins de M. *Boullée*. On y voit à chacune deux Statues, parmi leſquelles on diſtingue le St Auguſtin, par M. *d'Huez*, & le St François de Sale, par M. *Pajou*. Les deux Tableaux, qui ont 22 pieds de haut, repréſentent,

du

du côté gauche, St Denis prêchant la Foi en
France, il eſt de M. *Vien* ; du côté droit, la
maladie des Ardens, Epidémie dont Paris étoit
affligé, & que l'interceſſion de Ste Genevieve fait
ceſſer tout-à-coup.

Au premier pilier de la Nef, à droite en venant du Chœur, eſt un Monument érigé à la
mémoire de *Nicolas Ménager*, Conſeiller du
Roi en ſes Conſeils, Ambaſſadeur extraordinaire & Plénipotentiaire ; il fut à la fois utile à ſa
Patrie par l'étendue de ſon commerce & par les
négociations dont il fut chargé par le Roi : il
mourut à Paris le 15 Juillet 1714. Ce Monument eſt l'ouvrage de *Simon Maziere*.

Dans un caveau qui eſt devant la Chapelle de
la Vierge a été inhumée S. A. S. *Marie-Anne de
Bourbon*, Princeſſe de Conti, morte à Paris le
3 du mois de Mai 1739. Elle étoit fille naturelle
de Louis XIV & de la Ducheſſe de la Valiere.

Dans la Nef eſt le Tombeau de deux
freres, tous deux Sculpteurs habiles, *François
& Michel ANGUIER* ; le premier eſt mort le 8
Août 1699 ; le ſecond, le 11 Juillet 1686. On
lit ſur leur tombe une Epitaphe, en vers françois, qui n'eſt pas merveilleuſe.

Cette Egliſe s'honore de renfermer encore les
cendres de pluſieurs perſonnes illuſtres (1), telles
que *Antoinette de la Garde*, Marquiſe DES
HOULIERES, célebre par ſes Poéſies tendres,

____

(1) L'Auteur du *Voyageur à Paris*, à l'exemple des
Auteurs qu'il a copiés, place dans cette Egliſe le
Tombeau de *Pierre Mignard*, premier Peintre du
Roi. C'eſt une inadvertance un peu forte, puiſqu'il a
parlé déja à l'article des Jacobins de la rue St-Honoré,
du Tombeau de cet Artiſte.

naïves & ingénieuſes , où le badinage & les
graces ſe mêlent naturellement avec l'expreſſion
du cœur ; ſon ame étoit auſſi belle que ſa figure.
Ses *Idylles* ſont les meilleures que nous ayons
dans notre langue. On lui a reproché d'avoir
protégé *Pradon* contre *Racine*. Elle mourut en
1694.

François-Séraphin Regnier Desmarets ; il
ſe diſtingua dans la Poéſie françoiſe, latine ,
italienne, même eſpagnole. A l'âge de 15 ans il
traduiſit, en vers burleſques la *Batrachomyoma-
chie* d'Homère. Le Duc de Crequi , charmé de
ſon eſprit, l'emmena à Rome où il compoſa une
Ode Italienne que l'Académie de la *Cruſca* de
Florence prit pour une production de Pétrarque.
On prétend qu'il auroit été Evêque ſans ſa tra-
duction d'une ſcène voluptueuſe du *Paſtor Fido*.
A ſes rares talens il joignoit un cœur ſenſible &
une probité rigoureuſe ; il ſut autant aimer les
amis qu'il s'étoit choiſi, que la vérité quand il
l'avoit reconnue. Cet illuſtre Ecrivain mourut
à Paris en 1713 , à 81 ans.

Pierre Corneille , un des grands hommes qui
illuſtrent la Nation Françoiſe. Son génie fut également honoré de l'amitié du *Grand-Condé* & de
la jalouſie du *Cardinal de Richelieu*. C'étoit un
ancien Romain parmi les François ; il eſt encore
aujourd'hui un Corneille parmi nos Auteurs Dramatiques. Il n'a dans cette Egliſe ni
Mauſolée, ni Epitaphe (1).

____

(1) *Corneille, Racine, Moliere, la Fontaine, Quinault*, &c. &c., n'ont ni Mauſolée ni Epitaphes dans
les Egliſes où ils ſont enterrés.

Redoute Chinoise. (Voyez *Foire St-Laurent*, page 253.

Rues fameuses par des Evenemens curieux.

Rue St-André-des-Arcs. (Voyez page 37.

Rue St-Antoine, elle est fameuse par le concours prodigieux de Masques qui tous les ans, les derniers jours du Carnaval, attire un grand nombre de curieux.

Rue de l'Arbre-Sec, en 1505, il y eut dans cette rue une espèce de sédition à l'occasion d'une Marchande que le Curé ne vouloit pas enterrer, parce qu'on refusoit de montrer à lui & à l'Evêque le testament de la défunte. Les Evêques prétendoient avoir ce droit, & défendoient de donner la sépulture à ceux qui mouroient *ab intestat* ou qui n'avoient pas fait un legs à l'Eglise.

Rue de Bétizy, c'est dans la 2ᵉ. maison à gauche, en entrant par la rue de la Monnoie, que l'Amiral Colligni fut tué la nuit de la Saint-Barthelemi ; ses assassins, après avoir égorgé ses Domestiques, montent & trouvent l'Amiral assis dans un fauteuil & qui s'étoit éveillé au premier bruit : *jeune homme*, dit-il à l'un d'eux, *tu devrois respecter mes cheveux blancs ; mais fais ce que tu voudras, tu ne peux m'abréger la vie que de peu de jours.* Il étoit malade & blessé d'un coup d'arquebuse qu'il avoit reçu quelques jours auparavant en revenant du Louvre à pied. Percé de plusieurs coups, il fut jetté par la fenêtre dans la cour, où le Duc de Guise, pour le reconnoître, essuya avec son mouchoir le sang qui lui couvroit le visage, & l'ayant foulé aux pieds : *c'est bien commencé*, dit-il à sa troupe, *allons continuer notre besogne.*

Rue du Petit-Bourbon ; au coin de cette rue & de celle de Tournon étoit l'Hôtel des Ducs de Montpensier. C'étoit-là que les Prédicateurs engageoient le peuple à aller vénérer la mere de l'infame assassin d'Henri III, de *Jacques Clément*, Jacobin ; laquelle ils qualifioient en Chaire de *bienheureuse mere d'un saint Martyr*. Elle étoit venue de son village à Paris pour demander la récompense du crime de son fils. La furieuse Duchesse de Montpensier, sœur des Guises, tués à Blois, demeuroit alors dans cet Hôtel (1), lorsqu'elle eut appris la mort de ses freres, assassinés par ordre du Roi, elle sortit comme une forcenée de sa maison, courant par tout Paris, fondant en larmes, & vomissant toutes sortes d'injures contre le Roi ; elle fit tant de compassion, » dit Sauval, & émut si bien la populace » qu'elle fut en quelque façon le flambeau fatal » de la Ligue «.

Rue Brisemiche. (Voyez *page* 422 *la Note*).

Rue du Coq. (ou *Passage du*) (Voyez *la Note, page* 399).

Rue Culture-Ste-Catherine, fameuse dans l'Histoire par l'assassinat du Connétable de *Clisson*. Le Duc d'Orléans alloit voir secrettement une

---

(1) Dans l'emplacement de cet Hôtel, fameux par des fureurs & des crimes, est une superbe maison nouvellement construite, au coin de laquelle est un des plus beaux Cafés de Paris, nommé *le Café des Arts.*

Juive dont il étoit amoureux, *Pierre Craon*, son Chambellan, plaisanta de cette intrigue avec la Duchesse d'Orléans, sa femme. Le Duc piqué le chassa honteusement ; *Craon* qui imputoit en partie sa disgrace au Connétable *de Clisson*, la nuit du 13 au 14 Juin 1391 l'attendit au coin de cette rue & fondit sur lui à la tête d'une vingtaine de scélérats. Clisson, percé de trois coups tomba de cheval & donna de la tête dans une porte qui s'ouvrit. Le Roi ayant appris cette nouvelle *se vêtit d'une Houpelande, on lui bouta ses souliers ès pieds, & il courut à l'endroit où l'on disoit que son Connétable venoit d'être occis. Connétable,* lui dit-il en le voyant baigné dans son sang, *oncques choses ne fut telle, ni ne sera si fort amendée.* Heureusement ses blessures ne furent pas dangereuses. (Voyez *Marché du Cimetiere-St-Jean*, *page* 409).

Rue St-Denis, c'étoit par cette rue que les Rois & les Reines de France faisoient ordinairement leurs entrées ; dans ces occasions elle étoit décorée de tapisseries & couverte d'étoffes de soie, & de distance en distance on élevoit des théâtres où l'on jouoit des Mysteres. Lorsque la Reine *Isabeau de Bavière* fit son entrée, on avoit figuré un superbe Paradis, où l'on voyoit des étoiles, & Dieu le Pere, le Fils & le Saint-Esprit, accompagné de petits Anges (1). » Lorsque la Reine,

---

(1) Lorsque Louis XI fit son entrée en 1461, on lui donna un autre spectacle. *Devant la fontaine du Ponceau,* dit Malingre, *étoient plusieurs belles filles en sirennes, toutes nues, lesquelles en faisant voir leur beau sein, chantoient de petits motets & bergerettes.* Lors de

» dit Froiſſard, paſſa dans ſa Litiere découverte,
» ſous la porte de ce Paradis, deux Anges deſcen-
» dirent d'en haut, tenant en leurs mains une très-
» riche Couronne d'or, garnie de pierres précieuſes,
» & la mirent moult doucement ſur le chef de la
» Reine en chantant ces vers « :

> Dame encloſe entre fleurs de lys
> Reine êtes-vous de Paradis
> De France & de tout le pays.
> Nous remontons en Paradis.

RUE *de la Vieille-Draperie.* (Voyez *p.* 54).
RUE *d'Enfer.* (Voyez *Chartreux, pag.* 143
& 144).

RUE *de la Ferronnerie.* Le Vendredi 14 Mai
1610 , vers les quatre heures après midi,
Henri IV alloit à l'Arſenal ; en paſſant dans
cette rue , qui étoit alors malheureuſement fort
étroite, un embarras de deux charettes fit arrêter
ſon carroſſe. Un particulier nommé *Ravaillac*
monta ſur une des raies des roues de derriere &
frappa le Roi de deux coups de couteau, dont
il mourut ſur-le-champ; » choſe ſurprenante, dit
» Létoile, nul des Seigneurs qui étoient dans le
» carroſſe ne l'a vu frapper le Roi, & ſi ce monſtre
» eût jetté ſon couteau on n'eût ſu à qui s'en
» prendre «. Henri IV étoit alors occupé à lire une
lettre du Comte de Soiſſons. On voit ſur la
maiſon d'un particulier de cette rue le Buſte de
ce Roi , au bas duquel on lit l'Inſcription ſuivante :

---

l'entrée de la Reine Anne de Bretagne , on avoit
pourvu à tout , on avoit placé, de diſtance en diſtance,
des troupes de dix à douze perſonnes, portant chacune
un pot-de chambre pour les beſoins preſſans des Dames
& Demoiſelles du cortège.

HENRICI MAGNI recreat præfentia cives,
Quos illi æterno fædere junxit amor.

RUE de la Harpe. C'étoit dans cette rue &
en face de la rue Percée que demeuroit le Pâtiffier *Mignot* que Boileau a rendu célebre par plufieurs vers de fa fatyre III :

.....Mignot, c'eft tout dire. & dans le monde entier,
Jamais empoifonneur ne fut mieux fon métier.

Mignot irrité contre le fatyrique s'en plaignit
férieufement & demanda juftice au Lieutenant-
Criminel, qui traita la chofe de plaifanterie.
Mignot, toujours courroucé, imagina un autre
moyen de vengeance, il fe ligua avec l'*Abbé*
Cotin & lui fit faire une fatyre qu'il fit imprimer
à fes dépens. Comme il avoit la réputation de
vendre les meilleurs bifcuits de Paris, il les en-
veloppoit avec la fatyre de l'*Abbé Cotin*, &,
grace au débit des bifcuits, la fatyre de *Cotin* devint publique.

RUE des Marmouzets. C'eft une tradition
très-accréditée chez le peuple, qu'il demeuroit
dans cette rue un Pâtiffier qui faifoit d'excellens
Pâtés avec la chair des particuliers que fon voi-
fin, le Barbier, égorgeoit dans fa boutique au
lieu de leur faire la barbe; la maifon qu'habi-
toient ces fcélérats fut rafée. Leurs crimes furent
découverts de la maniere fuivante : un Plaideur
allant de bon matin chez fon Rapporteur entra
dans la boutique d'un Barbier Juif pour s'y faire
rafer ; le Barbier, avec fon rafoir, lui coupe la
goige, & le corps tombe dans la cave, par une
trape faite en bafcule. L'époufe du Plaideur ne le
voyant pas revenir, va chez le Rapporteur, &
en paffant dans la rue des Marmouzets elle trouve

le chien de son mari qui la caresse, & ne veut point
la suivre. Les soupçons naissent, s'accroissent,
le Commissaire vient, fait les perquisitions, &
trouve dans la cave le particulier fraîchement
assassiné au milieu d'un tas d'ossemens humains.

Rue aux Ours. Au milieu de cette rue, au
coin de la rue *Salle-au-Comte* est une Statue de
la Vierge, enfermée dans une grille de fer, sous
le nom de *Notre-Dame de la Carole*, qui est devenue fameuse par l'avanture suivante : un Soldat
sortant du cabaret où il avoit perdu son argent
au jeu, de désespoir se jetta, à coups de couteau, sur cette Statue de pierre & la blessa jusqu'au
sang. Suivant certain Historien moderne ce fait
est très-apocriphe : je pense de même qu'il faut
avoir une foi bien exercée, bien robuste & une
raison bien soumise pour y croire. Cependant
tous les ans, en Mémoire de ce Miracle, on
brûloit une figure de paille devant cette même
Statue, & aujourd'hui même on promene dans
les rues de Paris, tous les 3e. de Juillet, une
figure bien gigantesque, bien ridicule & bien
amusante pour le peuple. Que répondre à cela ?
Rien du tout, si ce n'est que l'avanture s'est
passée le 30 de Juillet 1418, tems où les Miracles n'étoient pas aussi rares qu'aujourd'hui.

Rue Quincampoix, fameuse à jamais par le
Bureau d'où sortoit ces Papiers nommés *Billets
de Banque*. Une foule prodigieuse se précipitoit
pour y changer son or en papier. Que de révolu-
tions dans les fortunes ne causa pas le système de
Law, auteur de cette Banque. » Le Bossu qui
» prêtoit sa bosse aux Agioteurs en forme de pu-
» pitre, s'enrichissoit en peu de jours ; le Laquais

» achetoit l'équipage de son Maître ; le démon
» de la cupidité faisoit sortir le Philosophe de sa
» retraite , & on le voyoit se mêler à la foule
» des joueurs , & négocier un papier idéal...
» quand le rêve fut fini, il ne resta de toutes ces
» richesses imaginaires que des feuilles de pa-
» pier , & l'auteur même de ce système alla
» mourir de misere à Venise, après avoir possédé
» le mobilier d'un Monarque «. (*Tableau de
Paris , Tome III , page 63.*

Rue du Roi de Sicile. Au coin de cette rue
& de celle des Juifs est un Bas-relief qui
conserve la mémoire d'un sacrilége commis
contre une Statue de la Vierge que l'on mutila ;
François premier en fit mettre une d'argent, on
la vola ; une de bois , on la brisa ; enfin on
en plaça une de marbre qui ne reçut aucun
outrage des hérétiques , parce qu'elle est grillée
& éclairée d'une lanterne. (Voyez *Hôtel de Savoisi , page 322*).

Rue Royale. (Voyez *Place de Louis XV ,
page 473.*)

Rue Tire-Boudin , anciennement Tire-V...
» Marie Stuard , femme de François II , passant
» dans cette rue , en demanda le nom ; il n'étoit
» pas honnête à prononcer ; on en changea la
» la derniere syllabe & ce changement a subsisté.
» De toutes les rues affectées aux femmes pu-
» bliques , celle - ci & la rue Brisemiche étoient
» les mieux fournies «. (Voy. *St Merri , p.* 419
& *Filles publiques , pag. 248 & suiv.*)

Rue de la Grande & Petite Truanderie ; à
l'endroit où se réunissent ces deux rues , est une
petite place nommée *Place du puits d'amour.*

Une jeune fille appellée *Agnès Hellebic*, d'une
famille distinguée, se voyant trompée & aban-
donnée par son amant, de désespoir se précipita
dans un puits, situé au milieu de cette Place &
s'y noya; environ trois cents ans après un jeune
homme désespéré des rigueurs de sa maîtresse,
s'y jetta; mais avec tant de bonheur qu'il ne se
blessa point, & que cette belle eut le tems de lui faire
descendre une corde, en lui assurant que désor-
mais elle ne lui seroit plus cruelle. Il voulut
marquer sa reconnoissance envers ce puits, &
le fit rebâtir à neuf. Sauval dit que de son tems
on lisoit encore sur la mardelle, en lettres gothiques & mal gravées :

> L'Amour m'a refait
> En 1525 tout-à-fait.

Les Amants s'y donnoient des rendez-vous;
tous les soirs, on y chantoit, on y dansoit, &,
comme sur un Autel, on y juroit de s'aimer toujours; les Prédicateurs & les dévots, ennemis
des amours, vinrent troubler ces galantes assemblées.

Rue Trousse-Vache. Le Cardinal de Lorraine
revenant du Concile de Trente, voulut faire
une espece d'entrée dans Paris, accompagné de
plusieurs gens armés; le Maréchal de Montmorency alors Gouverneur de cette Capitale, lui
envoya dire qu'il ne le souffriroit pas; le Cardinal répondit avec hauteur & continua sa marche; Montmorency le rencontra vis-à-vis des
Charniers des Innocens, fit main-basse sur
son escorte, & son Eminence se sauva dans l'ar-
riere-boutique d'un Marchand de cette rue, où

(515)

elle resta cachée, jusqu'à la nuit, sous le lit d'une servante. (*Essais Hist. sur Paris*).

S A B L O N S. (*Plaine des*)

C'est dans cette Plaine, située sur le chemin de Neuilly, que le Roi fait tous les ans la revue des Gardes Françoises & Suisses. (Voyez *Revue*, page 499.)

S A L L O N   D U   L O U V R E.

Tous les deux ans, depuis le 25 Août jusqu'au 25 du mois suivant, les Membres de l'Académie Royale de Sculpture & de Peinture, exposent dans ce Sallon les nouvelles productions de leurs talens. Ce jour de jugement arrivé, le Public s'y porte en foule. C'est-là qu'il faut voir ceux qui admirent tout, ceux qui n'admirent rien, & les prétendus connoisseurs qui prononcent hautement sur les beautés, & les défauts qu'ils croyent reconnoître; leur ton imposant ne laisse pas que d'entraîner souvent l'opinion de ceux qui les écoutent. » Un Badaud, dit M. » Mercier, prend un Personnage de la Fable, » pour un Saint du Paradis; *Typhon* pour *Gar-* » *gantua*, *Carron* pour *St Pierre*, un *Satyre* » pour un *Démon*, & comme le dit l'Auteur du » Poëme des Fastes, l'*Arche de Noé* pour le » *Coche d'Auxerre* «. Huit jours après l'ouverture du Sallon commence le débordement des Brochures de tous les tons qui inondent les Portiques du Louvre; ce sont des critiques quelquefois justes, semées de bons mots & d'Epigrammes, où le plus ordinairement le mérite est jugé par l'ignorance, & la médiocrité par la flatterie.

Y 6

SAMARITAINE.

C'eſt un Gouvernement bâti ſur pilotis, renfermant une Pompe, dont les eaux ſont diſtribuées au Louvre, aux Tuileries & au Palais Royal, & qui fournit 60 pouces d'eau par minute. (Voyez *Fontaine de la Samaritaine,* page 256).

SAUVEUR. (Saint)

Cette Egliſe Paroiſſiale étoit originairement nommée *la Chapelle de la Tour*, à cauſe d'une Tour quarrée qui la joignoit, & qui ne fut abattue qu'en 1778. Elle fut érigée en Paroiſſe dans le 13ᵉ. ſiecle, & ſous le regne de François premier elle fut reconſtruite à moitié; on y a fait depuis pluſieurs réparations, mais l'Egliſe n'a pas été achevée.

La Chapelle de la Vierge eſt le ſeul objet remarquable de cette Egliſe. *Blondel* a donné les Deſſins de l'Autel, *Jean-Baptiſte le Moine le fils* l'a ſculptée. *Noël-Nicolas Coypel* (1) a fait toute les Peintures de cette Chapelle.

Quatre anciens Acteurs comiques, les plus fameux de leurs tems, ont été enterrés dans cette Egliſe, ſavoir :

Henri-le-Grand, dit Turlupin; jamais hom-

____

(1) La mauvaiſe foi des Marguilliers de cette Paroiſſe les porta à refuſer à cet Artiſte, non-ſeulement la ſomme beaucoup trop modique dont ils étoient convenus, mais encore les frais des échafauds & le ſalaire des Sculpteurs. Cet Artiſte fut obligé de recourir à la Juſtice; il étoit peu fortuné & très-déſintéreſſé; il n'avoit pas le talent de ſolliciter ni le moyen d'attendre ſon paiement; le chagrin s'empara de lui, & il en mourut à l'âge de 45 ans.

me n'a , dit-on , mieux composé & mieux conduit la Farce que ce Comique.

Hugues Guéru , surnommé *Gaultier-Garguille*. Il étoit si dispos que son corps lui obéissoit comme il vouloit , il jouoit les Vieillards de Farce , sa naïveté étoit son plus grand mérite.

Bertrand Harduin de St-Jacques , dit *Guillot Gorju* , remplaça Gaultier Garguille ; comme il avoit étudié en Médecine , son personnage ordinaire étoit de contrefaire les Médecins ridicules , il avoit la mémoire si heureuse qu'il nommoit tous les simples , toutes les drogues des Apothicaires & tous les instrumens de Chirurgie , avec une volubilité incroyable,

Raimond Poisson. Il a excellé dans le comique & il est regardé , à cause de son jeu , à la fois naturel & fin , comme un des plus grands Comédiens qui aient paru sur notre Théâtre , & comme un bel esprit : il est l'inventeur du Rôle de *Crispin*, il est Auteur de plusieurs Comédies très-gaies , comme l'étoit son caractère. C'étoit le pere de *Paul Poisson* qui hérita du beau naturel de son pere , de son bredouillement & de ses bottines. C'est au dernier que M. *Préville* a succédé.

Cette Eglise renferme aussi les cendres de quelques gens de lettres tels que :

Jacques Vergier, Auteur de plusieurs Poésies dont on a dernierement donné une nouvelle édition en petit format. »» C'étoit, dit le Poète Rousseau, »» un Philosophe , homme de Société , ayant »» beaucoup d'agrément dans l'esprit, sans aucun »» mélange de misantropie ni d'amertume «. Il a fait des Contes, des Odes, des Chansons de table , &c. Il fut assassiné d'un coup de pistolet dans la rue du Bout-du-Monde, à Paris, en revenant de fouper chez un de fes amis, le 23 Août 1720 (1).

Guillaume Colletet, mauvais Poète, dont Boileau a immortalifé le nom ; le Cardinal de Richelieu à qui il faifoit lecture d'une de fes pieces, charmé d'une tirade qui commençoit par ce vers :

La canne s'humectant dans la bourbe de l'eau.

Lui fit préfent de 600 liv. pour fix mauvais vers, fur quoi notre Poète fit ce diftique connu.

Armand, qui pour fix vers m'as donné fix cents livres,
Que ne puis-je à ce prix te vendre tous mes livres.

L'Archevêque de Paris lui envoya un Apollon d'argent pour fon Hymne fur l'Immaculée Conception. Cependant Colletet mourut prefque miférable après avoir époufé *Claudine* fa fervante.

SÉMINAIRES.

SÉMINAIRE *Anglois*, rue des Poftes, pour fervir de retraite aux Prêtres, aux Ecoliers, &c. Catholiques, obligés de fortir d'Angleterre, d'Ecoffe ou d'Irlande.

SÉMINAIRE *des Bons-Enfans* ou de la *Miffion* rue St-Victor, en faveur des jeunes Eccléfiaftiques.

SÉMINAIRE *des Ecoffois* ou *Collége*, rue des

---

(1) Il fut pris pour le Poète *la Grange Chancel*, Auteur des *Philippiques*, & fut la victime de l'erreur de l'homme chargé de cette expédition, qui tua un Poète pour un autre.

Fossés St-Victor. On voit dans la Chapelle une Urne de bronze doré, où est renfermée la cervelle de Jacques II, Roi d'Angleterre, mort à St-Germain-en-Laye le 16 Sept. 1701. Ce Monument d'un très-bon goût, est dû au ciseau de M. *Garnier*, Sculpteur, & à la reconnoissance & au zèle du Duc de Perth, Gouverneur de Jacques III. L'Epitaphe est attendrissante ; nous ne pouvons la transcrire ici à cause de sa longueur, nous le regrettons à cause de sa beauté.

Séminaires des Clercs Irlandois, rue du Cheval-Verd. Son but est de former à l'état Ecclésiastique de jeunes Irlandois pour les mettre en état de faire des Missions dans leur Patrie.

Séminaire des Prêtres Irlandois ou *Collége des Lombards*, rue des Carmes. Sur l'Autel de la Chapelle est une belle Assomption de *Jaurat*.

Séminaire des Missions Etrangeres, rue du Bacq. Il est destiné aux personnes qui ont la vocation & les capacités de prêcher la Mission chez les infideles.

Séminaire du St-Esprit, rue des Postes. Son but est encore l'instruction de ceux qui se destinent aux Missions ; la façade est du Dessin de M. *Chalgrin*. Le Bas-relief qui est au-dessus de la porte de la Chapelle est de M. *Duret*. L'extérieur est bien décoré. Dans la Salle des exercices est une belle Assomption, par M. *Adam le cadet*.

Séminaire de Laon. (Voyez *Communauté de Laon*, pag. 174).

Séminaire de St-Louis, à l'entrée de la rue d'Enfer, place St-Michel : on voit dans la Chapelle plusieurs Tableaux de *Jaurat*.

(520)

SÉMINAIRE de St-Magloire, rue St-Jacques, près l'Eglise de St-Jacques-du-Haut-Pas; c'est le premier Séminaire établi non-seulement à Paris, mais en France.

SÉMINAIRE St-Marcel, rue Mouffetard; dans le Réfectoire est un beau Tableau de St Jérôme.

SÉMINAIRE de St-Nicolas-du-Chardonnet, rue St-Victor.

SÉMINAIRE de St-Sulpice, rue du Vieux-Colombier; dans la Chapelle est une belle Assomption de la Vierge, par *le Brun*, ainsi qu'une Pentecôte, où ce Peintre s'est représenté dans un coin du Tableau. Au-dessus de la porte est une Descente de Croix, par *Hallé*; une Nativité de la Vierge, une Purification, & les Prophêtes Isaïe & Ezéchiel, par *Restout*; ainsi que plusieurs autres Tableaux.

Dans la Chapelle de la petite Communauté, cul-de-sac Férou, est une belle Présentation au Temple, peinte par *le Sueur*.

SÉMINAIRE des Trente-Trois ou *de la Ste-Famille*; son nom vient de ce que le nombre des Séminaristes est fixé à trente-trois, pour honorer les trente-trois années que Jesus-Christ a passées sur la terre.

SÉPULCRE. (Eglise Collégiale du)

Des Pélerins, à leur retour de Jérusalem, fonderent cette Eglise, en l'honneur du Saint Sépulcre de cette Ville, qu'ils venoient de visiter; il s'y forma une Confrairie, autorisée par Lettres-Patentes de 1329.

Au-deſſus de la porte du Cloître, eſt une figure de J.-C., fort eſtimée, par *Jean Champagne*, Eleve de *Bernin*.

Dans la quatrieme Chapelle, à gauche, eſt un St Jérôme dans le déſert, par *la Hyre*, qui a peint auſſi deux Payſages, ornés de figures, qui ſont aux deux côtés.

Le Maître-Autel eſt orné de ſculptures & de figures en bois, dont l'enſemble eſt d'un bel effet; au milieu eſt un Tableau de la Réſurection de N. S., peint par *le Brun*. Le Miniſtre Colbert, Protecteur de cette Egliſe, y eſt repréſenté, tenant un bout du linceul. Le devant de l'Autel eſt orné d'une Deſcente de Croix, peinte ſur bois; Tableau ancien & fort eſtimé.

Dans une Chapelle à droite du Chœur eſt un grand Crucifix, où Notre Seigneur eſt revêtu des habits de Grand-Sacrificateur, à l'imitation de la figure qu'on voit à Lucques.

S E V E R I N. (*Saint*)

De deux Saints Severins qui ont demeuré à Paris, on ne ſait pas lequel eſt le Fondateur de cette Egliſe : on ignore l'époque de ſa conſtruction; on ſait ſeulement que l'agrandiſſement qu'on avoit été obligé de faire à cette Egliſe fut achevé en 1495. En 1684, on fit des réparations conſidérables dans le Chœur, dont on changea la décoration, & principalement celle du Maître-Autel. Il eſt orné de huit colonnes de marbre d'ordre Compoſite, qui ſoutiennent un demi dôme, enrichi de pluſieurs ornemens de bronze doré. Cette magnifique décoration eſt du Deſſin de *le Brun*, & fut exécutée par *Tuby*.

Dans une Chapelle près la petite porte qui conduit dans la rue St-Severin, on voit un St Joſeph & une Ste Genevieve, par *Champagne*, qui a peint également le Tableau de la Cène qui eſt dans la Chapelle du St-Sacrement.

Dans la Chapelle de St-Michel, on voit ce Saint peint par *Monnet*.

Dans la Chapelle de St-Pierre, on voit un beau Tableau de St Pierre dans les fers, délivré par un Ange, peint par *Boſſe*. Les Marguilliers en furent ſi contens, qu'ils donnerent à ce Peintre le double de la ſomme convenue. Cette Egliſe renferme les cendres de pluſieurs perſonnes célebres, telles qu'*Etienne Paſquier*, dont on voit le buſte en marbre dans la Chapelle du Cimetiere ; Avocat au Parlement de Paris, Orateur, Hiſtorien, Poète, il plut dans tous ces genres ; ſatyrique la plume à la main, il étoit doux & bienfaiſant dans la Société, & fut un grand ennemi des Jéſuites de ſon tems. Il mourut en 1615, âgé de 87 ans.

Scevole & *Louis de Ste-Marthe*, freres jumeaux, fils de *Gaucher de Ste-Marthe*, également unis par le ſang, l'amitié & les inclinations, ils furent tous les deux Hiſtoriographes de France, & toute leur vie ils travaillerent de concert aux mêmes ouvrages, dont le plus conſidérable eſt *Gallia Chriſtiana*, en 4 vol. *in-fol.*

Louis Morery, Auteur du fameux *Dictionnaire hiſtorique*, mourut d'un excès de travail, âgé de 38 ans, le 10 Juillet 1680.

(523)

Euſtache le Noble, convaincu d'être fauſſaire, fut condamné à faire amende honorable dans la Chambre du Châtelet, & à un banniſſement de neuf ans; il paſſa une partie de ſa vie dans les priſons, une autre dans la débauche & dans les travaux de la Littérature, où il montra beaucoup de facilité : il mourut dans la miſere en 1711, à 68 ans. Il fut enterré à St-Severin par charité, lui qui avoit fait gagner plus de cent mille écus à ſes Imprimeurs.

Louis Ellies du Pin, Docteur de Sorbonne. Il fut Ecrivain vrai, impartial; il bleſſa des Grands qui le perſécuterent, des rivaux qui l'accuſerent d'Héréſie. Toujours paiſible au milieu des perſécutions, il mourut regretté de ſes amis & du Public en 1719, âgé de 62 ans. Le principal ouvrage de ce laborieux Ecrivain, eſt la *Bibliotheque des Auteurs Eccléſiaſtiques*, en 58 vol. *in*-8.

Sur la porte du paſſage qui mene du Cimetiere à la rue de la Parcheminerie, on lit ces vers, le chef-d'œuvre des jeux de mots:

> Paſſant, penſe-tu pas paſſer par ce paſſage
> Où penſant j'ai paſſé;
> Si tu n'y penſe pas, paſſant tu n'eſt pas ſage,
> Car en n'y penſant pas tu te verras paſſé.

On voyoit au milieu de ce Cimetiere un Tombeau élevé, ſur lequel étoit la figure d'un homme couché, érigé en mémoire d'un jeune Seigneur étranger, qui étoit venu exprès à Paris pour faire ſes études en l'Univerſité, & qui y mourut à l'âge de 23 ans. Il étoit élu Gouverneur & Satrape de la Cité d'*Emda*.

S O C I É T É s.

S o c i é t é *Royale d'Agriculture.* Elle est composée de quatre Bureaux, établis à Meaux, Beauvais, Sens & Paris ; elle a pour Secrétaire perpétuel M. *de Palerme*, demeurant rue Montmartre, vis-à-vis celle de la Jussienne. Elle est autorisée par Arrêt du Conseil d'Etat du Roi, du premier Mars 1761.

S o c i é t é *d'Emulation*, M. l'Abbé *Baudeau*, Secrétaire.

S o c i é t é *Royale de Médecine.* (Voyez *Médecine*, page 417.)

S o c i é t é ou *Maison Philantropique.* Cette Société, composée des Citoyens les plus distingués dans tous les ordres de l'Etat, a pris naissance en 1780. L'utilité de son établissement a été saisie par tous les Patriotes sensibles, & ses progrès ont été rapides. Son but est de procurer du soulagement à une classe de malheureux, qui ont échappé à la bienfaisance des institutions qui l'ont précédée. Le nombre de ses Membres n'est point limité, & leurs cotisations réunies les ont mis en état d'accorder un secours annuel à 32 ouvriers octogénaires & à 12 aveugles-nés, jusqu'à ce qu'ils puissent être reçus aux Quinze-Vingts. Cette Société vient de publier, en outre, que dans le cours de l'année 1785, elle délivrera une somme de 48 livres, une fois payée seulement, à chacune des 25 femmes de pauvres ouvriers, ayant 5 enfans vivans, & enceintes du sixième. Cette somme leur est accordée pour frais de couches, au moment même de l'enfantement. Pour participer aux bienfaits de cette Compagnie, il faut certifier d'un domicile de trois ans dans l'enceinte de Paris, être ouvrier, pauvre & irréprochable. La fageffe, l'intégrité & l'humanité qui préfident à la diftribution des bienfaits de ces bons Citoyens, leur ont acquis la confiance publique, & ils font fouvent les dépofitaires & les difpenfateurs des aumônes des ames charitables. Ils font encore efpérer de nouveaux projets, non moins utiles & non moins dignes de fixer l'attention des perfonnes fenfibles. L'adreffe de cette Compagnie eft à M. *Erpell*, au Tréfor Royal, rue St-Honoré (1).

Il eft établi au Palais Royal deux *Sociétés*, fous le nom de *Club*. (Voyez *page* 352).

Une Société, dite *le Sallon des Princes*, a fes Appartemens fur le Boulevard, dans la Maifon adoffée au Théâtre des Italiens. Elle eft compofée de 300 Membres, du rang le plus diftingué.

Sœurs de la Charité.

La Maifon de cette fage Inftitution eft fituée Fauxbourg St-Denis, vis-à-vis St-Lazare. Quand il arriveroit que l'on détruifît toutes les Communautés de Religieufes, on conferveroit celle-ci ; parce qu'elle eft la plus utile, & par confé-

---

(1) La bienfaifance, l'égalité & fur-tout la modeftie font les loix que s'impofent les Membres de cette refpectable affociation. La vertu y rapproche tous les rangs, & le voile dont fe couvrent ces bienfaiteurs donne un nouvel éclat à leurs vertus.

quent la plus respectable. Ces Sœurs cherchent les malheureux pour les soulager, & dirigent sur eux les libéralités des Riches. Elles ont hérité de tout le zele de leur Fondateur, *St Vincent de Paule.* »Ces Sœurs de la Charité, dit M.
» Mercier, mettent dans un jour touchant, le
» triomphe de la Religion. L humanité souf-
» frante, misérable, dénuée, trouve, par leur
» ministere, des secours, des remedes & des
» consolations. Eh! quelle différence d'une Sœur
» livrée à ces honorables & utiles fonctions, à
» celles qui, dans une retraite inaccessible,
» passent une vie entière à chanter au Chœur
» des cantiques stériles & inintelligibles à elles-
» mêmes ! «

S O R B O N N E.

Robert Sorbon, Chapelain du Roi Saint Louis, ayant éprouvé la difficulté qu'il y a de devenir Docteur sans fortune, voulut applanir les routes qui menoient à ce Grade éminent, en établissant une Société d'Ecclésiastiques Séculiers, qui vivroient en commun, & qui, tranquilles sur les besoins de la vie, ne seroient occupés que du soin d'étudier & d'enseigner gratuitement. La *pauvreté étoit l'attribut de la Maison de Sorbonne*, dit Crevier. Mais d'une si grande humilité, il ne reste que ce titre: *Pauperrima Domus*, qu'elle prend encore dans les Actes publics (1).

Cette Maison s'est toujours dinstinguée par

______

(1) La Sorbonne avoit autrefois le titre de *Communauté des pauvres Maîtres*, & les Docteurs prenoient toujours la qualité de *Pauperes Magistri. Pauvres Maîtres.*

ses Censures & ses Décrets marqués au coin
du plus zélé Catholicisme. L'histoire est pleine
de traits qui en fournissent la preuve. Il y
avoit autrefois des Docteurs, des Bacheliers,
des Boursiers & non Boursiers, & de pauvres
Etudians ; il y en a même encore aujourd'hui,
& qui sont qualifiés de *Docteurs* ou *Bacheliers
de la Maison de Sorbonne.* Cette Maison est
gouvernée par un *Proviseur* ou *Prieur* qui est
élu chaque année le 31 Décembre, & qui est
pris parmi les Bacheliers alors en licence. On
appelle *Senieur* de la Société, le plus ancien
Docteur *Socius* ; & *Senieur* de la Maison, le
plus ancien Docteur résidant dans la Maison.
Les appartemens sont occupés par les Docteurs
Socius, & par les Bacheliers en licence.

La Sorbonne se divise en Ecoles intérieures &
extérieures ; les premieres se tiennent dans le
Bâtiment attenant à l'Eglise ; les secondes en
sont séparées, & ont leur entrée par la Place :
les unes & les autres, ainsi que l'Eglise, sont des
effets de la libéralité du Cardinal de Richelieu,
qui, maudit par tant de Citoyens, voulut au
moins faire bénir son nom par des Docteurs de
Sorbonne. Ce Cardinal avoit étudié la Théologie dans ce Collége, il en étoit le Proviseur ;
voyant que tous les bâtimens tomboient en
ruine, il entreprit de les faire rebâtir de fond en
comble. Le devis fut proposé à la Faculté assemblée le 20 Juin 1626, approuvé par le Cardinal
le 30 Juillet suivant, & l'on nomma des Docteurs pour veiller sur les travaux.

L'Eglise fut commencée en 1635, sur les

Deſſins de l'Architecte *le Mercier*, & ne fut
achevée qu'en 1653. Le Portail extérieur eſt
formé de deux ordres d'Architecture; le premier
de Colonnes Corinthiennes, faiſant avant-corps
au rez-de-chauſſée, & le ſecond de Pilaſtres
Compoſites, avec quatre niches, où ſont des
Statues de marbre, faites par *Guillain*. Le cadran qui eſt au-deſſus, marque les phaſes de la
lune : le dôme, qui a été nouvellement reſtauré,
eſt accompagné de quatre campanilles, qui le
font pyramider. Un globe doré, ſurmonté d'une
croix, ſert d'amortiſſement.

L'intérieur, décoré de l'ordre Corinthien,
ſans ſocle ni piedeſtal, eſt d'un bel effet; le
pavé eſt tout de marbre : les douze Apôtres, les
Evangéliſtes & des Anges de grandeur naturelle,
ſont placés dans deux rangs de niches, l'un ſur
l'autre. Toutes ces Statues, faites de pierre de
Tonnerre, ont été ſculptées, pour la plupart,
par *Berthelot* & *Guillain*.

Six Colonnes Corinthiennes, de marbre de
Rance, dont les baſes & chapiteaux ſont de
bronze doré, décorent le Maître-Autel, qui
eſt du Deſſin de *le Brun*.

Un grand Crucifix de marbre blanc, ſur un
fond de marbre noir, ſert de Tableau; c'eſt le
dernier ouvrage de *Michel Anguier* : la Vierge
qui l'accompagne eſt de *le Comte*, & le St Jean
eſt de *Cadene*. Sur le fronton ſont deux Anges,
ſculptés par *Arcis* & *Vancleve*. La Tribune
offre une Gloire céleſte, peinte par *le Brun*.

Le Monument que l'on voit au milieu du
Chœur, eſt l'objet le plus remarquable de cette
Egliſe,

Eglise, & un des plus précieux ouvrages de sculpture de cette Ville ; c'est le chef-d'œuvre du célebre *Girardon* : sur un Tombeau de forme antique est représenté le Cardinal, Fondateur de cette Eglise, à demi couché, sa main droite sur son cœur, sa gauche tenant ses ouvrages de piété ; la Religion le soutient, & la Science personnifiée pleure à ses pieds, dans l'attitude du plus vif désespoir (1). Grand Ministre, adroit Politique, sacrifiant tout à son ambition, implacable dans sa colere, dont les effets étoient cruels & atroces, il livra au Bourreau une foule de Citoyens estimables ; il abaissa les Grands & protégea les Lettres par vanité. Amateur sans goût, il confondoit *Corneille* avec *Colletet* : aussi les honnêtes gens vont dans l'Eglise de la Sorbonne non pas pour honorer la mémoire de ce *Néron en soutane*, mais pour admirer les talens de *Girardon*.

Les quatre Peres de l'Eglise Latine dans des ronds placés entre les arcs doubleaux, qui soutiennent le dôme, sont peints à fresque, par *Philippe de Champagne*.

La Chapelle de la Vierge est décorée d'un fond d'Architecture de marbre blanc & de colonnes de marbre de Rance : au milieu est une Vierge en marbre, tenant l'enfant Jésus ; ouvrage de *Desjardins*.

Les piliers qui soutiennent le dôme, sont chargés de petites Chapelles, dont les deux plus

______

(1) La sœur de ce M. de Thou à qui le Cardinal avoit fait trancher la tête, en voyant ce Tombeau, disoit : *Domine, si fuisses hîc, frater meus non esset mortuus. Seigneur, si vous eussiez été là, mon frere ne seroit pas mort.*

proches du grand Portail ont chacune un **petit** Tableau, de *Noël-Nicolas Coypel.*

La Maison de Sorbonne est bâtie très-réguliérement. La Salle des Actes est ornée de plusieurs Tableaux précieux ; tels que les Portraits des Papes, ceux de Louis XIV, Louis XV & Louis XVI, &c. ainsi qu'un Crucifix de *le Brun.*

La Bibliotheque est une des plus considérables de Paris : elle est composée d'environ 60,000 Volumes & 5000 Manuscrits, en plusieurs Portraits ; on y remarque celui du fameux *Erasme.* Quoique cette Bibliotheque ne soit pas publique, les curieux & les savans y ont un accès facile.

SOURDS & MUETS. (Institution des)

Faire connoître à des sourds & muets toutes les difficultés de la Grammaire, leur faire entendre, par des signes, les idées les plus métaphysiques & les leur voir exprimer sur le papier de la maniere la plus claire & la plus correcte, créer un nouvel organe qui remplace ceux de l'ouie & de la langue ; enfin, rendre à la Société des Citoyens presque nuls, voilà les prodiges qu'opere journellement M. l'Abbé de *l'Epée,* dont l'unique motif est d'être utile à sa Patrie (1). La demeure de ce respectable Ecclésiastique est rue des Moulins-Butte-St-Roch ; il donne ses leçons les Mardis & Vendredis de chaque Semaine, depuis sept heures jusqu'à midi.

---

(1) Pendant son séjour à Paris, l'Empereur fut témoin des Leçons de l'Abbé de l'Epée, & pour lui marquer sa satisfaction, il lui fit présent d'une boîte d'or, dans laquelle étoit une médaille d'or qui représentoit son portrait.

S P E C T A C L E S.

Paris renferme des Spectacles pour tous les goûts & pour toutes les classes des Citoyens ; depuis l'Opéra jusqu'au Spectacle des Associés, tous ont leurs partisans & leurs admirateurs.

L'*Opéra*, la *Comédie Françoise*, la *Comédie Italienne* & le *Concert Spirituel;* voilà les principaux Spectacles de la Capitale. Voyez *Opéra*, *pag.* 447 ; *Comédie Françoise*, *p.* 165 ; *Comédie Italienne*, *p.* 169, & *Théâtre François*, *p.* 544 ; *Théâtre Italien*, *p.* 548 & le *Concert Spirituel*, *p.* 175. Les autres Spectacles sont : Les *Grands Danseurs*, l'*Ambigu - Comique*, les *Variétés Amusantes*, les *Associés*, les *petits Comédiens de S. A. S. Mgr. le Comte de Beaujolois*, les *Ombres Chinoises*, le Spectacle des sieurs *Astley*, le *Combat du Taureau*, &c.

Les Grands Danseurs du Roi, dirigés par le sieur *Nicolet*, sont remarquables par les tours de force, de souplesse, la danse de corde, les sauts, &c. par des petites Pieces, des Pantomimes, &c. ; c'est le premier des Spectacles du Boulevard, non par son agrément, mais par son ancienneté.

L'*Ambigu-Comique*, dirigé par le sieur *Audinot ;* c'est un Spectacle très-agréable, dont les décorations sont charmantes : les Pantomimes qu'on y voit sont du plus grand effet. En général, ce qu'on appelle *Spectacle*, est dirigé avec une attention singulière, avec un goût exquis, presque sans exemple dans les grands Théâtres. Autrefois tous les Acteurs étoient des enfans; ce qui a fait dire à M. l'Abbé de Lille ce joli vers :

Chez Audinot l'enfance attire la vieillesse.

Les Variétés Amusantes. Le bon choix des Pièces qu'on y joue, distingue ce Spectacle des autres ; quelques Acteurs y ont joui d'un succès prodigieux : tel est le sieur *Volange,* dans les rôles de *Jeannot* & dans ceux des *Pointus.* Tel est le sieur *Bordier,* dans une foule de rôles comiques. Outre des farces très-gaies, on y voit souvent des Pièces d'un genre beaucoup plus noble ; telles qu'*Esope à la Foire, la Théâtromanie* & *le Sculpteur,* &c. Ce Spectacle doit bientôt s'établir dans les nouveaux Bâtimens du *Palais Royal* (1).

Protégé par le Prince, situé au centre des Arts & des plaisirs de la Capitale, & sur-tout dirigé par le goût sûr & les lumieres de MM. *Dorfeuil* & *Gaillard,* ce Spectacle présage une heureuse révolution dans l'art Dramatique. En acquérant une existence plus distinguée, il offre aux Auteurs Comiques & aux jeunes Comédiens, une carriere nouvelle où ils pourront développer, cultiver & faire applaudir leurs talens ; ce Théâtre pourroit encore, dans la suite, devenir une Ecole où le premier Théâtre de la Nation puiseroit des sujets dignes de lui. Mais ce qui contribueroit le plus à la gloire de la Scène Françoise, & ce qui donneroit un nouveau prix à la faveur accordée au Spectacle des Variétés, c'est la rivalité qui s'établiroit entre lui & les grands

______

(1) Une chose digne de remarque, & qui honore le goût & le discernement du Magistrat chargé de la police de cette Capitale, c'est que ce Spectacle, dont il s'est particulierement montré le protecteur, a été choisi par Mgr le Duc de Chartres, & a mérité cette préférence sur les autres Spectacles Forains.

(533)

Spectacles, qui redoublant d'activité & de soins, feroient assaut de succès, & se disputeroient à l'envi la supériorité des talens & l'avantage de plaire au public (1).

Le Spectacle des Associés ; c'est le Spectacle du Peuple. Le prix des entrées, la décoration du Théâtre, sont d'accord avec les talens des Acteurs. On a sûrement vu ou entendu M. *Visage*, qui en est le Directeur, & qui donne, avec le même succès, la Farce & la Tragédie (2).

Les petits Comédiens de S. A. S. Mgr. le Comte de Beaujolois. Leur Théâtre est dans les nouveaux Bâtimens du Palais Royal. Quand on va voir jouer des Marionnettes, on ne doit pas s'attendre à jouir d'une illusion parfaite ; on doit y arriver avec une bonne provision d'indulgence. Malheur à celui qui ne s'est pas prémuni l'esprit comme il le doit ; le Spectacle ne sera pour lui que ridicule : il verra la barre de fer qui sort de la tête de l'Acteur de bois, & qui le soutient ; il verra les fils qui font mouvoir ses membres ; il verra... qu'il se sera ennuyé ; mais il doit voir que ce Spectacle de Marionnettes est le tableau

____

(1) Londres offre un exemple du bien que produit une semblable rivalité, dans l'émulation qui regne entre les Spectacles de *Covent-Garden* & *Drury-Lane,* qui sont situés dans la même rue, & qui jouent des pièces du même genre.

(2) M. *Visage* jouoit le rôle de *Beverley ;* dans l'instant qu'il crioit d'une voix enrouée ces mots : *nature tu frémis !* le verre qui contenoit le prétendu poison, se casse dans ses robustes mains, la liqueur tombe ; mais M. *Visage* ne perd pas la tête, il fait couler dans le creux de sa main le poison répandu sur la table, & l'avale avec toute l'intrépidité dramatique, aux grands applaudissemens des Spectateurs.

le plus moral, le plus philosophique de la Société; en effet, que de Marionnettes dans le
monde reſſemblent à celles-ci, & dont l'Obſer-
vateur découvre les fils qui les font mouvoir, &
diſtingue la voix qui les fait parler.

Amphithéâtre Anglois des ſieurs Aſtley. On
y exécute des exercices équeſtres, des tours de
force, où les ſieurs Aſtley, pere & fils, ainſi
que leurs chevaux, y déploient une adreſſe
merveilleuſe. Ce Spectacle, ſitué rue du Faux-
bourg-du-Temple, n'eſt ouvert que depuis le commencement d'Octobre juſqu'à la fin de Janvier.

Le Cabinet du ſieur Curtius eſt encore un
Spectacle digne de la curioſité des honnêtes gens.
On y voit des figures en cire coloriée, qui ſont
des imitations frappantes de la Nature.

Le Combat du Taureau, ſur le chemin de
Pantin, Spectacle digne des bouchers, cependant toujours rempli d'une foule d'Amateurs,
& ſur-tout de femmes d'un certain rang, qui
ſe font une fête d'aller voir le *Taureau mis à
mort* par la fureur des chiens.

Les Ombres Chinoiſes, Spectacle d'enfans,
qui ne laiſſe pas que d'amuſer un grand nombre
de Pariſiens; il eſt ſitué au Palais Royal.

S U L P I C E. (Saint)

L'Hiſtoire de cette vaſte Egliſe feroit un gros
volume; nous éviterons donc à nos Lecteurs le
recit des projets mal conçus, à demi exécutés,
des querelles des uns, de la friponnerie de quelques autres, & des bienfaits de pluſieurs.

L'Egliſe que l'on voit aujourd'hui, commencée en 1655, ſur les Deſſins de Louis *le Veau*,
fut continuée ſur ceux de Daniel *Gittard*, juſ-

qu'en 1678, que les travaux furent suspendus; ils reprirent en 1718, & *Oppenord* fut chargé de les diriger.

Les Deſſins du Portail, fournis par *Servandoni*, n'ont pas entierement été exécutés. Les campanilles furent élevées ſur une forme différente, qui vient encore d'être changée par M. *Chalgrin*. Ces différens changemens n'ont rien produit de fort heureux. Ces Campanilles paroîtront toujours étrangeres au Portail, & auront toujours l'air de jolis Belvéders, placés ſur un Temple d'une Architecture noble & impoſante.

Ce Portail à 64 toiſes de face, il eſt formé de deux ordres, le Dorique & l'Ionique au-deſſus, compoſant en tout 68 Colonnes. Si l'on en ſépare les deux Campanilles, c'eſt un ſuperbe morceau d'Architecture.

Les deux Chapelles qui ſont au deux extrémités du Porche, ſont deſtinées, l'une pour le Baptiſtaire, l'autre pour le Sanctuaire du St-Viatique.

Un Périſtile d'ordre compoſite, ſoutient la Tribune où eſt placé l'Orgue qui eſt un des plus complets de l'Europe; il a été fait par M. *Cliquot*, célèbre Facteur, il eſt touché par M. *Séjan*, le Deſſin du Buffet eſt de M. *Chalgrin*, & la Sculpture a été exécutée par M. *Duret*.

Les deux Portails de la Croiſée ſont décorés de pluſieurs Statues, par *Defmont*. La premiere pierre du Maître-Autel fut poſée avec grande cérémonie par le Nonce au nom du Pape Clément XIII, le 21 Août 1732, & il fut conſacré à Dieu en l'honneur de St Pierre & de St Sulpice, par *Jean-Joſeph Languet*, Archevêque de Sens , frere de M. *Languet* , alors Curé de cette Paroiſſe. Cet Autel iſolé eſt de marbre bleu turquin , & a la forme d'un Tombeau ; ſes ornemens ſont de bronze doré d'or moulu. Le Tabernacle , enrichi de pierreries , repréſente l'Arche d'alliance , le Propiciatoire eſt ſoutenu par deux Anges adorateurs ; cet Autel eſt du Deſſin d'*Oppenord* ; au-deſſus eſt ſuſpendu un Baldaquin doré , ſculpté par les freres *Slodtz* , qui produit un très-mauvais effet. Le métal dont il paroît être le rend lourd , & au premier coup-d'œil fait appréhender ſa chûte,

A l'entrée du Chœur ſont deux Anges de bronze doré , grands comme nature , exécutés ſur les modeles de *Bouchardon* qui a auſſi ſculpté en partie les Statues , en pierre de Tonnerre , plus grandes que nature , de Jeſus-Chriſt , de la Vierge & des douze Apôtres qui ſont placées ſur des culs-de-lampes adaptés aux pilaſtres de l'intérieur du Chœur.

Au milieu de la croiſée eſt tracée, ſur le pavé, par *Henri Sully* , une Méridienne au vrai nord-ſud. Les rayons du ſoleil paſſant par l'ouverture d'une plaque de laiton placée au côté occidental de la fenêtre méridionale de la croiſée , forment ſur le pavé une image lumineuſe d'environ 10 pouces & demi de long, dont le mouvement eſt d'occident à l'orient. L'heure du vrai midi eſt lorſque cette image eſt partagée également par la ligne méridienne. A ſon extrémité eſt un grand Obéliſque de marbre blanc , ſur lequel cette ligne ſe prolonge verticalement : cet Obéliſque , ſurmonté d'un globe doré a ſon piedeſtal chargé d'Inſcriptions.

Les Bénitiers de la croiſée ſont très-curieux.

Ce sont des Urnes sépulchrales de granit venues d'Egypte. Ce précieux Monument de l'antiquité payenne, est aujourd'hui consacré au vrai Dieu.

Les Bénitiers qui se trouvent en entrant par le grand Portail ne sont pas moins curieux, ce sont deux coquilles, dont la République de Venise fit présent à François premier ; elles sont montées sur un rocher de marbre, exécuté par M. *Pigalle*.

Le rond-point de cette Eglise est terminé par la Chapelle de la Vierge, qui est très-richement ornée sur les Desseins de *Servandoni* ; la Coupole, peinte à Fresque par *le Moine*, représente l'Assomption de la Vierge. Elle fut endommagée par l'incendie de la Foire de Saint-Germain, & a été réparée par M. *Callet*. Cette peinture est d'un très-bel effet. Dans une niche qui fait saillie du côté de la rue Garenciere, est une Statue de la Vierge en marbre de sept pieds de proportion exécutée par M. *Pigalle* La Gloire ainsi que les autres Statues en stuc sont de M. *Mouchy*. Les quatre Tableaux placés dans les paneaux sont peints par *Carle Vanloo* ; toute cette superbe Chapelle est incrustée de marbre de différentes couleurs & rehaussée d'ornemens de bronze doré en or moulu. Sa nouvelle Architecture est de M. *Wailly*.

Dans la premiere Chapelle à côté de la grande Sacristie est une Nativité, & un concert d'Anges, peints par *la Fosse* ; dans la 3e. une Ste Genevieve, par *Hallé* ; dans la Chapelle des mariages on voit au plafond deux Anges, par *Hallé* ; une Nativité, par *Carle Vanloo* ; une Présentation au Temple, par M. *Pierre* ; le Sauveur qui fait venir les enfans pour les bénir, par *Hallé* ; N. S. au milieu des Docteurs, par *Frontier* ; une fuite en Egypte, par M. *Pierre*.

Dans la petite Sacristie est une Apparition, par *Hallé*, & une Vierge à genoux, par *Monnier* ; un Tombeau antique qui sert de Lavoir, & une Vierge en marbre qu'on dit des premiers tems de *Michel-Ange*.

Dans la cinquieme Chapelle à droite, en entrant par le grand Portail est le superbe Mausolée de *Jean-Baptiste Languet de Gergy*, Curé de cette Paroisse, mort en 1750. L'Immortalité d'une main écarte le voile, dont la mort alloit couvrir ce digne Pasteur, de l'autre elle tient le Plan de cette Eglise. La figure du Curé, en habits Sacerdotaux, est représentée à genoux les yeux tournés vers le Maître-Autel, comme pour offrir à Dieu l'Edifice du Temple qu'il a fait construire. La Figure de la mort est de bronze, les deux autres sont de marbre, & ont six pieds de proportion ; elles sont élevées sur un sarcophage de marbre verd antique, dont le piedestal présente une table, sur laquelle est gravée l'Epitaphe : au-dessus du piedestal, les Génies de la Religion & de la Charité, grouppent, avec un cartel, où sont les armes du défunt. La composition de ce Tombeau est de *Michel-Ange Slodtz*, qui, le premier en France, a tenté le mêlange des marbres, du bronze & de la dorure.

Dans la quatrieme Chapelle, à gauche, derriere l'Œuvre, on voit un St François & un St Nicolas, par M. *Pierre*.

Près de la troisieme Chapelle, du côté de la grande Sacristie, est le Tombeau de la Duchesse de Lauraguais, par *Bouchardon*.

Au troisieme pilier, à droite, en sortant de la Chapelle de la Vierge, est un petit Monument, élevé à la mémoire de l'Abbé *de Marolles*, exécuté par *Mello*.

Dans la grande Sacristie, on voit un lavoir tout incrusté de marbre, dont la cuvette est un ancien Tombeau de marbre d'Egypte, d'un grand prix. On y conserve une Statue de la Vierge, d'argent, & de grandeur naturelle, qui a été modelée par *Bouchardon*.

A l'Entrée de l'Eglise, est le Tombeau de M. *Bezanval*, Colonel du Régiment des Gardes Suisses, par *Meissonnier*.

Les Hommes célebres qui ont été inhumés dans cette Eglise, sont, *Claude Dupuy*, Conseiller au Parlement, Disciple de *Turnebe* & de *Cujas* ; *Pierre Michon*, dit l'*Abbé Bourdelot* : le Pape lui permit d'exercer la Médecine gratuitement ; il est mort en 1685 ; *François Blondel*, Professeur Royal de Mathématiques & d'Architecture, Membre de l'Académie des Sciences, Directeur-Général de celle d'Architecture, Maréchal de Camp & Conseiller d'Etat, mourut en 1686, à 68 ans ; *Gaston-Jean Zumbo*, né à Siracuse l'an 1656, & mort à Paris en 1701, Sculpteur, qui s'est distingué dans les Figures de cire coloriées au naturel ; *Roger de Piles*, Peintre estimé, doué d'un goût exquis : il a composé un *Abrégé de la Vie des Peintres*, & plusieurs autres Ouvrages sur son Art ; *Elisabeth-Sophie Cheron*, née à Paris en 1648, Erudite, Peintre, Poëte : elle eut une place à l'Académie de *Ricovrati* de Padoue, sous le nom de la Muse *Erato* ; elle traduisit les Pseaumes & les Cantiques sacrés en vers François, & composa le joli Poëme *des Cerises*. *Le Brun*, admirateur des talens de cette Muse universelle, la présenta à l'Académie de Peinture, qui la reçut au nombre de ses Membres, avec une distinction marquée. Un bon ton de couleur, un goût de dessin exquis, une entente de l'harmonie, des draperies bien jettées, se trouvoient réunis dans cette illustre Artiste ; tant de talens étoient rehaussés par les qualités les plus estimables du cœur (1).

Jean Jouvenet, un des meilleurs Peintres de l'Ecole Françoise, né à Rouen en 1644, & mort à Paris en 1717. Son Dessin est correct & savant, une pratique facile & prompte se remarque dans tout ce qu'il a fait, avec une intelligence de couleurs locales, un beau choix d'attitudes, des draperies bien jettées & du meilleur goût. Cet Artiste ne fut jamais en Italie ; étant devenu paralytique de la main droite, il peignit de la main gauche avec beaucoup de facilité ; témoin le Tableau du *Magnificat*, qui est dans le Chœur de Notre-Dame (2).

---

(1) Une Dame très-coquette dont elle avoit tiré le portrait, lui en demandoit cinq copies. *Eh bon Dieu !* dit quelqu'un à Mademoiselle Cheron, *pourquoi cette femme multiplie-t-elle tant son portrait ?* Cette célebre fille répondit par ce verset des Pseaumes : *Quoniam multiplicatæ sunt iniquitates ejus*, parce que ses iniquités sont multipliées.

(2) Jouvenet eut un procès avec les Religieux de St-Martin, qui refusoient de recevoir les Tableaux qu'ils lui avoient commandé, sous prétexte que ce Peintre ne traitoit pas assez la vie de St Benoît. Jouvenet répondit à ces Religieux, en présence des Juges : *Que voulez-vous que je fisse dans une grande composition de trente sacs de charbon tels que ceux que vous portez ?* Les Juges sourirent, & Jouvenet gagna sa cause.

(541)

Etienne Baluze, né à Tulle en 1630, mort à Paris en 1718. Le Roi érigea en sa faveur une Chaire de Droit Canon au Collége Royal. Il a composé une foule d'Ouvrages volumineux & pleins d'érudition, & en a commenté beaucoup d'autres.

T E M P L E. (*le*)

Cette Maison étoit le chef-lieu de l'Ordre des Templiers, qui fut détruit par Décret du Concile de Vienne, le 22 Mars 1313. Le Roi Philippe-le-Long, & le Pape Clément V, à l'aide d'un Dominicain, eurent bien-tôt fait massacrer, & brûler la plus grande partie des Chevaliers de cet Ordre : on les accusoit de magie & d'une foule d'horreurs très-invraisemblables (1). Les Chevaliers de St-Jean de Jérusalem furent mis en possession de tous les biens des Templiers. La Maison du Temple devint alors la Maison Provinciale du Grand-Prieuré de France. Le terrein qu'elle occupe est enfermé de hautes murailles à creneaux, qui ont été abattues en partie. Voyez *Grand-Prieuré de France*, pag. 279.

Le Corps-de-Logis qui est au fond de cette cour, a été bâti par *Jacques Souvré*, Grand-Prieur de France. Une partie du terrein de cet enclos est remplie de Maisons, habitées par des Marchands & Artisans, qui jouissent de la Fran-

(1) On les accusoit d'adorer une tête de bois doré qui avoit une grande barbe, ainsi que le Diable qui leur apparoissoit, pendant qu'ils tenoient Chapitre, sous la figure d'un chat, & qui répondoit avec bonté aux uns & aux autres, & qu'ensuite plusieurs démons arrivoient sous des formes de femmes, & que chacun des freres s'accommodoit fort bien d'un de ces démons féminins, &c. &c. Je ne parle pas d'une foule d'autres imputations ridicules, criminelles ou dégoûtantes.

chise. La grosse Tour, flanquée de quatre tou-
relles, a été bâtie par *Frere Hubert*, Tréforier
des Templiers, qui mourut en 1212 : cette For-
tereffe eſt regardée comme un des plus folides bâtimens du Royaume.

L'Eglife eſt gothique, & a été, dit-on, bâtie
fur le modele de celle de St-Jean de Jérufalem.

Le Maître-Autel, nouvellement conſtruit en
forme de tombeau antique, eſt accompagné
d'une baluſtrade de fer poli, le Rond-point eſt
décoré d'une Nativité, peinte par *Suvée*.
On voit dans le Chœur un Maufolée de marbre
noir, fculpté par *Michel Bourdin :* c'eſt celui
d'*Amador de la Porte*, Grand-Prieur, mort en
1640.

Dans la Chapelle du Saint-Nom de Jefus,
eſt un Cénothaphe ou Tombeau vuide de *Philippe de Villiers de l'Iſle-Adam*, Grand-Maître
de l'Ordre de St-Jean de Jérufalem, mort à
Malte en 1534 : plufieurs autres Grands-Prieurs
ont leurs Epitaphes dans cette Eglife. Dans la
Nef eſt un Tableau de *Philippe de Champagne*,
repréſentant les Pélerins d'Emmaüs.

T H É A T I N S.

Leur Maifon, fituée fur le quai de ce nom,
eſt la feule qu'il y ait en France de cet Ordre. Si
ces Religieux s'en tiennent à la lettre de leur
regle, ils ne peuvent poſféder en propre
ni fonds, ni penſions ; il ne leur eſt pas même
permis de demander l'aumôme, ni d'avoir un
Quêteur : cependant, on a remarqué que la Providence ne les abandonne jamais ; car, à voir
leur cuifine & leur table, on les croiroit fondées
fur de gros revenus.

Ces Religieux furent inſtitués en 1524, par

(543)

St Gaëtan & *St Pierre-Caraffe*, Evêque de *Chieti* ou *Théate*, dans le Royaume de Naples, d'où ils ont pris le nom de *Théatins*. Ils vinrent s'établir à Paris, sous le ministere du Cardinal Mazarin, qui fit choix d'un de ces Peres pour diriger sa conscience, & qui les établit sur le quai Malaquais le 26 Mai 1642, dans une Maison qu'il avoit acquise 54,080 livres. En mourant, ce Cardinal légua à ces Peres la somme de 300,000 livres, pour la construction d'une Eglise. Le Père *Camille Guarini*, Théatin, qui passoit dans l'Ordre pour un grand Architecte, arriva de Rome pour construire cette nouvelle Eglise : mais ce Religieux ne calcula, ni les moyens de ses Confreres, ni le peu d'espace de l'emplacement. Il commença suivant ses Desseins, une Eglise beaucoup trop grande ; aussi ne fut-elle pas achevée. Le Portail sur le quai a été construit par les libéralités de feu Mgr. le Dauphin, pere de Sa Majesté Louis XVI, sur les Desseins de M. *des Maisons*.

Le cœur du Cardinal Mazarin repose dans cette Eglise, qui renferme aussi les cendres de plusieurs hommes distingués ; tels que *Pompée Varesi*, Nonce du Pape, mort en 1678 ; *Edme Boursault*, Auteur de plusieurs Comédies qui ont resté au Théâtre telles qu'*Esope à la Cour*, *Esope à la Ville*, le *Mercure Galant*, &c. & de plusieurs autres Ouvrages de Littérature. (1).

---

(1) Il faisoit une Gazette qui amusoit beaucoup Louis XIV ; mais s'étant permis quelques traits un peu trop véritables contre les Franciscains en général, & les Capucins en particulier, ces Moines alors en crédit lui firent supprimer sa gazette & une pension de 2000 liv. que le Roi lui faisoit, & l'auroient fait renfermer à la Bastille, sans les puissantes protections de l'Auteur.

Il ne fit point d'étude, & ne sut jamais le Latin ; son esprit, sa facilité & ses lectures, lui en tinrent lieu : il mourut en 1701.

THÉATRE FRANÇOIS.

Un Porche, composé de huit Colonnes Doriques, couronné d'une balustrade, auquel cinq rues vont aboutir, forme la principale décoration extérieure de cet Edifice, qui est très-avantageusement placé. Il communique par deux arcades à deux maisons latérales ; du reste, il est entiérement isolé. Une Gallerie couverte, éclairée de Portiques, regne dans son pourtour. Les gens de l'Art admirent la beauté des profils, mais se plaignent du défaut de caractère & de la trop grande simplicité de ce Monument, dont la décoration sévere est plutôt convenable à un bâtiment de pure utilité, qu'à un lieu consacré au plaisir & aux délassemens des Citoyens : rien n'annonce *Melpomene*, rien n'annonce *Thalie*, rien n'annonce le *Théâtre Français*, que la table mesquine où ces mots sont gravés.

Le Vestibule, décoré de Colonnes Toscanes, offre la Figure en marbre de *Voltaire*. Cet homme immortel est représenté en vieillard décrépit, assis dans un fauteuil. M. *Houdon*, qui l'a sculptée, a conservé dans les traits du visage l'expression du *ridicule*, que ce grand homme savoit manier avec tant d'art.

Deux vastes escaliers, à droite & à gauche, conduisent au premier étage : c'est là qu'on voit un second Vestibule, qu'on a métamorphosé en foyer, qui étoit avant placé sur le côté gauche, dans une piece très-étroite. Une Critique imprimée dans le tems, démontroit plusieurs inconvéniens qu'on n'avoit pas prévus dans la construction de cette Salle. La petitesse du premier foyer ne devoit pas lui échapper. « Dans le » foyer, dit l'Auteur de cette Critique, sont les » Bustes de nos fameux Auteurs Dramatiques : » cette précieuse Collection semble s'indigner » d'être si mal logée ; la pièce est très-étroite : » heureusement que la génération actuelle n'an- » nonce pas dans la carriere du Théâtre une » grande quantité de bons Ecrivains, il n'y au- » roit pas place pour eux ; & c'est justement ce » qu'il ne falloit pas prévoir «. Le Vestibule où l'on a logé plus au large les Bustes des Auteurs, ne ressemble en rien à un foyer ; il faut y voir la cheminée, il faut y voir du feu pour y croire. Ces Bustes sont : Celui de *Moliere*, qui a la place d'honneur, de *Piron*, de *Voltaire* de *Cré-billon*, de *Racine*, de *Corneille*, de *Regnard*, de *Destouches*, de *Dufresny* & de *la Fontaine*.

La Salle est ronde, on conçoit facilement que cette forme toute belle qu'elle est, ne permet pas à toutes les loges d'être également favorables aux spectateurs, il en est où le rayon visuel ne peut atteindre qu'à une moitié du Théâtre, d'autres où il n'est absolument possible que de voir l'avant-Scène.

Cette Salle se termine par douze arceaux, dont les voussures sont décorées des douze si-gnes du Zodiaque, attributs peu convenables à la Scène Françoise, & qui ont donné matiere à une foule d'Epigrammes : tels maris se sont pi-qués d'être sous le signe du *Capricorne*, & telle femme ont paru déplacées sous celui de la *Vierge*, &c.

Les jambages de ces arceaux au-deſſus de l'avant-Scène, offrent deux porte-à-faux bien marqués, on a voulu faire oublier ce défaut de goût, en plaçant aux deux côtés des Monſtres Marins aîlés qui ſupportent des feſtons, mais ces Monſtres amphibies ſont eux-mêmes des objets déſagréables; ils ſemblent collés contre le mur, ou ſe ſupporter en l'air par leur propre vertu. Dans l'arcade du milieu qui eſt au-deſſus de l'avant-Scène, ſont nichées fort à l'étroit les deux Muſes du Théâtre *Melpomene* & *Thalie*. Les attitudes peu gracieuſes de ces figures, annoncent qu'elles ne ſont guères à leur aiſe; la poſition de Thalie eſt celle d'une perſonne qui ſe ſoulage par une incongruité que l'on ne peut guères exprimer avec décence : Thalie pouſſe la plaiſanterie un peu loin.

La plupart des inconvéniens de cette Salle, naiſſent de la forme ronde qui, très-agréable dans un ſallon, eſt très-déſavantageuſe pour une ſalle de Spectacle. Au ſurplus, on doit des éloges aux Architectes M. *de Wailly* & *de Peyre l'aîné*, d'avoir ſurmonté avec autant de ſuccès, le nombre d'obſtacles qu'offroit cette forme, & d'avoir, avec une docilité exemplaire, fait depuis pluſieurs changemens que le bon goût néceſſitoit.

Le Spectacle des François eſt le premier de la Nation, ſes priviléges s'étendent ſur tous les Spectacles Forains, dont les nouvelles Pièces ſont ſoumiſes à ſa cenſure. M. le Lieutenant de Police a bien voulu accorder au Comité de ce Théâtre la faculté de lire toutes les nouvelles pièces de ces Spectacles, non pour en empêcher la représentation lorsqu'elles sont trop bonnes, comme c'est l'opinion générale, mais seulement pour réclamer les plagiats que l'on pourroit faire sur les pièces qui lui appartiennent ; ce Comité ne doit pas même se permettre aucunes ratures sur les pièces manuscrites, ni les garder plus de huit jours (1).

Les Lecteurs me sauront gré de rapporter ici le tableau du brillant ou du mauvais succès de certaines Pièces données aux François d'après lequel on pourra juger de quel poids sont les jugemens du Public sur les ouvrages nouveaux. *De Moliere*, *l'Avare*, tombé le premier jour ; *le Misantrope*, 4 représentations ; *De Racine*, *les Plaideurs*, 2 représentations ; *De Regnard*, *le Distrait*, 4 ; *De le Sage*, *Turcaret*, 9. Voilà de bonnes Pieces bien foiblement accueillies. Les suivantes l'ont été davantage. De *Thomas Corneille*, *Timocrate*, 80 représentations de suite, & n'a plus reparu depuis ; *l'Inconnu*, 28, & à la première reprise 33 ; *De Nivelle de la Chaussée*, *la Gouvernante*, 17 ; *le Préjugé à la*

____

(1) S'il existoit parmi nous un *Moliere*, un *Corneille* inconnu, par quel moyen pourroit-il parvenir à mettre ses talens au grand jour ? Que de refus, que d'humiliations à supporter ! que de courses à faire ! que de temps à attendre avant qu'il pût seulement faire lire sa pièce & la faire accepter de MM. les Comédiens François ! L'expérience a fait dire à un Auteur comique, que *lorsqu'on a composé une bonne pièce, on n'a fait que la moitié de l'ouvrage.* Je connois un Auteur qui, depuis près de quatre ans, a présenté une Tragédie qu'il n'a pas pu parvenir à faire lire, malgré qu'elle soit protégée d'un des principaux Acteurs tragiques.

Mode, 20 ; DE LE GRAND, *le Roi de Co-cagne*, 18 ; il a été remis au Théâtre avec un nouveau succès. DE DANCOURT, *la Loterie*, 31 représentations ; *la Foire de Bezons*, 33 ; *le Diable Boiteux*, 35 ; *les Vendanges de Surène*, 37 ; *le Chevalier à la Mode*, 40, &c. & dans ce moment-ci *le Mariage de Figaro* est à la 65e représentation. Ce tableau doit encourager les médiocres Auteurs, & consoler ceux qui ont à se plaindre des jugemens du Public. (Voyez *Comédie Françoise*, pag. 165).

THÉATRE ITALIEN.

Le nouveau Théâtre des Italiens situé dans l'ancien emplacement de l'Hôtel de Choiseul, est élevé sur les Dessins de M. *Heurtier*, Architecte du Roi.

Un misérable préjugé, la crainte de voir ce Théâtre assimilié aux Spectacles des Boulevards, l'a privé d'une situation très-heureuse. La façade de cet Edifice au lieu d'être tournée du côté du Boulevard, est cachée dans un cul-de-sac. Rien ne peut excuser cette ridicule disposition. On étoit maître du terrein & l'on pouvoit laisser entre le Boulevard & le Théâtre un espace vaste & commode qui eût fait valoir l'Architecture, dont la perspective en contrastant avec les arbres du Boulevard eût offert de loin le spectacle le plus agréable & le plus riant. Mais on ne vouloit pas absolument *être du Boulevard*, on a même affecté de construire des Maisons au dos de ce Théâtre, pour se dérober à cette promenade *flétrissante*. Cette crainte de se déshonorer, ressemble à l'orgueil des nouveaux annoblis.

(549)

Un périftile de huit colonnes Ioniques d'une très-grande proportion, décore la façade de ce Théâtre, & porte un attique un peu lourd. Dans la frife, on lit ces mots en caractères de bronze, *Théâtre Italien*, cette infcription eft le feul attribut qui caractérife cet Edifice.

La diftribution intérieure mérite bien des éloges, elle eft bien fupérieure à celle du Théâtre François. Le foyer eft vafte & bien placé, les loges des Acteurs ont à tous les étages des corridors particuliers, qui tous menent au Théâtre, de forte que les Acteurs tout coftumés, ne font point expofés à la vûe du Public, comme ils le font aux François.

La forme de la Salle eft un ovale. Le plafond eft orné d'un grand tableau peint par M. *Renou*, qui repréfente Apollon, au milieu des Mufes, recevant fa lyre des mains de l'Amour.

Les changemens qui ont été faits à cette Salle, font fort heureux. La fuppreffion de la corniche, du rideau retrouffé, de la Renommée dorée, le changement de la couleur du fond, l'augmentation confidérable des places aux quatriemes, &c. font honneur au génie de M. de *Wailly*, à qui le Public en eft redevable. On a fait auffi un nouveau rideau qui brille par la crudité des couleurs, mais non par la difpofition de l'enfemble & la correction des figures.

La variété de ce Spectacle, le travail des Acteurs, leur empreffement à donner fréquemment des nouveautés, le rendent aujourd'hui le plus agréable & le plus conftamment fuivi de tous les Spectacles.

(550)

THÉATRE DE L'OPÉRA. (Voyez *Opéra*, pag. 447).

THÉATRES DES BOULEVARDS. (Voyez *Spectacles*, pag. 531).

THERMES. (Palais des)

C'est le seul Monument qui reste à Paris de l'Architecture des Romains, il est situé rue de la Harpe, du même côté & plus bas que la rue des Mathurins, au fond d'une cour à l'enseigne de la Croix de Fer. On y voit une grande salle couverte d'une voûte très-élevée, au-dessus de laquelle est un jardin qui communique à l'*Hôtel de Clugny*. (Voyez page 316).

On pense que ce Palais fut bâti, sur le modèle des *Bains de Dioclétien* à Rome, par l'Empereur Julien qui commandoit dans les Gaules en 357, & qui fut proclamé Empereur à Paris. Son parc & ses jardins occupoient une grande étendue de terrein, & ce fut la demeure ordinaire des Rois de la premiere Race. On a trouvé en 1544 les restes d'un Aquéduc qui avoit servi à conduire les eaux d'Arcueil dans ce Palais. Charlemagne y relégua ses deux filles accusées d'une conduite peu régulière.

TOURNELLE. (Le Château de la)

Le bienfaisant *Vincent de Paule*, obtint du Roi en 1632 ce Château, pour loger les Galériens. Il est situé proche la Porte St-Bernard, & au bas du Pont de la Tournelle. Les Galériens y sont détenus jusqu'à leur départ pour les lieux de leur destination. Ce Château étoit autrefois une tour que Philippe-Auguste, en faisant faire l'enceinte de Paris, fit bâtir avec celle de *Loriot*, qui étoit située à la pointe de l'Isle St-Louis, & celle de *Billi* qui étoit près les Célestins. Deux grosses chaînes de fer aboutissantes à ces trois tours, & portées sur des bateaux de distance en distance, traversoient les deux bras de la riviere, & fermoient l'entrée de la Ville de ce côté-là.

TRÉSOR DES CHARTRES.

Il renferme les titres de la Couronne, les Diplômes de nos Rois, les Traités de Paix ou d'Alliances, les Ventes & Echanges, &c. Il est placé à la Chancellerie du Palais. M. le Procureur-Général en est le Garde.

TRÉSOR-ROYAL.

C'est ce que les Romains appelloient *Ærarium Populi* & ce que les François nommoient autrefois l'*Epargne*. On y apporte toutes les recettes tant générales que particulieres, & on y paye toutes les pensions & gratifications que le Roi fait, ou en deniers comptants, ou en assignations sur les Fermiers des Provinces. (Voyez *Bureau du Trésor-Royal*, page 81).

TUILERIES. (Voyez *Jardins*, page 344

& suivantes ; *Palais*, page 455).

UNIVERSITÉ.

Au milieu des ténèbres de l'ignorance, cette association de Grammairiens, Dialecticiens, Théologiens, formoit l'unique foyer des connoissances humaines, & brilloit d'un éclat qui éblouissoit les Peuples & les Rois. Elle sut profiter de cet aveuglement universel pour fonder son autorité, s'arroger des titres fastueux, & s'approprie un pouvoir inattaqua-

ble. Ses caprices devinrent des loix , ses décrets , des oracles , qui soumirent souvent les
Loix de l'Etat, & les volontés du Souverain (1).
Les lumieres qui vont toujours en croissant,
la raison qui, malgré l'antiquité des prérogatives , fait réduire chaque chose à sa juste
valeur, ont un peu obscurci la gloire de
l'*Université*, & l'ont remise à sa place.

L'Université qui se flatte d'avoir Charlemagne pour Fondateur , & d'être qualifiée de
la *Fille aînée des Rois*, est composée des quatre Facultés de *Théologie*, des *Droits Canons
& Civils*, de *Médecine* & des *Arts*, elle est
gouvernée par un Chef nommé *Recteur* (Voyez
Recteur, pag. 499) qui préside au Tribunal de
l'Université , séant le premier Samedi de chaque
mois, au Collége de Louis-le-Grand, où sont
placés le Greffe & les Archives.

L'instruction des Colléges de l'Université
n'étoit point gratuite, ce ne fut qu'en 1719
que M. le Duc d'Orléans , Régent, frappé des
inconvéniens d'une rétribution qui excluoit les
gens peu fortunés du sanctuaire des connoissances , accorda le vingt-huitieme effectif du
prix du Bail général des Postes & Messageries

---

(1) Quand le Roi essayoit de résister aux desirs de
cette Société , on le menaçoit de faire fermer toutes les
Ecoles ; alors le Roi étoit obligé de se soumettre. *Guillaume Rochefort*, Chancelier de France , ayant voulu
diminuer les priviléges de l'Université , le Roi fut
obligé de les rétablir , parce que *Jean Cave* qui étoit
alors Recteur , avoit défendu aux Professeurs de donner
des leçons, aux Prédicateurs de prêcher, & aux Médecins de visiter les malades. (Voyez *Mathurins*, pages
414 & 415.)

de

de France, dont l'Université étoit l'inventrice & la propriétaire.

Les Armes de l'Université font une Main qui paroît defcendre du Ciel & qui tient un Livre de fleurs de lys d'or, fur un fond d'azur. (Voyez *Proceſſion du Recteur*, pag. 491).

URSELINES de la rue St-Jacques.

La Bienheureufe *Angele* aſſembla en 1537, dans la Ville de Breſſe en Lombardie, des filles & des femmes vertueufes, elle les mit fous la protection de Ste Urfule, & les occupa à inftruire les jeunes filles, à vifiter les malades, & à confoler les affligés dans les Prifons & dans les Hopitaux. Le Pape Paul III, confirma cet Etabliſſement, & permit en 1612 d'ériger en Corps de Religion ces Filles, qui auparavant n'étoient que féculieres ; on les cloîtra, on changea le but de la premiere Inftitution , & en devenant contemplatives , elles ceſſerent d'être auſſi utiles à la fociété.

Madame *de Sainte-Beuve*, Veuve d'un Confeiller au Parlement, fonda cette Maifon. L'Eglife eft petite , mais aſſez bien décorée, fur l'Autel qui eft orné de colonnes de marbre de Dinan, eft une Annonciation peinte par *Van-Mol*, éleve de *Rubens*. A gauche du Maître-Autel eft un Tableau qui repréfente *Sainte Angele* inftruifant des enfans , par M. *Robin ,* Peintre du Roi.

Les Penfions d'éducation font de 5 à 600 livres.

URSELINES Sainte-Avoye.

On n'eft point d'accord fur l'origine de ces Religieufes, en 1303 on les appelloit *les Pau-*

vres *Veuves de la rue du Temple* ; la Fondatrice des Urſelines leur propoſa 1000 liv. de
rente, ſi elles vouloient embraſſer la Religion,
& ſuivre les Conſtitutions des Religieuſes de
Ste-Urſule, ce qu'elles accepterent avec empreſ-
ſement. Leur Egliſe qui eſt très-petite eſt au
premier étage. Les Penſions d'éducation ſont
de 500 livres.

VISITATION. (*rue St-Antoine*)
St-François de Sales eſt l'Inſtituteur des
Filles de la Viſitation, ainſi appellées, parce
qu'elles s'occupoient à viſiter les malades &
les pauvres, en l'honneur de la Viſite que
la Sainte-Vierge fit à Sainte Eliſabeth. Elles
étoient utiles à la ſociété par leurs bonnes-
œuvres. Un Archevêque de Lyon, M. *Denis
de Marquemont*, plus pieux que Philoſophe,
priva les malheureux du ſecours de ces officieuſes filles : il les ferma dans un Cloître,
& elles ne furent plus utiles qu'à elles-mêmes.
Le pape Paul V confirma cette Congrégation.

Jeanne-Françoiſe Fremiot, Dame *de Chantal*, Fondatrice & premiere Supérieure de cet
Ordre, accompagnée de trois Religieuſes, vint
à Paris, le 6 Avril 1619, à la ſollicitation
de St-François de Sales. Après avoir changé
pluſieurs fois de demeure, elles ſe fixerent
enfin dans l'emplacement d'une maiſon qu'elles acheterent rue St-Antoine, à laquelle elles
réunirent l'Hôtel de Coſſé qui étoit voiſin.
Le Commandeur *de Sillery*, ami de Madame
de Chantal, donna une ſomme conſidérable
pour bâtir l'Egliſe, dont il poſa la premiere
pierre.

(555)

François Mansard fut l'Architecte de cette
Eglise, le nom de cet Artiste sert de recommandation à cet Edifice qui a été construit,
dit-on, sur le modele de Notre - Dame de la
Rotonde à Rome.

Le Sanctuaire est orné des quatre Evangélistes peints par *Perrier*, & d'une Assomption
dans la lanterne au-dessus du Maître-Autel, les
autres Tableaux sont de *François* ; toute la
Sculpture de cet Autel est de *le Pautre*.

C'est dans cette Eglise que fut inhumé *André Frémiot*, Archevêque de Bourges, frere
de Madame de Chantal, Fondatrice de cet
Ordre, mort le 1? Mai 1641. On y voit aussi
l'Epitaphe de Messire *François Fouquet*, Conseiller au Parlement de Paris, Ambassadeur de
Sa Majesté vers les Suisses, mort en 1640.
C'est encore dans ce même endroit où repose
les restes du fameux Surintendant des Finances,
Nicolas Fouquet, mort dans la Forteresse de
Pignerol en 1680, prison où il étoit détenu
pour avoir, à l'exemple du Cardinal Mazarin
son prédécesseur, abusé des richesses de l'Etat ;
mais, comme l'a dit un homme d'esprit, *il n'appartient pas à tout le monde de faire les mêmes fautes.*

VISITATION du Fauxbourg St-Jacques.
La Maison de la rue St-Antoine ne suffisant
pas à la foule des Aspirantes, ces Religieuses firent bâtir une Maison au Fauxbourg St-
Jacques dans l'emplacement de trois Maisons
qu'elles avoient achetées. Une partie des bâtimens de cette Maison vient d'être reconstruite, & l'Eglise l'a été entierement. Elle

forme une petite rotonde ; le Tableau de l'Autel qui repréfente St-François de Sales, eft du fameux *le Brun* ; dans un des bas côtés à droite, eft une Vifitation, par M. *Suvée*, & à gauche le Tableau des Sacrés Cœurs, par M. *Mauperin*.

VISITATION, *rue du Bacq.* Cette Communauté fut établie pour recevoir la furabondance des fujets qui fe préfentoient dans les autres. Le 3 Octobre 1775, la Reine vint pofer la premiere pierre de la nouvelle Eglife de ce Monaftere élevée fur les Deffins de M. *Helin*, Architecte. En face de la porte d'entrée, eft un Tableau peint par *Hallé*, repréfentant N. S. au Jardin des Olives. Sur le Maître-Autel eft une Vifitation, par *Philippe de Champagne*, les deux autres Chapelles font ornées chacune d'une Statue bronzée, par M. *Bridan*, Sculpteur du Roi.

Les Penfions font de 600 livres.

VISITATION de Sainte-Marie à Chaillot. Ce Couvent a été fondé par Henriette-Marie de France, Fille d'Henri IV, Reine d'Angleterre, & Veuve de Charles Premier. L'Eglife fut rebâtie à neuf en 1704, fur les Deffins de M. *Gabriel*, Architecte, aux dépens de *Nicolas Fremond*, Garde du Tréfor-Royal, & *Geneviéve Damond*, fa femme, dont on voit l'Epitaphe à droite en entrant.

Dans le Chœur de cette Eglife repofent les cœurs d'*Henriette-Marie* de France, Fondatrice de cette Maifon, de fon fils *Jacques Stuard II* du nom, Roi de la Grande-Bretagne, &

de *Louise-Marie Stuard* , fille de ce Prince, morte au Château de Saint-Germain-en-Laye, le 7 Mai 1718.

On admire la Serrurerie de la grande porte de cette Eglise.

Dans la Chapelle de St-François de Salles, est un Tableau de *Restout* , représentant Madame de Chantal & ses Religieuses invoquant ce Saint.

W *A U X* - H *A L L*.

Le Waux-Hall d'hiver est situé dans l'Enclos de la Foire St-Germain, & a été construit sur les Dessins de M. *le Noir*, Architecte. L'intérieur est de forme ovale, & décoré de 24 colonnes d'Ordre Ionique en treillage, entourées de guirlandes de fleurs, le dessous de cette colonnade forme une galerie. Dans le milieu de ce Sallon s'exécutent des danses & quadrilles par de jeunes enfans.

La décoration de ce Spectacle est d'un charmant effet. La richesse s'y marie heureusement avec l'élégance & les graces ; tout y respire les jeux & les plaisirs, dont ce lieu est le rendez-vous. L'homme tranquille y observe ; la Laïs y étale sa parure & ses charmes ; le fat y fait briller son caractère & ses bijoux le voluptueux ses desirs, & chacun y trouve des jouissances conformes à ses goûts.

Y *V E S* , (*Saint*) *rue St-Jacques*.

St Yves est le Patron des Praticiens, & devroit leur servir de modele par son désintéressement & son zele à défendre la cause des malheureux. C'est sous son invocation que fut construit cette Chapelle, dont la premiere pierre fut posée par le Roi *Jean*, fils de Philippe de Valois, le 30 Mai 1352. Elle appartient à une Confrairie composée d'Avocats, Procureurs, &c. L'Eglise n'offre rien de remarquable : parmi plusieurs Epitaphes de Procureurs & Avocats, on en voit une qui est placée à la renverse ; ce qui prouve un mépris pour le défunt, ou bien l'indifférence des Administrateurs.

FIN.

APPROBATION.

J'AI lu, par ordre de Mgr le Garde des Sceaux, un Manuscrit ayant pour titre : *Nouvelle Description des Curiosités de Paris*, & je n'y ai rien vu qui m'ait paru devoir en empêcher l'impression. A Paris, ce 20 Décembre 1784. DE SAUVIGNY.

PRIVILÉGE DU ROI.

LOUIS, par la grace de Dieu, Roi de France & de Navarre : A nos Amés & féaux Conseillers, les Gens tenans nos Cours de Parlement, Maîtres des Requêtes ordinaires de notre Hôtel, Grand Conseil, Prévôt de Paris, Baillifs, Sénéchaux, leurs Lieutenans civils, & autres nos Justiciers, qu'il appartiendra, SALUT : Notre amé le sieur LEJAY, Libraire à Paris, Nous a fait exposer qu'il desireroit faire imprimer & donner au Public un Ouvrage intitulé : *Nouvelle Description des Curiosités de Paris & de ses Environs, en deux Parties*, &c. Ouvrage qui sera orné de plusieurs Gravures & de Cartes, s'il Nous plaisoit lui accorder nos Lett. de Privilége pour ce nécessaires. A CES CAUSES, voulant favorable-

ment traiter l'Expofant, Nous lui avons permis & per-
mettons, par ces Préfentes, de faire imprimer ledit ouvrage autant de fois que bon lui femblera, & de le vendre,
faire vendre & débiter par tout notre Royaume, pendant
le tems de dix années confécutives, à compter de la date
des Préfentes. Faifons défenfes à tous Imprimeurs, Libraires, & autres Perfonnes de quelque qualité & condition qu'elles foient, d'en introduire d'impreffion
étrangere dans aucun lieu de notre obéiffance, comme
auffi d'imprimer ou faire imprimer, vendre, faire vendre, débiter ni contrefaire ledit Ouvrage, fous quelque
prétexte que ce puiffe être, fans la permiffion expreffe
& par écrit dudit Expofant, fes hoirs ou ayans caufes,
à peine de faifie & de confifcation des exemplaires con-
trefaits, de fix mille livres d'amende, qui ne pourra être
modérée, pour la premiere fois, de pareille amende &
de déchéance d'état en cas de récidive, & de tous dépens, dommages & intérêts, conformément à l'Arrêt
du Confeil du 30 Août 1777, concernant les Contrefa-
çons. A la charge que ces Préfentes feront enregiftrées
tout au long fur le Regiftre de la Communauté des Imprimeurs & Libraires de Paris, dans trois mois de la
date d'icelles ; que l'impreffion dudit Ouvrage fera faite
dans notre Royaume & non ailleurs, en beau papier &
beaux caractères, conformément aux Réglemens de la
Librairie, à peine de déchéance du préfent Privilége ;
qu'avant de l'expofer en vente, le Manufcrit qui aura
fervi de Copie à l'impreffion dudit ouvrage, fera remis
dans le même état où l'Approbation y aura été donnée,
ès mains de notre très-cher & féal Chevalier, Garde des
Sceaux de France le Sieur Hue de Miromefnil, Commandeur de nos Ordres ; qu'il en fera enfuite remis deux
Exemplaires dans notre Bibliothéque publique, un dans
celle de notre Château du Louvre, un dans celle de notre
très-cher & féal Chevalier Chancelier de France le Sieur
de Maupeou, & un dans celle dudit fieur Hue de Miromefnil. Le tout à peine de nullité des Préfentes : du
contenu defquelles vous mandons & enjoignons de faire
jouir ledit Expofant & fes Ayans caufes, pleinement &
paifiblement, fans fouffrir qu'il leur foit fait aucun trou-
ble ou empêchement. VOULONS que la Copie des Préfentes, qui fera imprimée tout au long au commencement
ou à la fin dudit Ouvrage, foit tenue pour duement fi-
gnifiée, & qu'aux copies collationnées par l'un de nos

amés & féaux Conseillers-Secrétaires, foi soit ajoutée comme à l'Original. COMMANDONS au premier notre Huissier ou Sergent, sur ce requis, de faire, pour l'exécution d'icelles, tous Actes requis & nécessaires, sans demander autre permission, & nonobstant Clameur de Haro, Charte Normande, & Lettres à ce contraires. Car tel est notre plaisir. DONNÉ à Paris, le quinzieme jour du mois de Septembre, l'an de grace mil sept cent quatre-vingt-quatre, & de notre regne le onzieme. Par le Roi en son Conseil. *Signé* LE BEGUE.

Registré sur le Registre XXII de la Chambre Royale & Syndicale des Libraires & Imprimeurs de Paris, N°. 3259, fol. 183, conformément aux dispositions énoncées dans le présent Privilége; & à la charge de remettre à ladite Chambre les huit Exemplaires prescrits par l'Article CVIII du Règlement de 1723. A Paris, le 5 Octobre 1784. VALEYRE jeune, Adjoint.

Je soussigné, certifie avoir cédé & transporté un ouvrage de ma composition, intitulé : Nouvelle Description de Paris & de ses Environs, *dédiée à Sa Majesté le Roi de Suede &c., au sieur* LEJAY, *Libraire, pour le faire imprimer autant de fois que bon lui semblera, & pour en jouir lui & ses héritiers à perpétuité, comme d'un ouvrage à lui appartenant, lui cédant tous mes droits & prétentions sur cet objet, moyennant le prix convenu entre nous, ce vingt-deux Mai, 1784.*

D U L A U R E, Ingénieur Géographe.

De l'Imprimerie de CLOUSIER, 1785.